buch + digital

Zusätzlich zu diesem Buch erhalten Sie:

- die Web-App
- die PDF-Version zum Download
- die App für Ihr iPad
- alle Kapitel für Ihren Kindle

Hier Ihr individueller Freischaltcode:

JgN-DdA-fJF

D1629389

Um die digitalen Medien zu installieren, rufen Sie im Browser bitte folgende Seite auf:
www.symposion.de/freischaltcode

symposion

Six Sigma leicht gemacht
Ein Lehrbuch mit Musterprojekt für den Praxiserfolg

www.symposion.de/qualitaetsmanagement

Herausgegeben von
ROLAND JOCHEM
DENNIS GEERS
MICHAEL GIEBEL

Redaktion
FRANK KUKAT

Mit Beiträgen von
DANIEL KOHL, GREGOR RÖHRIG, DOMINIK RÖSSLE, KONRAD SPANG

symposion˙

Impressum
Six Sigma leicht gemacht
Ein Lehrbuch mit Musterprojekt
für den Praxiserfolg

Herausgeber
ROLAND JOCHEM
DENNIS GEERS
MICHAEL GIEBEL

Projektentwicklung
MARKUS KLIETMANN,
Symposion Publishing

Redaktion
FRANK KUKAT

Satz
KAREN FLEMING
Symposion Publishing

Druck
CPI buch bücher.de
Frensdorf

Umschlaggestaltung
Symposion Publishing

Photo
© INFINITY - Fotolia.com

ISBN 3-939707-83-X
1. Auflage 2011
© Symposion Publishing GmbH,
Düsseldorf
Printed in Germany

Begleitdienst zu diesem Buch
www.symposion.de/
qualitaetsmanagement

Redaktionelle Post bitte an
Symposion Publishing GmbH
Münsterstr. 304
40470 Düsseldorf

Bibliografische Information der Deutschen Bibliothek:
Die Deutsche Bibliothek verzeichnet diese Publikation
in der Deutschen Nationalbibliografie; detaillierte
bibliografische Daten sind im Internet über
http://www.ddb.de abrufbar.

Das Werk einschließlich seiner Teile ist
urheberrechtlich geschützt. Jede Verwertung außerhalb
der engen Grenzen des Urheberrechtsgesetzes ist
ohne Zustimmung des Verlags unzulässig und
strafbar. Das gilt insbesondere für Vervielfältigungen,
Übersetzungen, Mikroverfilmungen und die
Einspeicherung und Verarbeitung in elektronischen
Systemen.

Alle in diesem Buch enthaltenen Angaben, Ergebnisse
usw. wurden von den Autoren nach bestem Wissen
erstellt. Sie erfolgen ohne jegliche Verpflichtung oder
Garantie des Verlages. Er übernimmt deshalb keinerlei
Verantwortung und Haftung für etwa vorhandene
inhaltliche Unrichtigkeiten.

Die Wiedergabe von Gebrauchsnamen,
Handelsnamen, Warenbezeichnungen usw. in diesem
Werk berechtigt auch ohne besondere Kennzeichnung
nicht zu der Annahme, dass solche Namen im Sinne
der Warenzeichen- und Markenschutz-Gesetzgebung
als frei zu betrachten wären und daher von jedermann
benutzt werden dürften.

Six Sigma leicht gemacht
Ein Lehrbuch mit Musterprojekt für den Praxiserfolg
www.symposion.de/qualitaetsmanagement

Six Sigma ist eine der wichtigsten Qualitätsmanagement-Methoden und hält immer stärkeren Einzug in die industrielle Praxis. Die Methode ist höchst attraktiv, denn sie verspricht Fehler zu vermeiden, Durchlaufzeiten zu minimieren und Verschwendung zu beseitigen.

Doch der Einstieg in die Thematik fällt Praktikern häufig schwer. Warum? Ein wesentlicher Grund: Man findet in der Literatur kein durchgängiges Beispiel eines Six-Sigma-Projekts.

Dort werden die Phasen der Six-Sigma-Systematik und die Werkzeuge meist mit Hilfe von zusammenhanglosen Fallbeispielen beschrieben. Der Leser muss zwischen den Beispielen hin- und herspringen, was das Erlernen der Vorgehensweise enorm erschwert.

Anders in diesem Lehr- und Anwendungsbuch: Gegenstand ist hier ein didaktisch geeignetes Beispielprojekt, das die Philosophie, die Methode und den Zweck eines Six-Sigma-Projekts durchgehend veranschaulicht.

Zudem wird das Verfahren systematisch auf praktische Probleme heruntergebrochen. Das ermöglicht eine verständliche Darstellung der Methode als Ganzes sowie eine Konkretisierung der Arbeitsinhalte in den einzelnen Projektphasen.

Zusätzliche Materialien zum Download
Eine Toolbox zum Download enthält insgesamt über 30 ergänzende Inhalte, darunter 19 praktische Methoden-Templates mit Anleitung und Beschreibung für eigene Anwendungsdaten.

Zielgruppe
Dieses Werk richtet sich branchenübergreifend an alle Six-Sigma-Interessierten und eignet sich sowohl für den schnellen Einstieg in das umfassende Thema Six Sigma als auch als Nachschlagwerk für erfahrene Anwender.

Über Symposion Publishing
Symposion ist ein Fachverlag für Management-Wissen und veröffentlicht Bücher, Studien, digitale Fachbibliotheken und Onlinedienste.

Das Programm steht auch zum Download zur Verfügung – über das Verlagsportal kann der Leser nach Kapiteln suchen und diese individuell zusammenstellen. Wissen ist damit blitzschnell verfügbar – jederzeit, praktisch überall und zu einem attraktiven Preis.

www.symposion.de

Six Sigma leicht gemacht
Ein Lehrbuch mit Musterprojekt für den Praxiserfolg

Vorwort 21
R. JOCHEM, D. GEERS, M. GIEBEL

Teil A: Hintergrund und Grundlagen

1 Six Sigma im Überblick 23
    1.1   Ursprung 25
    1.2   Statistische Ziele 28
    1.3   Das Projektteam 34
    1.4   Six Sigma in KMU 40

2 Der DMAIC-Zyklus 43
    2.1   Define (Definieren) 44
    2.2   Measure (Messen) 46
    2.3   Analyze (Analysieren) 48
    2.4   Improve (Verbessern) 50
    2.5   Control (Regeln – Überwachen – Steuern) 52
    2.6   Der DMAIC-Zyklus als kontinuierlicher Verbesserungsprozess 54

3 Projektmanagement in Six Sigma Projekten 57
    3.1   Projektmanagement im Überblick 57
    3.2   Kriterien zur Projektauswahl 60

Teil B: Durchgängige Anwendung von Six Sigma im Musterprojekt

4	**Erweitertes Phasenmodell, Einführung in das Musterprojekt**	67
4.1	Intention eines Six-Sigma-Musterprojekts	67
4.2	Das Erweiterte Phasenmodell	69
4.3	Unternehmensszenario: Die Röko Kaffeegenuss GmbH	72
4.4	Beispielprozess: Galvanisches Verzinken	81
5	**Define – Start eines Six Sigma-Projekts**	89
5.1	Überblick	89
5.2	Phasenstruktur	90
5.2.1	Problemstellung und Projektdefinition	90
5.2.2	Top-Level-Prozessanalyse	91
5.2.3	Stakeholder-Analyse	92
5.2.4	VOC-CTQ-Analyse	93
5.3	Ausgewählte Werkzeuge	96
5.3.1	Projektstartbrief	96
5.3.2	Projektplan	99
5.3.3	Projektreport	101
5.3.4	SIPOC-Diagramm	103
5.3.5	Stakeholder-Analyse-Matrix	106
5.3.6	VOC-CTQ-Matrix	108
5.4	Anwendung im Musterprojekt	110
5.4.1	Problemstellung und Projektdefinition	110
5.4.2	Top-Level-Prozessanalyse	117
5.4.3	Stakeholder-Analyse	119
5.4.4	VOC-CTQ-Analyse	124

6 Measure – Ermittlung des Status quo 129

- 6.1 Überblick 129
- 6.2 Phasenstruktur 130
- 6.2.1 Output-Messgrößen-Analyse 130
- 6.2.2 Datenerfassungsplanung und -durchführung 130
- 6.2.3 Prozess-Performance-Analyse 137
- 6.3 Ausgewählte Werkzeuge 138
- 6.3.1 Messgrößenmatrix 139
- 6.3.2 Datensammlungsplan 141
- 6.3.3 MSA-Verfahren 1 147
- 6.3.4 MSA-Verfahren 2 149
- 6.3.5 Verlaufsdiagramm 151
- 6.3.6 Histogramm 152
- 6.3.7 z-Transformation 154
- 6.4 Anwendung im Musterprojekt 155
- 6.4.1 Output-Messgrößen-Analyse 155
- 6.4.2 Datenerfassungsplanung und -durchführung 158
- 6.4.3 Prozess-Performance-Analyse 164

7 Analyze – Datenbasierte Ursachenfindung 167

- 7.1 Überblick 167
- 7.2 Phasenstruktur 167
- 7.2.1 Ermitteln potenzieller Einflussfaktoren 168
- 7.2.2 Ermitteln der Grundursachen 171
- 7.2.3 Quantifizieren der Verbesserungsmöglichkeiten 173
- 7.3 Ausgewählte Werkzeuge 174
- 7.3.1 Multi-Vari-Darstellung 174
- 7.3.2 Funktionsübergreifendes Flussdiagramm 176
- 7.3.3 Ursache-Wirkungs-Diagramm 178

7.3.4 ANOVA 179
7.3.5 FMEA 182
7.4 Anwendung im Musterprojekt 185
7.4.1 Ermitteln potenzieller Einflussfaktoren 185
7.4.2 Ermitteln der Grundursachen 193
7.4.3 Quantifizieren der Verbesserungsmöglichkeiten 202

8 Improve – Maßgeschneiderte Lösungen 205

8.1 Überblick 205
8.2 Phasenstruktur 206
8.2.1 Generierung zielorientierter Lösungsideen 206
8.2.2 Lösungsauswahl und -bewertung 208
8.2.3 Ausgestaltung des Lösungskonzepts und Risikobewertung 210
8.2.4 Implementierungsplanung und Lösungsrealisierung 213
8.3 Ausgewählte Werkszeuge 214
8.3.1 Kreativitätstechniken 215
8.3.2 Platzzifferverfahren 217
8.3.3 K.O.-Analyse 218
8.3.4 Kriterienbasierte Matrix 220
8.3.5 Kosten-Nutzen-Analyse 222
8.3.6 Soll-Prozessdarstellung 224
8.3.7 Statistische Versuchsplanung 225
8.3.8 Poka Yoke 228
8.3.9 Implementierungsplan 229
8.4 Anwendung im Musterprojekt 232
8.4.1 Generierung zielorientierter Lösungsideen 232
8.4.2 Lösungsauswahl und -bewertung 237
8.4.3 Ausgestaltung des Lösungskonzepts und Risikobewertung 246
8.4.4 Implementierungsplanung und Lösungsrealisierung 256

9	**Control – Nachhaltigkeit als oberstes Ziel**	**269**
	9.1 Überblick	269
	9.2 Phasenstruktur	270
	9.2.1 Prozessstandardisierung	270
	9.2.2 Prozessverfolgung	271
	9.2.3 Projektabschluss	272
	9.3 Ausgewählte Werkszeuge	273
	9.3.1 Prozessdokumentation	274
	9.3.2 Prozessmanagement- und Reaktionsplan	274
	9.3.3 Regelkarten	277
	9.3.4 Precontrol	279
	9.3.5 Projekterfolgsberechnung	281
	9.4 Anwendung im Musterprojekt	283
	9.4.1 Prozessstandardisierung	283
	9.4.2 Prozessverfolgung	291
	9.4.3 Projektabschluss	295
10	**Zusammenfassung**	**301**
Literatur		**305**

Inhaltsverzeichnis

Abbildungen

1-1	Meilensteine in der Entwicklung von Six Sigma	28
1-2	Das Qualitätsziel Six Sigma (6)	30
1-3	Zentrierung der Prozessergebnisse und Reduzierung der Streuung	32
2-1	Methoden und Werkzeuge in der Define-Phase	45
2-2	Methoden und Werkzeuge in der Measure-Phase	47
2-3	Methoden und Werkzeuge in der Analyze-Phase	49
2-4	Methoden und Werkzeuge in der Improve-Phase	51
2-5	Methoden und Werkzeuge in der Control-Phase	53
3-1	Projektmanagement in Six-Sigma-Projekten	59
3-2	Auswahlprozess für Six-Sigma-Projekte	63
4-1	Konzeptionelle Zusammenhänge des Musterprojekts	68
4-2	Erweitertes Phasenmodell	72
4-3	Organigramm der Röko Kaffeegenuss GmbH	73
4-4	Galvanisches Bad (schematisch)	82
4-5	Mangelhafte Oberflächenqualität der Zinkschicht	86
5.1	Phasenstruktur »Define«	90
5-2	Formblatt Projektstartbrief	98
5-3	Formblatt Projektplan	100
5-4	Formblatt SIPOC	104
5-5	Formblatt Stakeholder-Analyse-Matrix 1/2	107
5-6	Formblatt Stakeholder-Analyse-Matrix 2/2	107
5-7	Formblatt VOC-CTQ-Matrix	109

5-8	Ablauf »Projektdefinition« im Musterprojekt	111
5-9	Projektplan im Musterprojekt	116
5-10	Ablauf »Top-Level-Prozessanalyse« im Musterprojekt	117
5-11	SIPOC zum Musterprojekt	118
5-12	Ablauf »Stakeholder-Analyse« im Musterprojekt	119
5-13	Stakeholderanalyse zum Musterprojekt 1/2	120
5-14	Stakeholderanalyse zum Musterprojekt 2/2	122
5-15	Ablauf VOC-CTQ-Analyse im Musterprojekt	124
5-16	VOC-CTQ-Matrix im Musterprojekt	125
6-1	Phasenstruktur »Measure«	130
6-2	Messgrößenmatrix	139
6-3	Datensammlungsplan	142
6-4	Verlaufsdiagramm	151
6-5	Histogramm	152
6-6	Spezifikationsgrenzen bei der z-Transformation	154
6-7	Ablauf »Output-Messgrößen-Analyse« im Musterprojekt	156
6-8	Messgrößenmatrix im Musterprojekt	157
6-9	Ablauf »Messkonzept entwickeln« im Musterprojekt	158
6-10	Ablauf »MSA« im Musterprojekt	160
6-11	Ablauf »Datenerfassung« und »grafische Darstellung« im Musterprojekt	162
6-12	Verlaufsdiagramm Stichprobe Prozessleistung	163
6-13	Histogramm Datenverteilung Stichprobe Prozessleistung	163
6-14	Ablauf »Prozess-Performance-Analyse« im Musterprojekt	165
7-1	Phasenstruktur »Analyze«	168
7-2	Hauptstreuungsmuster in Multi-Vari-Darstellungen	175
7-3	Funktionsübergreifendes Flussdiagramm	177

7-4	Ursache-Wirkungs-Diagramm	178
7-5	FMEA-Formblatt	183
7-6	Ablauf »systematische Beobachtung« im Musterprojekt	185
7-7	Multi-Vari-Darstellung	186
7-8	Ablauf »Prozessanalyse« im Musterprojekt	188
7-9	Ist-Prozess im Musterprojekt	189
7-10	Ablauf »Einflussgrößen durch Expertenwissen« im Musterprojekt	191
7-11	Ursache-Wirkungs-Diagramm im Musterprojekt	192
7-12	Ablauf »statistische Analysen und Tests« im Musterprojekt	193
7-13	Ergebnis der zweifaktoriellen ANOVA im R-Commander	194
7-14	Ergebnis der einfaktoriellen ANOVA (Uhrzeit) im R-Commander	195
7-15	Effect-Plot ANOVA Uhrzeit im R-Commander	195
7-16	Ergebnis der einfaktoriellen ANOVA (Bediener) im R-Commander	196
7-17	Effect-Plot ANOVA Bediener	197
7-18	Ablauf »Einflussgrößenbewertung« im Musterprojekt	198
7-19	FMEA im Musterprojekt	199
7-20	Kritikalitätsindex FMEA im Musterprojekt	201
7-21	Ablauf »Quantifizierung Verbesserungsmöglichkeiten« im Musterprojekt	202
8-1	Phasenstruktur »Improve«	206
8-2	Beispiel für Brainstorming auf Metaplanwand	216
8-3	Formblatt K.O.-Analyse	219
8-4	Formblatt Kriterienbasierte Matrix	221
8-5	Formblatt Kosten-Nutzen-Analyse	223
8-6	Formblatt Aktivitäten- und Zeitplan	230
8-7	Formblatt Budget- und Ressourcenplan	231

8-8	Ablauf »Generierung zielorientierter Lösungsideen« im Musterprojekt	232
8-9	Brainstorming an Metaplanwand im Musterprojekt	234
8-10	Affinitätsdiagramm im Musterprojekt	235
8-11	Platzzifferverfahren 1/4 im Musterprojekt	236
8-12	Ablauf »Lösungsauswahl«	237
8-13	K.O.-Analyse im Musterprojekt	239
8-14	Kriterienbasierte Matrix 1/4 im Musterprojekt	241
8-15	Ablauf »Lösungsbewertung«	243
8-16	Vorläufige Kosten-Nutzen-Analyse 1/3 im Musterprojekt	244
8-17	Ablauf »Soll-Prozess dokumentieren«	246
8-18	Soll-Prozess im Musterprojekt	247
8-19	Ablauf »Lösung verfeinern und Risikobewertung«	249
8-20	FMEA nach Verbesserung im Musterprojekt	253
8-21	Kritikalitätsindex FMEA nach Verbesserung im Musterprojekt	254
8-22	Ablauf »Implementierungsplanung«	257
8-23	Aktivitäten- und Zeitplan im Musterprojekt	258
8-24	Budget- und Ressourcenplan im Musterprojekt	259
8-25	Vollständige Kosten-Nutzen-Analyse 1/3 im Musterprojekt	261
8-26	Ablauf »Lösungsrealisierung«	263
9-1	Phasenstruktur »Control«	270
9-2	Formblatt Prozessmanagement- und Reaktionsplan	276
9-3	Beispiel Precontrol-Karte	280
9-4	Prozessmanagement- und Reaktionsplan im Musterprojekt	284
9-5	Berechnungsformeln x(quer)-R-Karte	291
9-6	Regelkarte im Musterprojekt	292
9-7	Precontrol-Karte (Regelung) im Musterprojekt	294
9-8	Net Benefit Sign Off im Musterprojekt	297

Tabellen

1-1	Anzahl der Fehler pro Million im Zusammenhang von Sigma Niveau und Verschiebung	31
1-2	Ausbeute in Abhängigkeit von der Anzahl der Prozessschritte und Prozessqualität	33
4-1	Kennzahlen der Röko Kaffeegenuss GmbH	73
4-2	Produktspektrum der Röko Kaffeegenuss GmbH	74
4-3	Geschäftsdaten 2007 bis 2009 und Zielwerte 2010	77
4-4	Beanspruchungsstufen von galvanischen Zinkbezügen	81
5-1	Informationsquellen VOC	94
5-2	Aufbau Projektreport	102
5-3	Projektkostenkalkulation zum Musterprojekt	111
5-4	Projektnutzenkalkulation zum Musterprojekt	114
6-1	Verfahren der »Messsystem-Analyse«	134
6-2	Möglichkeiten der grafischen Darstellung von Daten	136
6-3	Qualitätskennzahlen der »Prozess-Performance-Analyse«	138
6-4	Datenstruktur	144
6-5	Stichprobenauswahl	145
6-6	Berechnungsvorschriften für Stichproben	146
6-7	Berechnungsvorschriften MSA-Verfahren 1	148
6-8	Auswertung MSA-Verfahren 2 im Musterprojekt	161
6-9	Häufigkeit pro Klasse Histogramm Stichprobe Prozessleistung	164
7-1	Arten von Hypothesentests	171
7-2	Fehlerrisiken statistischer Tests	181

8-1	Beispiel Affinitätsdiagramm	216
8-2	Beispiel Platzzifferverfahren	218
8-3	Leitfragen zur Analyse der Ausgangssituation	226
8-4	Zentral zusammengesetzter Versuchsplan im Musterprojekt	264
9-1	Stichprobenergebnisse und Maßnahmen bei der PFU	281
9-2	Maßnahmen bei der Prozessregelung (n = 2)	281
9-3	Messwerte Precontrol-Fähigkeitsuntersuchung	293
9-4	Messwerte Precontrol-Regelung	294

Inhaltsverzeichnis

Digitaler Anhang (ergänzende Inhalte)

A-1   Layout-Gestellposition
A-2   Bediener-Uhrzeit
A-3   Datentabelle Stichprobe Prozessleistung
A-4   MultiVari Gestell-Layout
A-5   MultiVari Layout-Gestell
A-6   MultiVari Uhrzeit-Bediener
A-7   Boxplot Uhrzeit-Bediener
A-8   MultiVari Bediener-Uhrzeit
A-9   Boxplot Bediener-Uhrzeit
A-10 Konstanten für Regelkarten
A-11 Tabelle der Standardnormalverteilung
A-12 Sigma Tabelle

Toolbox

Zu Kapitel 5:

T-1   Projektstartbrief
T-2   Projektplan
T-3   SIPOC
T-4   Stakeholder-Analyse-Matrix
T-5   VOC-CTQ-Matrix

Zu Kapitel 6:

T-6   Messgrößenmatrix
T-7   Datensammlungsplan

Zu Kapitel 7:

T-8   FMEA

Zu Kapitel 8:

T-9   Affinitätsdiagramm
T-10 Platzzifferverfahren

T-11   K.O.-Analyse
T-12   Kriterienbasierte Matrix
T-13   Kosten-Nutzen-Analyse
T-14   Aktivitäten- und Zeitplan
T-15   Budget- und Ressourcenplan

Zu Kapitel 9:

T-16   Prozessmanagementplan
T-17   Regelkarte
T-18   Precontrol
T-19   Net Benefit

Benutzerhinweise

Dieses Buch bietet verschiedene Nutzungsmöglichkeiten: Als praktisches Nachschlagewerk für einzelne Werkzeuge, Phasen und Anwendungsfälle.
Und als Lehrbeispiel, das einen einfachen Einstieg in die Tiefen von Six Sigma ermöglicht.
Diese Kombination aus Unternehmensszenario und Beschreibung einer systematischen Herangehensweise sowie einer Erläuterung der dabei verwendeten Werkzeuge ermöglicht Ihnen einen optimalen Zugang zur Six-Sigma-Methodik.

Zusätzliche Materialien zum Download

Zudem haben die Autoren weitere Inhalte für Sie zum Download bereitgestellt.

Sie finden die folgenden Materialien

⇨ Digitaler Anhang: 12 weiterführende Inhalte (Excel)

⇨ Toolbox: 19 interaktive Methoden-Templates (Excel)

Die Toolbox enthält neben einer Anleitung und Beschreibung der jeweiligen Methode ein digitales Template, das für den eigenen Anwendungszweck verwendet werden kann.
Vervollständigt wird jede Arbeitshilfe durch ein exemplarisch ausgefülltes Template, das die direkte Verbindung zum im Buch beschriebenen Musterprojekt darstellt. Durch diese Zusammenhänge wird ein direktes Übertragen des Erlernten in die praktische Umsetzung ermöglicht.

Im Begleitdienst zu diesem Buch finden Sie die hier aufgeführten Dokumente zum kostenlosen Download. Besuchen Sie unsere Webseite zum Buch:
www.symposion.de/download3686

Download-Code: 3686

Herausgeber und Autoren

Herausgeber

ROLAND JOCHEM
Prof. Dr.-Ing., hat Maschinenbau an der Technischen Universität Berlin studiert und mit dem Diplom abgeschlossen. Anschließend war er Projektingenieur bei einem kleinen mittelständischen Maschinenbauunternehmen in Berlin, bevor er als wissenschaftlicher Mitarbeiter am Institut für Werkzeugmaschinen und Fabrikbetrieb (IWF) der TU Berlin tätig war. Nach seiner Tätigkeit als Abteilungsleiter Prozessmanagement am Fraunhofer Institut für Produktionsanlagen und Konstruktionstechnik (IPK) in Berlin wechselte er als Prozessorganisator zur Bosch-Siemens-Hausgeräte GmbH. Seine Promotion (2001) hat er am Institut für Werkzeugmaschinen und Fabrikbetrieb (IWF) der TU Berlin verfasst. Vor seiner Berufung als W3-Universitätsprofessor für das Fachgebiet Qualitätswissenschaft an die Technische Universität Berlin war er als Universitätsprofessor verantwortlich für das Fachgebiet Qualitätsmanagement an der Universität Kassel. Er ist Direktor des Bereichs Qualitätsmanagement am Fraunhofer IPK sowie Extraordinary Professor for Quality Management an der Universität Stellenbosch in Südafrika und Mitglied im Vorstand der Gesellschaft für Qualitätswissenschaft (GQW) sowie im Deutschen Forum Interoperabilität (DFI). Herr Jochem hat über 60 Publikationen verfasst, darunter sieben Bücher als Herausgeber/Autor. Seine wissenschaftlichen Arbeiten wurden mehrfach auf internationalen Konferenzen ausgezeichnet.

DENNIS GEERS
Dr.-Ing., hat nach dem Studium des Wirtschaftsingenieurwesens mit den Schwerpunkten Marketing und Internationales Management sowie Arbeitswissenschaft und Prozessmanagement an zahlreichen Industrieprojekten zum Thema Qualitäts- und Prozessmanagement mitgewirkt. Seit Frühjahr 2011 ist er im Bereich Qualitätsmanagement am Fraunhofer Institut für Produktionsanlagen und Konstruktionstechnik (IPK) in Berlin tätig. Zuvor war er wissenschaftlicher Mitarbeiter am Lehrstuhl Qualitätsmanagement des Instituts für Arbeitswissenschaft und Prozessmanagement der Universität Kassel. Des Weiteren ist er Lehrbeauftragter an mehreren universitären sowie außeruniversitären Einrichtungen. Seine Forschungs- und Arbeitsschwerpunkte, die international ausgezeichnet wurden, umfassen die Anwendung von Reifegradmodellen zur Bestimmung der Prozessqualität, Wertschöpfung durch QM, Business-Excellence-Methoden sowie Qualitätskonzepte zur Supply Chain Reliability.

MICHAEL GIEBEL
Dr., ist Leiter Prozess- und Qualitätsmanagement in einem Personaldienstleistungsunternehmen. Nach dem Studium arbeitete er in der pharmazeutischen Industrie, bevor er als wissenschaftlicher Mitarbeiter am Lehrstuhl Qualitätsmanagement des Instituts für Arbeitswissenschaft und Prozessmanagement tätig wurde. Dort waren seine Arbeitsschwerpunkte in Industrie- und Forschungsprojekten unter anderem Business-Excellence-Methoden, Qualitätscontrolling und Geschäftsprozessmanagement. Seine Forschungsaktivitäten umfassten auch die Themenfelder Six Sigma in kleineren und mittleren Unternehmen, Innovation und Qualität sowie Qualitätsmanagement als strategischer Werttreiber. Dr. Giebel hat Lehraufträge an mehreren universitären und außeruniversitären Einrichtungen im In- und Ausland wahrgenommen. Seine wissenschaftlichen Arbeiten wurden mehrfach auf internationalen Konferenzen ausgezeichnet.

Autoren

DANIEL KOHL
Dipl.-Wirtsch.-Ing., Dipl. Oec., studierte an der Universität Kassel mit den Schwerpunkten Qualitäts- und Prozessmanagement, SCM, Private and Public Management und Werkstofftechnik. Parallel war er als Projektmitarbeiter am Fachgebiet Qualitätsmanagement des Instituts für Arbeitswissenschaft und Prozessmanagement tätig. Während dieser Zeit arbeitete er schwerpunktmäßig an Einführungs- und Umsetzungsmöglichkeiten von Six Sigma in kleinen und mittelständischen Unternehmen sowie in den Bereichen Wertsteigerung durch QM, Lehre und Organisation. Darüber hinaus hat Herr Kohl praktische Erfahrung im Bereich Managementberatung und -training. Seit Frühjahr 2011 ist er wissenschaftlicher Mitarbeiter am Lehrstuhl Trennende und Fügende Fertigungsverfahren des Instituts für Produktionstechnik und Logistik an der Universität Kassel. Seine Arbeitsschwerpunkte liegen neben der Umsetzung industrieller Projekte in der Erforschung holzbasierter Multimaterialsysteme und geeigneter Fügeverfahren.

GREGOR RÖHRIG
Dipl.-Wirtsch.-Ing., Dipl. Oec., studierte an der Universität Kassel und war parallel zum Studium als Werkstudent bei einem deutschen Automobilhersteller tätig. Während dieser Zeit lag sein Arbeitsschwerpunkt beim Einsatz von Produktionsplanungs- und -steuerungssystemen sowie bei der Optimierung von Prozessen. Im Anschluss fokussierte er sich inhaltlich an der Universität Kassel auf die Einführungs- und Umsetzungsmöglichkeiten von Six Sigma in kleinen und mittelständischen Unternehmen. Aktuell ist Gregor Röhrig im Qualitätsmanagement eines führenden Unternehmens für Infusionstherapie und klinische Ernährung tätig.

DOMINIK RÖSSLE
trat im Anschluss an sein Studium des Wirtschaftsingenieurwesens an der Universität Kassel 2010 eine Tätigkeit als wissenschaftlicher Mitarbeiter am Fachgebiet Qualitätsmanagement des Instituts für Arbeitswissenschaft und Prozessmanagement der Universität Kassel an. Seit Oktober 2010 ist er wissenschaftlicher Mitarbeiter am Lehrstuhl Qualitätswissenschaft am Institut für Werkzeugmaschinen und Fabrikbetrieb an der TU Berlin. Seine Arbeitsschwerpunkte liegen neben der Umsetzung industrieller Projekte in der Erforschung neuer Ansätze und Methoden aus dem Bereich des Qualitäts- und Prozessmanagements.

KONRAD SPANG
Prof. Dr.-Ing., studierte Bauingenieurwesen an der Universität Stuttgart und promovierte nach einer mehrjährigen Tätigkeit in der Bauindustrie im Rahmen seiner Forschungs- und Beratertätigkeit an der ETH Lausanne/Schweiz. Nach fünf Jahren Tätigkeit als Projektleiter und Bereichsleiter im Tief- und Verkehrsbau in verschiedenen Ingenieurbüros, war er 1993 als Projektmanager und gesamtverantwortlicher Projektleiter großer Infrastrukturprojekte tätig. 2002 nahm er einen Ruf an den neu gegründeten Lehrstuhl für Projektmanagement an der Universität Kassel an. Neben Lehre und Weiterbildung im Projektmanagement in breiter fachlicher Ausprägung ist Herr Spang in vielfältigen Forschungs- und Beratungsprojekten tätig. Der fachliche Schwerpunkt liegt dabei auf Bauprojekten mit Schwerpunkt Infrastruktur und im Automotivebereich. Besondere Themen sind Risiko- und Schnittstellenmanagement, partnerschaftliche Projektabwicklung, Projektoptimierung und internationales Projektmanagement, die sich auch in zahlreichen nationalen und internationalen Publikationen sowie Kongressvorträgen wiederfinden.

Vorwort

Die Motivation für das vorliegende Werk entstand durch den Kontakt zu vielen kleinen und mittleren Unternehmen sowie durch Fragen von Studenten in der Ingenieurs- beziehungsweise Qualitätsmanagement-Ausbildung. Die Erfahrungen in der Six-Sigma-Ausbildung zeigen, dass beim Erlernen der Methode immer wieder ein Problem auftritt: Man findet in der Literatur kein durchgängiges Beispiel eines Six-Sigma-Projekts.

Dort werden die Phasen der Six-Sigma-Systematik und die einsetzbaren Werkzeuge zumeist anhand voneinander unabhängiger Fallbeispiele und Szenarien beschrieben. So kommt man zwar zu einer fragmentierten Darstellung der inhaltlichen Ausgestaltung von Six Sigma, die logischen Zusammenhänge der einzelnen Aktivitäten, die eine Gesamtübersicht über einen vollständigen Projektdurchlauf ermöglichen würden, kommen dabei allerdings zu kurz.

Das »Springen« zwischen den Beispielen erschwert sowohl QM-Managern in Unternehmen als auch Studenten das Erlernen der Vorgehensweise. Auch sind die Schnittstellen zwischen den einzelnen Phasen eines Six-Sigma-Projekts hier oft nicht deutlich markiert.

Gegenstand des vorliegenden Buches ist daher ein didaktisch geeignetes Beispielprojekt, welches durch Idee, Aufbau und Ausgestaltung die Philosophie, die Methode und den Zweck eines Six-Sigma-Projekts veranschaulicht. Dieses Praxisbeispiel ist konzipiert, Six-Sigma-Projekte in KMU anzuleiten und durch die Projektphasen zu begleiten.

Zudem wird die Six-Sigma-Methode durch ein erweitertes Phasenmodell systematisch auf praktische Probleme heruntergebrochen, ohne dabei allzu projektspezifisch zu werden. Das ermöglicht eine verständliche Darstellung der Methode als Ganzes sowie eine Konkretisierung der Arbeitsinhalte in den einzelnen Phasen des Projektes.

Roland Jochem,
Dennis Geers,
Michael Giebel

Kapitel 1
Six Sigma im Überblick

Grundlagen

Die Qualitätsmanagement-Methode Six Sigma findet immer stärker Einzug in die industrielle Praxis. Der Einstieg in die Thematik fällt Praktikern jedoch häufig noch schwer. Der Beitrag erläutert zunächst Grundlagen, Ziele und personelle Anforderungen, insbesondere auch im Hinblick auf KMU.

> **In diesem Beitrag erfahren Sie:**
> - wie man die Methode Six Sigma definiert und worin ihre wichtigsten Grundlagen bestehen,
> - welche Ziele im Rahmen von Six Sigma definiert werden und
> - welche personellen Rollen in Six-Sigma-Projekten zu besetzen sind.

Roland Jochem, Dennis Geers, Dominik Rössle, Michael Giebel

Die Six-Sigma-Methode verbindet bereits bekannte Elemente des Qualitäts-, Prozess- und Projektmanagements zu einer klar strukturierten Vorgehensweise für die Verbesserung von Prozessen in Unternehmen. Die Methode beschränkt sich dabei längst nicht mehr nur auf die Produktionsprozesse, sondern wird verstärkt auch bei der Optimierung von Geschäftsprozessen zum Einsatz gebracht.

Dabei kommen bewährte Methoden aus dem Qualitätsmanagement zum Einsatz – wie zum Beispiel die Fehler-Möglichkeits- und Einfluss-Analyse (FMEA), das Ishikawa-Diagramm oder die statistische Versuchsplanung (Design of Experiments, DoE).

Gleichermaßen finden im Rahmen von Six Sigma Elemente aus dem Projektmanagement Anwendung – wie zum Beispiel die Terminplanung mit Meilensteinen oder ein Projektvertrag (Project Charter) zur Festlegung der Ziele und Verantwortlichkeiten (> siehe Kapitel 3).

Six Sigma im Überblick

Grundlagen

Benötigt werden diese Elemente aufgrund der Initiierung eigenständiger Projekte in Six-Sigma-Programmen, wobei als Six-Sigma-Programm die Gesamtheit aller Six-Sigma-Projekte in einem Unternehmen bezeichnet wird.

Da sich die Six-Sigma-Methode im Kern mit der Prozessverbesserung auseinandersetzt, kommen Methoden aus dem Prozessmanagement wie Process Mapping oder Flussdiagramme zum Einsatz.

Bei der Umsetzung von Six Sigma in der Praxis wird nach einer strukturierten Vorgehensweise verfahren. Bekannt ist diese Vorgehensweise unter dem Namen DMAIC-Zyklus, abgeleitet aus den englischen Bezeichnungen für die fünf Phasen eines Six-Sigma-Verbesserungsprojekts:

⇨ D: Define
⇨ M: Measure
⇨ A: Analyze
⇨ I: Improve
⇨ C: Control

Die Innovation durch Six Sigma besteht nicht in neuen Werkzeugen, sondern in einer bereits in der Einleitung dieses Kapitels erwähnten speziellen Kombination von Werkzeugen aus dem Qualitäts-, Prozess- und Projektmanagement, die systematisch in den Phasen des DMAIC-Zyklus eingesetzt werden. Der DMAIC-Zyklus dient dazu, bereits bestehende Prozesse messbar zu machen und sie nachhaltig zu verbessern (> Kapitel 2). Dieser Zyklus entspricht dem Grundgedanken des Deming-Zyklus (Plan – Do – Check – Act: PDCA), einem fortlaufenden und sich wiederholenden kontinuierlichen Verbesserungsprozess (KVP), der bereits einen weitgehenden Eingang in die Unternehmenspraxis gefunden hat.

Das DMADV (Define – Measure – Analyze – Design – Verify) stellt einen abgewandelten DMAIC-Prozess dar, der im Rahmen des so genannten »Design for Six Sigma« (DFSS) eingesetzt wird, um neue Produkte, Prozesse und Services Six-Sigma-fähig zu gestalten.

Durch die klare Ausrichtung des Projekterfolgs auf quantitativ messbare Größen und finanzielle Kennzahlen steht die Wirtschaftlichkeit eines jeden Six-Sigma-Projekts von Beginn an, also bereits in der Define-Phase, im Fokus der Aufmerksamkeit [12]. Entsprechend ist die Vorgehensweise bei einem Six-Sigma-Projekt klar auf die Senkung der qualitätsbezogenen Kosten ausgerichtet. Diese qualitätsbezogenen Kosten umfassen Fehlerverhütungs-, Prüf- und Fehlerkosten [5]:

⇨ Fehlerverhütungskosten, die verursacht sind durch die Analyse und Beseitigung von Fehlerursachen.
⇨ Prüfkosten, die durch planmäßige Prüfungen verursacht sind, die keinen konkreten Fehler zum Anlass haben.
⇨ Fehlerkosten, die durch Fehler verursacht sind.

Die drei Gruppen der qualitätsbezogenen Kosten stehen oft untereinander in einer Wechselbeziehung. Durch den Einsatz von mehr präventiven Qualitätsmethoden steigen die Fehlerverhütungskosten, doch gleichzeitig sinken durch weniger entstehende Fehler die Fehlerkosten.

Neben der in der Norm verwendeten traditionellen Gliederung in Fehlerverhütungs-, Prüf- und Fehlerkosten gibt es abweichende Ansätze zur Aufteilung der qualitätsbezogenen Kosten. Ein alternativer Ansatz, der besonders eine verstärkte Trennung von für die Qualität vermeidbaren und nicht vermeidbaren Kosten anvisiert, splittet die qualitätsbezogenen Kosten in die Kosten der Übereinstimmung (Konformitätskosten; geplante und nicht vermeidbaren Prüf- sowie Fehlerverhütungskosten) sowie in die Kosten der Abweichung (Nonkonformitätskosten; nicht geplante und vermeidbare Prüf- und Fehlerkosten) auf [18].

1.1 Ursprung von Six Sigma

Der Ursprung der Six-Sigma-Methode lässt sich auf die 70er Jahre des vergangenen Jahrhunderts zurückführen. In diesem Jahrzehnt wurden bereits erste Vorläufer zu Six Sigma im japanischen Schiffsbau sowie in

Grundlagen

der dort ansässigen Elektro- und Konsumgüterindustrie eingesetzt [14; 19].

Ein Beispiel hierfür ist Matsushita Electric Industries of Japan. Nachdem das Unternehmen im Jahr 1974 die Fernsehgeräte-Sparte von Motorola übernommen und in den Folgejahren Verbesserungen erzielt hatte, stellte das Management von Motorola rückblickend 1981 fest, dass das Unternehmen seinerzeit signifikante Qualitätsprobleme hatte. Matsushita war es innerhalb kürzester Zeit gelungen, massive Einsparungen und Prozessverbesserungen zu realisieren. Als beeindruckende Beispiele lassen sich die Senkung der Garantiekosten von 22 Millionen auf 3,2 Millionen US-Dollar pro Jahr oder die Senkung der Nacharbeit und des Ausschusses um 75 Prozent nennen.

Vor dem Hintergrund vorhandener Qualitätsprobleme entschloss sich das Management von Motorola dazu, als eines ihrer obersten Unternehmensziele eine Verzehnfachung der Qualität in den nächsten fünf Jahren zu erreichen. Die Qualitätskampagne orientierte sich am Gedanken des Total Quality Management (TQM) und umfasste Schulungen zur Teamarbeit und Problemlösung. Dadurch sollte eine Qualitätskultur auf Grundlage der Werte der Mitarbeiter mit Fokus auf den Kunden geschaffen werden. Nach Ablauf der fünf Jahre konnte Motorola eine signifikante Verbesserung der Qualität aufweisen. Allerdings waren die ökonomischen Randbedingungen immer noch sehr fordernd. Motorola sah sich deshalb gezwungen, sich neue, wesentlich höhere Ziele zu setzen, um aufgrund schlechter Qualität verlorene Marktanteile zurückzuerobern.

Im Jahr 1987 folgte eine weitere Qualitätskampagne, die innerhalb von vier Jahren eine erneute Verzehnfachung der Qualität liefern sollte [16]. Um dies zu gewährleisten, entwickelten Statistiker von Motorola im Jahr 1986 die heute bekannte Six-Sigma-Methode und implementierten sie im Anschluss erfolgreich im Unternehmen.

Vorangetrieben wurde die Entwicklung der Methode vor allem durch den Chief Executive Officer (CEO) von Motorola, Bob Galvin [14; 19]. Das enorme Potenzial der Six-Sigma-Methode zeigte sich erstmals bei der Nominierung von Motorola zum Malcom Baldrige

National Quality Award (MBNQA), welchen das Unternehmen aufgrund der durch Six Sigma erzielten Verbesserungen letztendlich auch erhielt [15]. Infolgedessen stieg das Interesse anderer Unternehmen an dem Motorola-Erfolgsrezept. Wegen der hohen Nachfrage entschloss sich Motorola, die Grundlagen der Methode allen Interessierten zur Verfügung zu stellen.

Ende der 80er, Anfang der 90er Jahre nutzten andere Unternehmen dieses Angebot und adaptierten beziehungsweise implementierten Six Sigma erfolgreich in ihrem eigenen Unternehmen. Zu den wohl bekanntesten Erfolgsgeschichten zählt die von General Electric (GE). Jack Welch, seinerzeit CEO bei GE, führte Six Sigma im Jahr 1995 ein. Nachdem er ein Jahr später die durch den Einsatz der Methode erzielten Erfolge verkündete, stieg ihre Popularität stetig an. Six Sigma wurde seitdem von immer mehr Unternehmen implementiert [30]. Auslöser dieser erhöhten Aufmerksamkeit waren besonders die von GE bekanntgegebenen Einsparungen. So sparte das Unternehmen nach eigenen Angaben im Zeitraum von 1995 bis 1998 durch die Anwendung von Six Sigma 4,4 Milliarden US-Dollar ein. Untermauert wird das Potenzial von Six Sigma durch neuere Schätzungen für den Zeitraum von 2000 bis 2003, die davon ausgehen, dass alle Six Sigma anwendenden Unternehmen zusammen rund 100 Milliarden US-Dollar eingespart haben [15].

Beispielhaft seien hier einige Unternehmen genannt, die Six Sigma eingeführt haben: Seit 1998 arbeiten Sony, 3M, Toshiba, Nokia und Ford mit dieser Methode, im Jahr 2001 wurde sie auch bei der Deutschen Bahn AG eingeführt [14; 19]. > Abbildung 1-1 zeigt vereinfacht Meilensteine der Six-Sigma-Entwicklung, von den Ursprüngen bis in die heutige Zeit.

Six Sigma im Überblick

Grundlagen

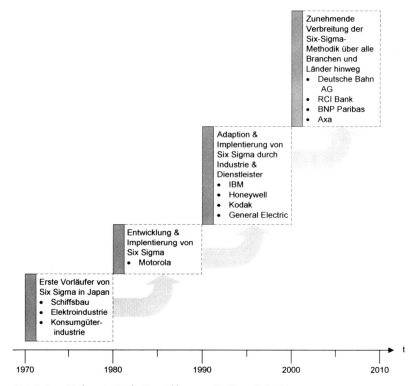

Abb.1-1: *Meilensteine in der Entwicklung von Six Sigma [14; 19]*

1.2 Six Sigma – statistische Ziele

Ihren Namen verdankt die Six-Sigma-Methode ihrem statistischen Grundgedanken, der zugleich Ausgangspunkt der Methodik ist. Um Six Sigma zu verstehen, bedarf es zunächst der Klärung einiger Voraussetzungen:

Die in der Statistik und Praxis bedeutendste Verteilung ist die Standardnormalverteilung. Diese ist charakterisiert durch den Erwartungsbeziehungsweise Mittelwert μ, die Varianz σ^2 sowie die Standardabweichung σ. Dabei ist μ der erwartete beziehungsweise mittlere Wert der (Prozess-)Ausprägung der jeweiligen Zielgröße und σ^2 die Streuung um diesen Wert. Da die Varianz σ^2 jedoch nicht der ursprünglichen Dimension der Daten entspricht und somit schwer interpretierbar ist, wird deren Wurzel, die Standardabweichung σ, verwendet [35].

Das sogenannte Sigma-Niveau bildet sich aus »dem Mittelwert µ und der Standardabweichung σ *als Maß für die Streuung von Prozessausprägungen.* Es basiert »auf der Annahme, dass die betrachteten Prozessausprägungen normalverteilt sind, und beschreibt die Wahrscheinlichkeit, dass diese innerhalb der geforderten« [34, S. 258] Spezifikationsgrenzen/Toleranzbreite liegen. Bei derartigen normalverteilten Prozessen liegen im Intervall von

⇨ µ ± σ etwa 66,7 Prozent,
⇨ µ ± 2σ etwa 95 Prozent,
⇨ µ ± 3σ etwa 99,73 Prozent

aller Prozessausprägungen [35]. Wird diese Reihe bis zum »statistischen« Six-Sigma-Niveau (geforderte Toleranzgrenze µ ± 6σ) bei unveränderlichem Prozessmittelwert µ weitergeführt, so bedeutet dies, dass nur 0,00000001 Prozent der Werte nicht im geforderten Intervall liegen.

Tatsächlich existiert in der Realität eine Verschiebung des Prozessmittelwertes µ im Zeitablauf. Diese langfristige Verschiebung, ausgelöst durch unterschiedliche Ursachen wie zum Beispiel Materialermüdung, Verschleiß oder veränderte Umgebungsbedingungen, liegt typischerweise im Bereich von 1,4σ bis 1,8σ, wird aber standardmäßig mit einer Verschiebung des Prozessmittelwerts um ± 1,5σ berechnet. Diese Verschiebung wird häufig auch als »shift« oder »drift« bezeichnet. Unter Berücksichtigung dieser langfristig vorhandenen Einflüsse bei der Beschreibung des Sigma-Niveaus ergibt sich durch die Verschiebung vom Mittelwert µ um 1,5σ jeweils nach rechts und links eine erweiterte Fläche unter der Verteilungsfunktion. Aus statistischer Sicht verbirgt sich damit hinter »6-Sigma« eigentlich ein 4,5-Sigma-Niveau.

Six Sigma im Überblick

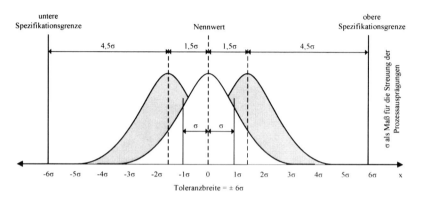

Abb.1-2: *Das Qualitätsziel Six Sigma (6σ) [47]*

Für das »reale« Six-Sigma-Niveau (inklusive 1,5σ shift) bedeutet dies, dass somit 0,0000034 Prozent der Werte nicht im Intervall $\mu \pm 6\sigma$ liegen (Fehlerwahrscheinlichkeit). Das heißt, dass bei einem so definierten Six-Sigma-Niveau eine Fehlzahl von 3,4 bei einer Million Fehlermöglichkeiten (DPMO – Defects Per Million Opportunities) toleriert wird [34; 35; 26].

Zu beachten ist dabei, »dass nicht die absolute Zahl aller Prozessfehler bewertet wird, sondern mit der Fehlerquote eine Differenzierung nach möglichen Fehlerquellen in die Betrachtung einfließt. Durch diese Differenzierung wird die unterschiedliche Komplexität verschiedener Prozesse berücksichtigt und deren Vergleichbarkeit erhöht« [34].

Die Verschiebung von 1,5σ ist dabei nicht nur durch Materialermüdung, Verschleiß oder Umgebungsbedingungen zu erklären, sondern auch durch verschiedene Maschinenbediener oder unterschiedliche Kombinationen von Equipment, die in einem Prozess genutzt werden, um die gleiche Aktivität durchzuführen [16]. Da es sich bei der Verschiebung von 1,5σ um eine idealtypische Betrachtung handelt, ist davon auszugehen das in der Realität nicht jeder Prozess um diesen Faktor schwankt. Um der Forderung nachzukommen, nur noch 3,4 Fehler pro einer Million Fehlermöglichkeiten zu erzeugen, muss folglich nicht zwangsläufig das 6σ-Niveau erreicht werden. > Tabelle 1-1 zeigt, welches Sigma-Niveau in Abhängigkeit der prozessspezifischen Verschiebung benötigt wird, um dem Grundgedanken von Six Sigma nachzukommen. Beispielsweise genügt bei einer Verschiebung von 0,5σ ein 5σ-Niveau, um das Ziel 3,4 DPMO zu erreichen.

Tabelle 1-1: Anzahl der Fehler pro Million im Zusammenhang von Sigma-Niveau und Verschiebung [16]							
Verschiebung (shift)	Sigma-Niveau						
	3 Sigma	3,5 Sigma	4 Sigma	4,5 Sigma	5 Sigma	5,5 Sigma	6 Sigma
	Anzahl der Fehler pro Million Fehlermöglichkeiten (DPMO)						
0,5	6442,3	1381,6	236,0	32,0	3,4	0,3	0,0
1	22781,8	6442,3	1381,6	232,6	31,7	3,4	0,3
1,5	66810,6	22750,4	6209,7	1349,9	232,6	31,7	3,4
2	158655,5	66807,2	22750,1	6209,7	1349,9	232,6	31,7

Ziele der Six-Sigma-Methode liegen neben der Minimierung von Durchlaufzeiten und der Reduzierung beziehungsweise Beseitigung von Verschwendungen auch in der gezielten Verminderung der Streuungen und in einer Zentrierung der Prozessergebnisse, so dass weniger Fehler hervorgerufen werden.

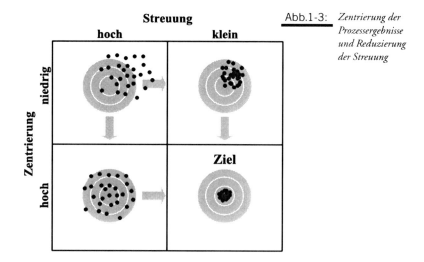

Abb.1-3: *Zentrierung der Prozessergebnisse und Reduzierung der Streuung*

> **Definition Six Sigma**
> Abgeleitet aus den voranstehenden Inhalten, lässt sich Six Sigma folgendermaßen zusammenfassend charakterisieren:
> *Six Sigma ist die Beherrschung eines beliebigen Prozesses in der Form, dass 99,99966 Prozent der Prozessausprägungen innerhalb der vom Kunden geforderten Spezifikationsgrenzen liegen.*

In der Praxis stellt sich zudem häufig die Frage, welches Sigma-Niveau ein Unternehmen tatsächlich benötigt beziehungsweise welches Niveau für das eigene Unternehmen am sinnvollsten erscheint. Zur Beantwortung dieser Frage muss neben der bereits beschriebenen langfristigen Verschiebung die Komplexität des betrachteten Prozesses berücksichtigt werden. Vereinfacht lässt sich sagen: Je mehr Prozessschritte ein Prozess besitzt, desto höher muss das Sigma-Niveau sein, um das Ziel von Six Sigma zu erreichen. > Tabelle 1-2 stellt die Ausbeute in Abhängigkeit von der Anzahl der Prozessschritte und vom Sigma-Niveau dar.

Tabelle 1-2: Ausbeute in Abhängigkeit von der Anzahl der Prozessschritte und der Prozessqualität [16]

Anzahl der Teile und/oder Prozessschritte	Sigma-Niveau des Prozesses (inkl. 1,5 σ shift)			
	3 Sigma	4 Sigma	5 Sigma	6 Sigma
1	93,32%	99,379%	99,977%	100,000%
2	87,08%	98,76%	99,95%	99,999%
5	70,77%	96,93%	99,88%	99,998%
10	50,08%	93,96%	99,77%	99,997%
50	3,15%	73,24%	98,84%	99,98%
100	0,10%	53,64%	97,70%	99,97%
500	0,00%	4,44%	89,02%	99,83%
1.000	0,00%	0,20%	79,24%	99,66%
2.000	0,00%	0,00%	62,79%	99,32%

Die Qualität eines Unternehmensprozesses auf Six-Sigma-Niveau (99.99967%) lässt sich am besten im Vergleich zu einem 99-Prozent-Niveau darstellen. So stünde bei 99 Prozent Stromversorgung und bei einer maximalen Verfügbarkeit des Stroms von 8760 Stunden jährlich insgesamt 87 Stunden lang kein Strom zur Verfügung. Dies entspricht einem Ausfall von monatlich sieben Stunden. Demgegenüber ergibt sich im Vergleich bei einem Six-Sigma-Niveau lediglich eine Stunde Stromausfall alle 34 Jahre. Geht man, um ein anderes Beispiel zu nen-

> **Beispiele: Unternehmenserfolge nach Einführung von Six Sigma [15]**
> ⇨ *Motorola* erzielte innerhalb von vier Jahren Einsparungen in Höhe von rund 2,2 Milliarden US-Dollar.
> ⇨ *General Electric* erzielte mit Six Sigma in rund fünf Jahren einen Profitzuwachs von sieben bis zehn Milliarden US-Dollar.
> ⇨ *Dupont* erzielte durch Einführung von Six Sigma nach zwei Jahren ein Plus von einer Milliarde US-Dollar und innerhalb von vier Jahren circa 2,4 Milliarden US-Dollar.
> ⇨ *Honeywell* erwirtschaftete Rekordgewinnspannen und konnte über zwei Milliarden an direkten Kosten einsparen.
> ⇨ Die *Bank of America* erzielte in den ersten drei Jahren Einsparungen von mehreren Hundertmillionen US-Dollar, halbierte die Bearbeitungsdauer und konnte die Prozessfehlerrate um eine Kommastelle nach links versetzen.

nen, für das Jahr 2007 von geschätzten 71 Millionen täglich durch die Deutsche Post AG verteilten Briefsendungen aus, würden bei einem 99-Prozent-Niveau 710.000 Briefe fehlerhaft zugestellt. Auf Six-Sigma-Niveau wären es hingegen lediglich 234 Briefe.

1.3 Das Six-Sigma-Projektteam

Six-Sigma-Projekte weisen eine eigenständige Organisationsstruktur innerhalb einer Unternehmung auf. Die Namensgebung der Projektteammitglieder innerhalb dieser Organisationsstruktur lehnt sich an die asiatische Kampfkunst an und beinhaltet ein autarkes Qualifikationsschema.

Die verschiedenen Rollen innerhalb der Six-Sigma-Organisationsstruktur unterscheiden sich in erster Linie in drei Bereichen:
⇨ Dauer der Schulung zum Thema Six Sigma,
⇨ vorhandene Erfahrung bei der Umsetzung von Six-Sigma-Projekten sowie
⇨ Grad der zur Verfügung stehenden Arbeitszeit.

In der Regel werden folgende Rollen unterschieden:
⇨ Oberste Leitung,
⇨ Sponsor,
⇨ Champion,
⇨ Master Black Belt,
⇨ Black Belt,
⇨ Green Belt.

Neben diesen allgemeinen Rollen existiert eine Fülle weiterer Bezeichnungen. Zu den wohl Bekanntesten zählen:
⇨ Yellow Belt und
⇨ White Belt.

Die nachfolgenden Ausführungen betrachten die einzelnen Rollen innerhalb der Six-Sigma-Organisationsstruktur näher. Um einen Vergleich der einzelnen Rollen untereinander zu gewährleisten, wird dabei stets eine gleiche Beschreibungsstruktur verwendet. Zunächst werden die Aufgaben der jeweiligen Rolle dargestellt. Im Anschluss folgt der erforderliche Schulungsumfang (inhaltlich als auch zeitlich) sowie eine Einordnung der zur Verfügung stehenden Arbeitszeit für Six Sigma.

Oberste Leitung

Wie bereits einleitend erwähnt, ist für den Erfolg eines Six-Sigma-Projektes oder sogar -Programms eine Verankerung der eigenständigen Organisationsstruktur in der Unternehmung von größter Bedeutung. Um eine adäquate Integration zu gewährleisten, bedarf es der besonderen Forderung und Förderung durch die oberste Leitung der Unternehmung. Die Aufgaben der obersten Leitung im Rahmen eines Six-Sigma-Projektes umfassen im Besonderen die Entwicklung von Visionen sowie die Motivation und Überzeugung der einzelnen Mitarbeiter [27]. Hierfür ist im Bereich Six Sigma keine spezielle Schulung vorgesehen. Der Anteil der verwendeten Arbeitszeit der obersten Leitung für ein Six-Sigma-Projekt ist nicht näher bestimmt und gestaltet sich in der Regel sehr projektspezifisch.

Die Tätigkeiten der beiden nachfolgend beschriebenen Rollen überschneiden sich sehr stark. Aus diesem Grund werden sie in der Praxis häufig in einem Atemzug genannt. An dieser Stelle wird die Rolle des Sponsors jedoch separat von der des Champions betrachtet.

Sponsor

Der Sponsor agiert als Vertreter der obersten Leitung und verfolgt entsprechend in erster Linie die folgenden Ziele:
⇨ Einführung von Six Sigma,
⇨ Aufzeigen des Fortschrittes und
⇨ Fördern des Six-Sigma-Programms.

Dabei unterstützt er den Wandel im Unternehmen und treibt diesen aktiv voran. Der Sponsor wird als neutrale Person zur Entscheidungsfindung bei Zielkonflikten hinzugezogen, koordiniert und motiviert die Mitarbeiter und überzeugt sie auf unterster sowie auf oberster Ebene vom Six-Sigma-Programm.

Zur Schnittmenge des Aufgabenfeldes des Sponsors mit dem des Champions zählt die Identifikation strategisch wichtiger Projekte, die einen Bezug zu den Unternehmenszielen aufweisen. Sponsor und Champion verwalten mehrere Projekte und können somit, je nach Stellung im Unternehmen, als Leiter eines Teils oder des gesamten Six-Sigma-Programms gesehen werden. Dabei sind sie für die Bereitstellung der benötigten Ressourcen sowie für die Beseitigung von Barrieren zur Umsetzung der Six-Sigma-Projekte verantwortlich. Ferner zählen zu den Aufgaben regelmäßige Projektreviews, die Meilensteinplanung und das Verantworten der Projektergebnisse gegenüber der obersten Leitung [42; 37; 31].

Der Sponsor wird direkt von der obersten Leitung eingesetzt und somit sozusagen top-down in das Six-Sigma-Team integriert. Dazu erhält er eine ein- bis zweitägige Schulung, die ihm eine Übersicht über Six-Sigma-Philosophie, DMAIC, Projektauswahl und statistische Methoden verschafft. Der Anteil der verwendeten Arbeitszeit variiert projektabhängig sehr stark, sodass an dieser Stelle keine grundsätzliche Aussage dazu getroffen werden kann.

Champion

Neben der im vorherigen Abschnitt beschriebenen Aufgabenschnittmenge zwischen Champion und Sponsor agiert der Champion zusätzlich als Coach und Mentor der Belts. Als Coach verfolgt er das Ziel, dem betroffenen Mitarbeiter Hilfe zur Selbsthilfe zu geben und dessen Leistungsfähigkeit zu steigern. Als Schlüssel für ein erfolgreiches Coaching gilt auf Seiten des Coachs ein wenig hierarchisches Auftreten, Freiwilligkeit und Methodenvielfalt. Die Unterstützung kann so weit gehen, dass der Coach sogar private Probleme mit den Mitarbeitern bespricht [45]. Vor dem Hintergrund seiner eigenen Erfahrungen in der Organisation berät er in seiner Rolle als Mentor hauptsächlich jüngere Mitarbeiter. Das Verhältnis von Mentor zu Schützling ist stark hierarchisch geprägt und auf eine langfristige Betreuung ausgelegt [42; 37; 31].

Im Gegensatz zum Sponsor hat ein Champion im Vorfeld einzelne Stufen der Six-Sigma-Organisationsstruktur durchlaufen. So muss er mindestens zuvor ein Black Belt (BB) oder Master Black Belt (MBB) gewesen sein. Somit ist er quasi bottom-up in die Rolle des Champions hineingewachsen. Trotz seines umfangreichen fachspezifischen Wissens erhält auch er eine weitere Schulung zu den Themen Six-Sigma-Philosophie, DMAIC, Projektauswahl und statistische Methoden [27; 14]. Ähnlich wie beim Sponsor variiert auch hier der Anteil der verwendeten Arbeitszeit sehr stark, sodass keine grundsätzliche Aussage dazu getroffen werden kann.

Master Black Belt (MBB)

Der Master Black Belt leitet nur sehr umfangreiche und strategisch bedeutsame Projekte selbst: Deshalb wird er häufig auch als »Seniorprojektleiter« oder als »Veränderungsmanager« bezeichnet. Neben seinen eigenen Projekten unterstützt der MBB das Management bei der Identifikation, Bewertung und Auswahl von Verbesserungsprojekten und coached Black Belt (BB) und Green Belt (GB). Neben dieser Coaching-Tätigkeit tritt der MBB als Trainer für die im Rahmen von Six Sigma angewendeten Methoden auf. Somit trägt er zur Weiterentwicklung der Six-Sigma-Werkzeuge im Unternehmen aktiv bei und sorgt außerdem für einen Wissensaustausch zwischen den Black Belts. Zusätzlich umfassen seine Aufgaben auch die Qualifizierung und Schulung der Green und Black Belts.

Als Mindestvoraussetzung für eine Schulung zum MBB muss die betreffende Person im Vorfeld bereits Black Belt gewesen sein, um dann einen weiterführenden mehrtägigen Qualifikationslehrgang zum MBB besuchen zu dürfen. Inhaltlich wird während der Schulung die Vertiefung von statistischen, didaktischen und Management-Methoden behandelt. Um die Aufgaben als MBB erfüllen zu können, ist der betroffene Mitarbeiter zu 100 Prozent seiner Arbeitszeit dem Six-Sigma-Programm zugeordnet.

Black Belt (BB)

Ein Black Belt leitet bereichsübergreifende Six-Sigma-Projekte fachlich und disziplinär. Er hat somit die Rolle eines Projektleiters inne. Darüber hinaus ist er als Berater des Green Belts tätig und leistet ihm bei der Umsetzung kleinerer (Teil-)Projekte Hilfestellung. Benötigt der Black Belt selbst einen Beistand, kann er sich an den Master Black Belt wenden. Eine weitere Aufgabe des BB ist die Benennung geeigneter Mitarbeiter für die Fortbildung zum GB. Außerdem ist er für das Training und die Qualifizierung des GB und der Teammitglieder verantwortlich und unterstützt den Champion bei der Projektauswahl [27; 34].

Durch eine drei- bis vierwöchige theoretische Schulung erhält der zukünftige BB eine Vorbereitung auf seine Tätigkeit. Anhand eines Trainingsprojektes erprobt er die praktische Anwendung und den Ablauf der erlernten Methoden entlang des DMAIC. Er verfügt somit über breites Methodenwissen und Technikkenntnisse im Bereich Six Sigma. Darüber hinaus sollte er über eine ausgeprägte Sozialkompetenz verfügen. Denn als Projektleiter muss man Menschen führen, und um Menschen führen zu können, bedarf es auch sozialer Aspekte [39; 37].

Zur Durchführung seiner Aufgaben ist ein BB zwischen 50 und 100 Prozent seiner Arbeitszeit ausschließlich an Six-Sigma-Projekten tätig. Dies ist eine mögliche Ursache, weshalb sich einige KMU keinen BB leisten wollen oder können und deshalb auf externe Unterstützung angewiesen sind.

Green Belt (GB)

Zu den Aufgaben des Green Belt zählt die Leitung kleinerer Six-Sigma-Projekte innerhalb seines eigenen Arbeitsumfeldes sowie die Unterstützung des Black Belts durch die Übernahme von Teilprojekten aus dessen Aufgabenbereich [42]. Stößt ein GB bei der Umsetzung seiner (Teil-)Projekte an Grenzen, so greift er auf das Fachwissen des BB zurück. An dieser Stelle sei auf die Besonderheit von KMU hingewiesen. Einige KMU besitzen aufgrund ihrer geringen Größe nur sehr wenige Arbeitsumfelder oder gegebenenfalls nur eines. Da der GB verantwortlich für Verbesserungen im eigenen Umfeld ist, kann daraus folgen, dass er auch verantwortlich für unternehmensweite Verbesserungsprojekte ist. Dies ist ein Grund dafür, dass einige KMU keinen eigenen BB/MBB unterhalten, sondern Six-Sigma-Projekte durch einen GB ausführen lassen und nur bei Bedarf einen externen Dienstleister heranziehen.

Für seine Tätigkeit als GB erhält der Mitarbeiter eine etwa einwöchige Schulung in den Grundzügen von Six Sigma und DMAIC [14]. Er besitzt durch diese Schulung Grundkenntnisse in statistischen Methoden, die jedoch im Vergleich zu denen des Black Belts geringer einzustufen sind.

Grundsätzlich ist der GB nicht von seiner normalen Tätigkeit freigestellt, sondern kann allenfalls im Rahmen von Teamsitzungen von seiner eigentlichen Aufgabe befreit werden. Entsprechend ist ihm in der Regel kein fixer Anteil seiner Arbeitszeit für Six Sigma zugewiesen, sondern der GB muss für die Projekte jedes Mal erneut projektspezifisch freigestellt werden. In der Praxis hat es sich jedoch als förderlich erwiesen, einen GB circa 20 bis 30 Prozent seiner Arbeitszeit für Six-Sigma-Projekte freizustellen, um eine gewisse Güte bei der Umsetzung von Six Sigma zu gewährleisten.

Yellow Belt (YB) & White Belt (WB)

Der Yellow Belt und der White Belt sind dafür verantwortlich, den optimierten Prozess im Tagesgeschäft dauerhaft aufrechtzuerhalten. Des Weiteren beteiligt sich der YB als Prozessexperte aktiv an Six-Sigma-Projekten [47].

Der YB erhält ein zweitägiges Training, um das notwendige Wissen und Bewusstsein für Six Sigma aufzubauen. Hingegen beträgt die Dauer des Trainings für den WB nur einen einzigen Tag. Inhaltlich gleichen sich die Schulungen für den YB und WB [39].

YB und WB werden bedarfsweise von Ihrer täglichen Arbeit befreit, um an Six-Sigma-Projekten mitzuwirken.

Abgesehen von den hier definierten Rollen werden im Rahmen von Six-Sigma-Projekten Mitarbeiter aus den verschiedensten Bereichen hinzugezogen. Dazu zählen beispielsweise Controller und Fachspezialisten [42].

Darüber hinaus sollten alle Mitarbeiter innerhalb eines Six Sigma anwendenden Unternehmens die Six-Sigma-Strategie verstehen und davon überzeugt sein, um einen Erfolg des Six-Sigma-Programms zu gewährleisten [27].

1.4 Six Sigma in KMU

Grundsätzlich lässt sich Six Sigma unabhängig von der Unternehmensgröße und Branche anwenden. KMU weisen beispielsweise besondere Rahmenbedingungen wie eine häufig aufzufindende Bindung zwischen Führung und Eigentum, Funktionsanhäufung bei der Geschäftsführung und – bedingt durch die verhältnismäßig geringe Anzahl von Beschäftigten – ein breites Fachwissen der Mitarbeiter auf. Diese Rahmenbedingungen haben einen bedeutenden Einfluss auf die Implementierungsmöglichkeiten von Six Sigma im Unternehmen.

Als besonders bedeutend lassen sich auch die Schulungs-, Beratungs- sowie Anschaffungskosten für spezielle Six-Sigma-Software hervorheben, die in der Regel im Zusammenhang der Einführung von Six Sigma entstehen. Bedingt durch die Unternehmensgröße bei KMU fallen diese Kosten besonders ins Gewicht und sollten im Vorfeld hinsichtlich des angestrebten Ziels möglichst genau auf das Kosten-Nutzen-Verhältnis betrachtet und geplant werden.

Durch die Verwendung von Standardsoftware – wie beispielsweise Tabellenkalkulationen sowie speziell darauf ausgerichteten Templates – können in KMU, die über entsprechende Fähigkeiten und Kenntnisse verfügen, bis zu einem gewissen Grad Anschaffungskosten für spezielle Six-Sigma-Software erheblich gesenkt werden [19].

Tipp zur Einführung von Six Sigma bei KMU
- ⇨ Vor der erstmaligen Einführung von Six Sigma in KMU sollten die unternehmensindividuellen Rahmenbedingungen identifiziert werden und es sollte gegebenenfalls ein Selbsttest zur Überprüfung der Eignung der Unternehmung für die Anwendung von Six Sigma durchgeführt werden [siehe hierzu 36].
- ⇨ Ist sich die Unternehmung der individuellen Rahmenbedingungen bewusst, so sollte die erste Einführung von Six Sigma über ein Pilotprojekt erfolgen.
- ⇨ Einige Six-Sigma-Werkzeuge des DMAIC sind besonders für die Anwendung von KMU geeignet. Nähere Informationen sind unter [19] zu finden.

Grundlagen

Zusammenfassung

Six Sigma ist eine systematische Vorgehensweise sowie ein anspruchsvolles Managementkonzept im Qualitätsmanagement. Das grundsätzliche Ziel von Six Sigma lässt sich als innerbetriebliche und operative Optimierung von Prozessen auffassen.

Begrifflich findet Six Sigma den Ursprung in der Statistik. Sigma (σ) bezeichnet dort die Standardabweichung von der Grundgesamtheit.

Das statistische Ziel liegt, dem Begriff Six Sigma entsprechend, bei der Erreichung des Six-Sigma-Niveaus für die Prozesse eines Unternehmens. Dieses entspricht bei Normalverteilung und einer Verschiebung von 1,5 einer Fehlerhäufigkeit von 3,4 ppm (parts per million) beziehungsweise einer Ausbeute von 99,99966 Prozent. Zur Zielerreichung werden im Rahmen von Six Sigma Methoden, Werkzeuge und Instrumente aus den Bereichen des Qualitäts-, Prozess- und Projektmanagements kombiniert. Dabei werden die Tools problemspezifisch ausgewählt, auf das Projektziel ausgerichtet und in den Phasen des DMAIC-Zyklus (Define-Measure-Analyze-Improve-Control) (> siehe Kapitel 2) aufeinander aufbauend bearbeitet.

Kapitel 2

Der DMAIC-Zyklus

Grundlagen

Verbesserungsprojekte mit Six Sigma orientieren sich systematisch am DMAIC-Zyklus. Dieser besteht aus fünf Phasen und dazugehörigen Methodenbaukästen zur projektspezifischen Unterstützung. Die Methoden bauen aufeinander auf und gewährleisten so eine konsequente Ausrichtung auf das Projektziel.

In diesem Beitrag erfahren Sie:
- wie man für die fünf Phasen im Six-Sigma-Projekt Ziele festlegt,
- welche Ergebnisse die Projektphasen im DMAIC-Zyklus erwarten lassen und
- welche Methoden und Werkzeuge in Six-Sigma-Projekten zur Anwendung kommen.

ROLAND JOCHEM, DENNIS GEERS, DOMINIK RÖSSLE

Bei der Durchführung eines Six-Sigma-Projektes werden keine neuartigen Werkzeuge angewendet, es werden vielmehr bekannte Werkzeuge in einer systematischen und zielgerichteten Art und Weise eingesetzt. Dabei gliedert sich die systematische Vorgehensweise in fünf sequentiell ablaufende Phasen. Diese werden unter dem Akronym DMAIC (Define – Measure – Analyze – Improve – Control) als ein Zyklus zusammengefasst.

Der Begriff Projekt lässt bereits erahnen, dass die im Rahmen von Six Sigma behandelten Verbesserungsprojekte individuell sind (> siehe Kapitel 3). Grundsätzlich lassen sich die Kernelemente der fünf Phasen eines Six-Sigma-Projektes jedoch zusammenfassend darstellen [14]. Entsprechend geben die nachfolgenden Ausführungen einen Kurzüberblick über diese fünf Phasen, indem neben einer Beschreibung die jeweils charakterisierende Frage, die Ziele, geeignete Methoden sowie die Ergebnisse jeder Phase dargestellt werden.

2.1 Define (Definieren)

Die Define-Phase kann durch die Frage »Was ist das Problem?« charakterisiert werden. Entsprechend liegt das Hauptziel der Phase im Definieren des Verbesserungsprojektes.

Der Beginn der Define-Phase ist zugleich der Anstoß für das Six-Sigma-Projekt durch den Auftraggeber. Auf der Basis von Auswertungsergebnissen von beispielsweise Fehlerstatistiken, Reklamationen, Auditberichten oder Benchmarkings wird ein geeignetes Projekt ausgewählt (> siehe Kapitel 3) und präzise definiert. Dabei werden die Projektziele und das Projektteam benannt sowie die Laufzeit und der Nutzen des Projekts festgelegt. Bei der Benennung des Projektteams sollten die in > Kapitel 1 erläuterten Rollen innerhalb des Six-Sigma-Projektteams berücksichtigt werden. Zur Erfüllung dieser Hauptelemente der Define-Phase wird ein Projektstartbrief ausgefüllt. Die Unterschrift des Champions autorisiert das Projekt.

Inhaltlich werden in der Phase

⇨ der zu verbessernde Prozess identifiziert und dargestellt,

⇨ die Stakeholder erkannt,

⇨ die Wünsche der relevanten Kunden gesammelt und ausgewertet sowie

⇨ die kritischen Qualitätsmerkmale (Critical to Quality – CTQ) formuliert.

Die CTQs umfassen sowohl kundenkritische (Was ist dem Kunden wichtig?), prozesskritische (Was ist für die Leistungserstellung wichtig?) als auch vorgabenkritische Merkmale (Sind gesetzliche Vorschriften, Standards zu beachten?). Die Umsetzung der Phase wird unter anderem durch die in > Abbildung 2-1 dargestellten Methoden begleitet.

Ergebnisse der Define Phase:
⇨ Unterzeichneter Projektauftrag
⇨ Definierte Kundenanforderungen
⇨ Überblick über das Verbesserungsprojekt

Der DMAIC-Zyklus

	Name der Methode	Inhalt der Methode	
Define	Projektstartbrief	Im Projektstartbrief werden die Mission des Teams und das Kernthema des Projektes definiert.	
	Projektplan	Instrument zur Termin- und Fortschrittsüberwachung. Detaillierte Ergänzung zum Projektstartbrief und beinhaltet die Arbeitspakete und Termine (Meilensteine). Darüber hinaus werden die benötigten personellen und zeitlichen Ressourcen aufgeführt.	
	Projektreport	Das Dokument bietet die Möglichkeit, im Verlauf des Projekts und nach dem Projekt die wichtigsten Erkenntnisse und Ergebnisse auf einen Blick nachvollziehen zu können.	
	Stakeholder-Analyse-Matrix	Die Stakeholder-Analyse-Matrix ist ein Werkzeug zur Identifikation, Analyse und Planung von Betroffenen eines Projekts.	
	VOC – Voice of Customer	Auflisten und priorisieren der Kundenanforderungen nach Basis-, Leistungs- und Qualitätsanforderungen sowie den Begeisterungsmerkmalen.	
	KANO-Modell	Die Kundenzufriedenheit bei Service und Qualität wird visualisiert dargestellt und kann als Benchmark zum Ansatz für Verbesserungsprojekte genutzt werden.	
	CTQ – Critical to Quality	Die Qualitätsanforderungen der Kunden, d.h. die Basisanforderungen werden hier nochmals eingehend herausgestellt.	
	SIPOC – Supplier Input Process Output Customer	Einfache und übersichtliche Darstellung der Hauptprozesse vom Lieferanten zum Kunden. Dies dient als Hilfestellung zur Projektauswahl sowie als Einstieg für das Process Mapping in Measure und des Prozessflussdiagramms in Analyze.	

Abb. 2-1: *Methoden und Werkzeuge in der Define-Phase*

2.2 Measure (Messen)

Grundlagen

Die Measure-Phase kann durch die Frage »Wie lassen sich die Auswirkungen messen und wie groß ist das zu beseitigende Problem tatsächlich?« charakterisiert werden. Entsprechend liegt das Hauptziel der Phase im Ermitteln des Ist-Zustandes.

Ausgehend von dem Grundgedanken, dass nur das verbessert werden kann, was gemessen worden ist, wird in der Measure-Phase die Ausgangssituation gezielt erfasst. Dazu wird der relevante Prozess oder das relevante Produkt genau gemessen, indem die Merkmale der Prozessqualität identifiziert und quantifiziert werden. Die Erfassung des Prozesses sollte durch eine Prozessflussdarstellung, die auch den Output und die Einflussgrößen berücksichtigt, erfolgen. Durch die detaillierte Darstellung des IST-Prozessablaufs wird im Projektteam ein einheitliches Verständnis für den Prozess geschaffen.

Um das Messen zu ermöglichen, werden Kennzahlen bestimmt, Messsystemanalysen durchgeführt und Daten gesammelt. Bei der Sammlung der Daten ist darauf zu achten, dass eine klare Priorisierung erfolgt und lediglich relevante beziehungsweise qualitätskritische Daten verwendet werden. Gleichermaßen empfiehlt sich eine grafische Aufbereitung der Daten, um potenziell verborgene Problemstellungen zu identifizieren. Zum Abschluss der Measure-Phase wird die aktuelle Prozessleistung ermittelt. Die Umsetzung der Phase wird unter anderem durch die in > Abbildung 2-2 dargestellten Methoden begleitet.

Ergebnisse der Measure-Phase:
- ⇨ Ein auf Daten und Fakten basierendes, sachbezogenes Verständnis für die zu verbessernde Situation
- ⇨ Abgrenzung der zu verbessernden Situation
- ⇨ Gemessene Einfluss-/Ergebnisgrößen

Der DMAIC-Zyklus

Grundlagen

Measure

Name der Methode	Inhalt der Methode	
Process-Mapping	Grafische Darstellung des Zusammenhangs zwischen Input- und Outputgrößen.	
FMEA – Fehler-Möglichkeits- und Einfluss-Analyse	Bestimmung der wichtigsten Einflussgrößen innerhalb des Prozesses.	
MSA – Messsystem-analyse	MSA-Verfahren 1	Bestimmung der systematischen Messabweichung und der Wiederholpräzision. Ermittlung der Fähigkeitskennzahlen für ein Messsystem durch einen Prüfer unter Wiederholbedingungen.
	MSA-Verfahren 2	Ermittlung der Eignung eines Messmittels in Verbindung mit dem Messprozess.
QRK – Qualitäts-regelkarte	Langfristige Erfassung der Messgrößen.	
Histogramm	Darstellung von bestimmten Häufigkeiten und Auftreten von bestimmten Eigenschaften des Prozesses.	
z-Transformation	Die z-Transformation ist eine Methode zur manuellen Berechnung des Sigma-Werts bei normalverteilten, stetigen Daten.	
Fischgrät-diagramm	Finden von Ursachen für die bestehenden Probleme.	
Ursache-Wirkungs-matrix	Identifizierung der wichtigen Inputs für Messungen und eine tiefergehende Analysen, im Anschluss an die Ermittlung aller möglichen Inputs und Outputs durch Fischgrätdiagramm und SIPOC.	
Prozess-fähigkeits-untersuchung	Die Prozessfähigkeit ist das Verhältnis der spezifischen Toleranz zur natürlichen Streubreite des Prozesses.	C_p ; C_{PK}
Messgrößen-matrix	Die Messgrößenmatrix ist ein Hilfsmittel zur Bewertung und Auswahl geeigneter Output-Messgrößen.	
Daten-sammlungs-plan	Der Datensammlungsplan ist ein Dokument, das die Datenerfassung im Vorfeld überblickartig beschreibt.	

Abb. 2-2: *Methoden und Werkzeuge in der Measure-Phase*

2.3 Analyze (Analysieren)

Die Analyze-Phase kann durch die Frage »Was sind die Ursachen für das vorhandene Problem?« charakterisiert werden. Entsprechend liegt das Hauptziel der Phase im Identifizieren von relevanten Ursachen.

Die in der vorherigen Phase aufgestellten Hypothesen werden in der Analyze-Phase überprüft. Dazu werden die in der Measure-Phase gemessenen Daten strukturiert, ausgewertet, analysiert und bewertet. Zu diesem Zweck kommen vor allem mathematisch-statistische Methoden zum Einsatz. Dabei liegt der Fokus der Analyse beim Finden der problembezogenen Ursachen.

Neben der reinen Datenanalyse bietet sich zum Finden der wahren Ursachen auch eine Analyse des zuvor dargestellten Prozessablaufs an, um keine potenziellen Ursachen zu übersehen.

Insgesamt gesehen werden in der Analyze-Phase alle möglichen Ursachen benannt und durch eine Prozess- und Datenanalyse zu Kernursachen verdichtet. Auf diese Weise offenbaren sich die Möglichkeiten zur Verbesserung.

Am Ende der Analyze-Phase sollte der Prozess allen Beteiligten so weit verständlich sein, dass aus den vielen möglichen Einflussgrößen die wenigen verbesserungsrelevanten bekannt sind. Die Umsetzung der Phase wird unter anderem durch die in > Abbildung 2-3 dargestellten Methoden begleitet.

Ergebnis der Analyze-Phase:
⇨ Nachgewiesener Zusammenhang zwischen Ursache und Wirkung

Der DMAIC-Zyklus

Analyse

Name der Methode	Inhalt der Methode	
Flussdiagramm	Visualisierung des zu untersuchenden Prozesses.	
Multi-Vari-Analyse	Grafischer Lösungsansatz zur Analyse der Streuungsursachen auf Grundlage des zur Verfügung stehenden Datenmaterials.	
Box-Plot-Diagramm	Beschreiben des Prozesses anhand seiner charakteristischen Werte. Untersuchung der Streuung von Prozesskomponenten und die Einhaltung von definierten Toleranzbereichen. Vergleich mit ähnlichen Prozessen.	
Histogramm	Darstellung von bestimmten Häufigkeiten und Auftreten von bestimmten Eigenschaften des Prozesses.	
Hypothesentests	Verifizieren der getroffenen Annahmen.	$H_0 \; ; \; H_1$
Streudiagramm	Darstellung des Zusammenhangs zwischen zwei Größen	
Normalverteilung	Überprüfung des Prozessoutputs auf Normalverteilung und die Einhaltung von definierten Toleranzbereichen.	
Korrelationsanalyse	Die Korrelationsanalyse wird angewendet, um zu klären, wie stark der wechselseitige statistische Zusammenhang zwischen zwei oder mehr zufälligen Variablen ist und in welche Richtung (gleichsinnig oder gegensinnig) der Zusammenhang verläuft.	
Fischgrätdiagramm	Finden von Ursachen für die bestehenden Probleme.	
Varianzanalyse	Die Varianzanalyse ist eine statistische Methode zur Untersuchung des Einflusses einer oder mehrerer diskreter, unabhängiger Einflussvariablen und einer stetigen, abhängigen Zielgröße.	
FMEA	Die FMEA ist eine systematische Vorgehensweise zur kontinuierlichen Verbesserung von Produkten und Prozessen sowie zur Risikoanalyse.	
Regressionsanalyse	Analyse von Beziehungen zwischen einer abhängigen Variablen und einer oder mehreren unabhängigen Variablen.	
DOE – Design of Experiments	DOE untersucht und modelliert die Ursache-Wirkungs-Beziehungen zwischen Einflussfaktoren X und dem Prozessergebnis Y.	

Abb. 2-3: *Methoden und Werkzeuge in der Analyse-Phase*

2.4 Improve (Verbessern)

Die Improve-Phase kann durch die Frage »Was ist die beste Lösung zur Beseitigung des Problems?« charakterisiert werden. Entsprechend liegt das Hauptziel der Phase im Entwickeln sowie Erproben einer geeigneten Lösung.

Auf Basis der in der vorherigen Phase ermittelten Kernursachen werden Lösungen entwickelt, systematisch ausgewählt und konkrete Verbesserungsmaßnahmen zur Erreichung der mittels Six Sigma verfolgten Ziele formuliert.

Gleichermaßen müssen Festlegungen getroffen werden, wie die Prozesseingangsgrößen (x) und die steuerbaren Prozessparameter (C) unter Berücksichtigung von Störgrößen (N) einzustellen sind, damit die festgelegten Zielwerte für Streuungen/Fehler, Durchlaufzeit und Kosten erreicht werden (Kenngrößen der internen Metrik). Dazu ist es erforderlich, einerseits die Ergebnisse der Analysephase zu bewerten, um daraus entsprechende Schlussfolgerungen zu ziehen, und andererseits Analysen der Zusammenhänge zwischen Ziel- und Einflussgrößen auszuwerten.

Die Lösungen sollen optimierte Prozessstellgrößen darstellen und als Folge einen gegen Störgrößen robusten und beherrschten Prozess ermöglichen. Die ausgewählten Lösungen werden erprobt und über Aktions- und Maßnahmenpläne nachhaltig implementiert. Die Umsetzung der Phase wird unter anderem durch die in > Abbildung 2-4 dargestellten Methoden begleitet.

Ergebnisse der Improve-Phase:

⇨ Optimierte Lösung
⇨ Erprobte Lösung
⇨ Freigabe zur Implementierung der Lösung

Der DMAIC-Zyklus

Grundlagen

	Name der Methode	Inhalt der Methode	
Improve	Brainstorming	Gemeinsames Entwickeln von Lösungsvorschlägen im Team.	
	6-3-5-Methode	Schnelles und kreatives Sammeln von Ideen.	6 Personen 5 Ideen 3 Minuten
	Sechs denkende Hüte	Diskutieren voranbringen, Lösungen von verschiedenen Blickwinkeln betrachten.	
	Platzziffer-verfahren	Priorisierung von Themen, Problemen und Lösungen durch ein Expertenteam.	
	K.O. Analyse	Die K.O.-Analyse prüft Vorschläge auf sog. Muss- oder K.O.-Kriterien.	
	Kriterien-basierte Matrix	Durch die Kriterienbasierte Matrix werden die Ideen anhand von "Kann-" oder "Wunsch-Kriterien" qualitativ durch das Team bewertet.	
	Kosten-Nutzen-Analyse	Instrument zur wirtschaftlichen Bewertung von Lösungsansätzen.	
	Fluss-diagramm	Visualisierung des Soll-Prozesses.	
	Morphologischer Kasten	Auswahl von Lösungsmöglichkeiten.	
	Poka Yoke	Fehlerverhütung im Prozess.	
	Implementierungs-plan	Der Implementierungsplan ist ein detaillierter und umfassender Plan, der alle Punkte der Umsetzung von Verbesserungsmaßnahmen regelt.	
	FMEA – Fehler-Möglichkeits- und Einfluss-Analyse	Die FMEA ist eine systematische Vorgehensweise zur kontinuierlichen Verbesserung von Produkten und Prozessen sowie zur Risikoanalyse.	
	Scamper	Strukturiertes Sammeln von Ideen.	
	DOE – Design of Experiments	DOE untersucht und modelliert die Ursache-Wirkungs-Beziehungen zwischen Einflussfaktoren X und dem Prozessergebnis Y.	

Abb. 2-4: *Methoden und Werkzeuge in der Improve-Phase*

Der DMAIC-Zyklus

Grundlagen

2.5 Control (Regeln – Überwachen – Steuern)

Die Control-Phase lässt sich durch die Frage »Wie kann Verbesserung nachhaltig sichergestellt werden?« charakterisieren. Entsprechend liegt das Hauptziel der Phase in der Implementierung sowie Absicherung der optimierten Lösung.

Diese Phase hat zwei Ziele: Zum einen wird die kontinuierliche Erreichung der Prozessergebnisse überwacht und damit festgestellt, ob die Projektergebnisse nachhaltig sichergestellt und erreicht sind. Dies geschieht, indem die neu erstellten Prozessabläufe dokumentiert, mittels Kennzahlen überwacht und mit einem Reaktionsplan für rechtzeitiges Eingreifen präventiv gesichert werden. Dazu wird ein Regelsystem benötigt, das bereits tendenzielle Abweichungen von den neu festgelegten Abläufen, Spezifikationen, Prüfungen usw. rechtzeitig erkennt und geeignete Korrekturmaßnahmen einleitet.

Ein weiterer relevanter Bestandteil dieser Phase ist die Prüfplanung, die für Produkte und Prozesse durchgeführt werden muss. Die Tätigkeiten der Prüfplanung werden schon im Rahmen des vorhandenen QM-Systems durchgeführt. Die vorgenommenen Veränderungen an Produkten und in Prozessen müssen durch das QM-System, zum Beispiel im Rahmen der regelmäßig durchzuführenden internen Audits, überwacht werden.

Zum anderen besteht die Intention, die Phasenergebnisse und Erfahrungen als Ansatzpunkte für neue Six-Sigma-Projekte zu nutzen. Somit kann aus aufeinander folgenden Six-Sigma-Projekten ein kontinuierlicher Verbesserungsprozess entstehen. In diesem Zusammenhang sollte zudem zum Abschluss der Control-Phase ein Lessons-Learned-Prozess angestoßen werden, damit die im Laufe des Projektes gewonnenen Erfahrungen für zukünftige Projekte genutzt werden können. Die Umsetzung der Phase wird unter anderem durch die in > Abbildung 2-5 dargestellten Methoden begleitet.

Ergebnisse der Control Phase:
- ⇨ Der verbesserte Zustand ist abgesichert
- ⇨ Die Einsparungen sind bewertet
- ⇨ Das Verbesserungsprojekt ist formal abgeschlossen

Der DMAIC-Zyklus

Grundlagen

	Name der Methode	Inhalt der Methode	
Control	Prozessdokumenation	Die Prozessdokumentation ist die formale Darstellung des neuen, verbesserten Prozesses.	
	Prozessmanagement- und Reaktionsplan	Der Prozessmanagement- und Reaktionsplan unterstützt das Prozessmanagement, indem er die Schlüsselprozesse dokumentiert, die Überwachung definiert und Handlungsmaßnahmen bei Soll-Abweichungen festlegt.	
	QRK – Qualitätsregelkarte	Langfristige Erfassung der Messgrößen.	
	Precontrol	Methode zur Prozessüberwachung, die weniger Aufwand für Training und Anwendung erfordert als QRK.	
	Projekterfolgsberechnung	Ermittlung des neuen Sigma-Wertes und des Net Benefit.	σ
	Prozessfähigkeitsuntersuchung	Die Prozessfähigkeit ist das Verhältnis der spezifischen Toleranz zur natürlichen Streubreite des Prozesses.	C_p ; C_{PK}
	MSA – Messsystemanalyse	MSA-Verfahren 1: Bestimmung der systematischen Messabweichung und der Wiederholpräzision. Ermittlung der Fähigkeitskennzahlen für ein Messsystem durch einen Prüfer unter Wiederholbedingungen. MSA-Verfahren 2: Ermittlung der Eignung eines Messmittels in Verbindung mit dem Messprozess.	
	FMEA – Fehler-Möglichkeits- und Einfluss-Analyse	Die FMEA ist eine systematische Vorgehensweise zur kontinuierlichen Verbesserung von Produkten und Prozessen sowie zur Risikoanalyse.	
	Process-Mapping	Grafische Darstellung des Zusammenhangs zwischen Input- und Outputgrößen.	
	SPC – Statiscal Process Controlling	Nach der Erstellung der Modelle und der Implementierung der optimierten Prozesse ist die Statistische Prozesskontrolle (SPC) das Werkzeug zur Prozessregelung.	

Abb. 2-5: *Methoden und Werkzeuge in der Control-Phase*

Der DMAIC-Zyklus als kontinuierlicher Verbesserungsprozess

Der DMAIC-Zyklus entspricht dem Grundgedanken des Deming-Zyklus (PDCA: Plan – Do – Check – Act), einem fortlaufenden und sich wiederholenden kontinuierlichen Verbesserungsprozess.

Neben der am weitesten verbreiteten hier vorgestellten Vorgehensweise, die dem DMAIC entspricht, gibt es Abwandlungen, die sich jedoch ebenfalls am Grundgedanken des PDCA orientieren.

So stellt beispielsweise das DMADV (Define – Measure – Analyze – Design – Verify) eine Abwandlung des DMAIC-Prozesses dar. Dieser wird im Rahmen des sogenannten »Design for Six Sigma« (DFSS) mit dem Ziel eingesetzt, neue Produkte, Prozesse und Services Six-Sigma-fähig zu gestalten.

Methodisch werden die einzelnen Phasen durch einen interdisziplinären Methodenbaukasten unterstützt. Dieser setzt sich sowohl aus klassischen QM-Methoden (wie zum Beispiel FMEA, Prozessfähigkeitsuntersuchungen etc.) als auch aus Methoden wie TRIZ (Theorie des erfinderischen Problemlösens), TOC (Theory of Constraints) oder allgemeinen Methoden und Instrumenten des Prozess- und Projektmanagements zusammen. Die Besonderheit des DMAIC-Zyklus liegt in der systematisch aufeinander abgestimmten und zielgerichteten Anwendung der einzelnen Methoden.

Grundsätzlich lässt sich keine eindeutige Zuordnung der Methoden zu den fünf Phasen (DMAIC) vornehmen. Allerdings bietet sich die Anwendung bestimmter Methoden in einigen Phasen besonders an. Eine derartige Zuordnung der Methoden zu den einzelnen Phasen wird in den > Abbildungen 2-1 bis 2-5, jeweils im Anschluss an eine Kurzbeschreibung der einzelnen Phasen, aufgezeigt. Diese Darstellungen sind jedoch nicht als abschließend aufzufassen. Ergänzungen sowie Streichungen einzelner Methoden sind ebenso wie die Anwendung von Methoden in mehreren Phasen nicht nur möglich, sondern oftmals sogar erforderlich. Eine genaue Auswahl der unterstützenden Methoden in den Phasen ist entsprechend projektspezifisch vorzunehmen.

Zusammenfassung

Die Vorgehensweise in Six-Sigma-Projekten orientiert sich in Anlehnung an den Deming-Zyklus (PDCA) an den fünf Phasen des DMAIC-Zyklus (Define – Measure – Analyze – Improve – Control):
- ⇨ In der Define-Phase wird das Verbesserungsprojekt klar definiert.
- ⇨ In der Measure-Phase wird der Ist-Zustand ermittelt.
- ⇨ In der Analyse-Phase werden die wahren Ursachen ermittelt.
- ⇨ In der Improve-Phase werden geeignete Lösungen entwickelt und erprobt.
- ⇨ In der Control-Phase wird die optimierte Lösung implementiert und abgesichert.

Die Umsetzung der fünf Phasen wird durch einen interdisziplinären Methodenbaukasten unterstützt, der sich aus einer Vielzahl von Methoden aus den Bereichen des Qualitäts-, Prozess- sowie Projektmanagements zusammensetzt. Durch die systematische Vorgehensweise entlang des DMAIC werden die Methoden zusammenhängend und aufeinander abgestimmt zur Erreichung des Six-Sigma-Projektziels angewandt.

Kapitel 3

Projektmanagement in Six-Sigma-Projekten

Grundlagen

Ein hochwertiges Projektmanagement ist ein wesentlicher Erfolgsfaktor für das Gelingen eines Six-Sigma-Projektes. Es schafft klare Strukturen und Abläufe, verknüpft durch eindeutige Regeln die einzelnen Elemente des Gesamtkonzepts, bündelt die Stärken von Six Sigma und sorgt für Synergien.

> **In diesem Beitrag erfahren Sie:**
> - welche Merkmale ein Six-Sigma-Projekt kennzeichnen,
> - aufgrund welcher Kriterien Six-Sigma-Projekte ausgewählt werden und
> - welche Grundlagen beim Six-Sigma-Projektmanagement zu berücksichtigen sind.

ROLAND JOCHEM, KONRAD SPANG, DENNIS GEERS

3.1 Projektmanagement im Überblick

Unternehmen erfüllen, je nach Branche, ihre Hauptaufgaben in der Regel im Rahmen ihrer Linienorganisation. Einige dieser Aufgaben weisen jedoch einen neuartigen sowie einmaligen Charakter auf. Besonders die Einmaligkeit führt bei einer Abwicklung mittels der Linienorganisation häufig zu Problemen. Derartige Aufgaben können als Projekte aufgefasst werden. So leitet sich auch die in der DIN 69901 erfolgte Definition des Projektbegriffs als ein »Vorhaben, das im Wesentlichen durch Einmaligkeit der Bedingungen in ihrer Gesamtheit gekennzeichnet ist« [7, S. 11] her.

Neben den beiden Projektmerkmalen »Einmaligkeit« sowie »Neuartigkeit« lassen sich in Anlehnung an DIN 69901 [6] weitere Merkmale für Projekte als charakteristisch hervorheben:
⇨ Zeitliche Determination (definierter Anfang und definiertes Ende)

Grundlagen

⇨ Ressourcenbegrenzung (begrenzte finanzielle und personelle Ressourcen)
⇨ Zielvorgabe (klar definierte Zielvorgaben)
⇨ Komplexität (Abwicklung zumeist komplexer Aufgabenstellungen)
⇨ Organisatorische Zuordnung (projektspezifische Organisation)

In der Unternehmenspraxis spielt die Interdisziplinarität im Rahmen der Aufgabenerfüllung von Unternehmen eine immer größere Rolle, so dass diese im Kontext von Projekten ebenfalls einen immer höheren Stellenwert einnimmt.

Das Managen von Projekten (Projektmanagement) umfasst die Organisation, Durchführung, Kontrolle und Steuerung eines in sich abgeschlossenen einmaligen Prozesses. Dabei lässt es sich entsprechend der DIN 69901 als ein Führungskonzept auffassen, das die »Gesamtheit von Führungsaufgaben, -organisation, -techniken und -mitteln für die Initiierung, Definition, Planung, Steuerung und den Abschluss von Projekten« abdeckt [7].

Neben dieser formalen Definition und Abgrenzung von Projektmanagement liegt in der Unternehmenspraxis besonders das Projektziel beziehungsweise die Erreichung des Projektziels im Zentrum der Betrachtung. Für ein tatsächliches Erreichen des Projektziels sind zunächst jedoch Anforderungen an Projektziele zu beachten.

So sollten bei einer Definition der Ziele die wesentlichen Bedingungen der Ziele mit berücksichtigt werden. Gleichermaßen sollte in der Unternehmenspraxis darauf geachtet werden, dass die Ziele sowie die damit im Zusammenhang stehenden Bedingungen eindeutig und vollständig sind.

Inhaltlich können sich Projektziele aus den verschiedensten Bereichen ableiten. Häufig gibt es mehrere Ziele, die man in einem Projekt nebeneinander zu erreichen versucht und die gegebenenfalls sogar in Konkurrenz zueinander stehen (Termineinhaltung vs. Budgeteinhaltung; Termineinhaltung vs. Leistungserstellung; Budgeteinhaltung vs. Leistungserstellung) [13]. Neben der klassischen Ableitung aus den Unternehmenszielen (Vision → Mission → Strategie → Ziele) bilden direkte Kundenanforderungen und -erwartungen [7] (in diesem Fall die der Auftraggeber des Six-Sigma-Projektes) eine Basis zur Ableitung der Projektziele.

Projektmanagement bei Six-Sigma-Projekten umfasst eine intensive Projektarbeit und gleichzeitig die gezielte Nutzbarmachung der Ergebnisse innerhalb des Projektes sowie projektübergreifend. Die Bedeutung des Projektmanagements ist besonders hoch, wenn eine komplexe Themenstellung, begrenzte Ressourcen (Personal, Material, Budget) und/oder ein fest definiertes Projektende vorliegen.

Über den gesamten Projektlebenszyklus betrachtet, werden Projekte entlang einer systematischen Vorgehensweise mit zusammenhängenden Abschnitten (Phasen) abgewickelt. Im Rahmen von Six-Sigma-Projekten wird am häufigsten die Vorgehensweise entsprechend des DMAIC-Zyklus verwendet (> siehe Kapitel 2). Die Projektabwicklung wird damit in logisch und zeitlich abgegrenzte Teiletappen gegliedert.

Als Elemente des Projektmanagements sind in Six-Sigma-Projekten besonders die Projektplanung, -führung, -überwachung, -steuerung und das Projektcontrolling, die Analyse und Beeinflussung der Projektumgebung, der Projektorganisation, des Teambildung, des Coaching und Risikomanagements sowie die Wissenssicherung äquivalent zu anderen Projekten zu berücksichtigen.

Grundlagen

Abb. 3-1: *Projektmanagement in Six-Sigma-Projekten*

Grundlagen

Zusätzlich zu diesen allgemeinen Aufgaben des Projektmanagements ist es in Six-Sigma-Projekten von Bedeutung, die Grundregeln der Six-Sigma-Philosophie einzuhalten. Im Einzelnen bedeutet dies in Bezug auf das Projektmanagement, dass zum einen eine Phase abgeschlossen sein muss, bevor die nächste begonnen wird. Ein Abweichen von dieser sequentiellen Abfolge der Phasen mit dem Ziel einer Abkürzung beziehungsweise Reduzierung der Projektlaufzeit kann gegebenenfalls zu erheblichen Umwegen führen, da die Werkzeuge der Phasen aufeinander aufbauen.

Vor diesem Hintergrund sollten die im Rahmen eines Six-Sigma-Projektes angewendeten Methoden und Werkzeuge selektiv ausgewählt und nur als »Mittel zum Zweck« angesehen werden. Die Qualität des Projekts darf nicht an der Anzahl der verwendeten Methoden und Werkzeuge gemessen werden. Weiterhin ist im Zuge des Projektmanagements darauf zu achten, dass Problemlösungen durch statistische Beweismöglichkeiten getragen werden sollten, um somit dem sachbezogenen Ansatz des Qualitätsmanagements mit der Forderung nach Zahlen, Daten und Fakten gerecht zu werden und ihn zu unterstützen.

Für den Six-Sigma-Projektabschluss ist es entscheidend, dass ein entsprechendes Projekt nur dann abgeschlossen und als vollständig erfolgreich angesehen wird, wenn die in der Projektplanung festgesetzten Einsparungen erreicht werden. Entsprechend ist das Projektmanagement zusätzlich dafür verantwortlich, dass die durch das Projekt generierten Einsparungen auch messbar sind.

3.2 Kriterien zur Projektauswahl

Grundsätzlich lassen sich mit Six Sigma nahezu alle Probleme lösen, jedoch muss stets auf die Aufwand-Nutzen-Relation geachtet werden. So ist beispielsweise eine Optimierung von Produkten, die am Ende ihres Produktlebenszyklus stehen, wenig sinnvoll.

Pilotprojekte liefern den wichtigen »ersten Eindruck« einer Six-Sigma-Initiative (> siehe Kapitel 1). Daher ist die Auswahl eines geeigneten Betrachtungsgegenstandes für das Pilotprojekt sehr wichtig. So empfiehlt es sich, bei den ersten Pilotprojekten möglichst überschaubare Themen mit eindeutig sichtbarem, monetärem Ergebnis auszuwählen.

Ausgangspunkt für die Auswahl eines Six-Sigma-Projektes sind die Kern- und Schlüsselprozesse des Unternehmens. Diese gilt es, in einem ersten Schritt zu ermitteln. Anschließend werden die für den Kunden attraktivsten Produkte identifiziert, denn ein Six-Sigma-Projekt lohnt sich nur dann, wenn der Gewinn beziehungsweise das Ergebnis maßgeblich verbessert werden kann oder elementare Schwächen durch das Projekt beseitigt werden können. Aus diesem Grund sind diese Produkte für Six Sigma prädestiniert. Um Schwachstellen zu ermitteln, werden die Kostenstruktur und die Wertschöpfungskette der Produkte analysiert. Kundenzufriedenheit und das Einsparpotenzial sind dabei die Ansatzpunkte der Analyse.

Checkliste:
- ⇨ Wo wird Geld verschwendet?
- ⇨ Wo passieren zu viele Fehler?
- ⇨ Wo wird zu viel Ausschuss produziert?
- ⇨ Mit welchem Produkt sind die Kunden besonders unzufrieden?

Nach der Analyse kann eine Aufgabenstellung für ein Six-Sigma-Projekt definiert werden. Für die genaue Auswahl eines Pilotprojektes sollte eine Reihe von Kriterien berücksichtigt werden und der Kundennutzen im Vordergrund stehen [3]. So werden zunächst Quellen benötigt, aus denen sich die Schwachstellen eines Produktes oder des Prozesses ableiten lassen. Diese sind auf externer sowie interner Seite des Unternehmens zu finden.

Beispiele:
- ⇨ Kundenreklamationen (extern)
- ⇨ Anforderungen der Kunden (extern)
- ⇨ Wettbewerbssituation (extern)
- ⇨ gesetzliche Anforderungen (extern)
- ⇨ Umsatz (intern)
- ⇨ Rendite (intern)
- ⇨ Bereits erkannte Potenziale (intern)

Grundlagen

Kennzahlen wie Prozessfähigkeit und Fehlleistungskosten sind bei der Beurteilung hilfreich. Die Möglichkeit einer objektiven Messbarkeit des Projekts ist ein weiteres Kriterium für die Auswahl eines geeigneten Six-Sigma-Projektes. Ohne Daten und Zahlen ist die Methode nicht anwendbar. Dabei ist jedoch anzumerken, dass fast alle Prozesse messbar sind. Das gilt selbst für die Prozesse im administrativen Bereich, die sich zum Beispiel mit Durchlaufzeiten oder Fehlerraten befassen.

Für Pilotprojekte eignen sich besonders Prozesse mit einer hohen Fehlerrate. Deren Einsparpotenzial ist relativ hoch. Abläufe, in denen die Fehlerrate gering ist, sind nur schwer zu verbessern und weisen daher nur ein geringes Einsparpotenzial auf.

Die Laufzeit stellt ebenfalls ein Auswahlkriterium dar. Das Ziel eines Pilotprojektes ist es, das Projekt zügig und erfolgreich abzuschließen und gleichzeitig Six Sigma im eigenen Unternehmen zu testen.

Dieses ist darin begründet, dass die Kosten eines Six-Sigma-Projektes in der Regel mit zunehmender Dauer anwachsen. Darüber hinaus nimmt die Motivation der involvierten Mitarbeiter häufig mit zunehmenden Projektlaufzeiten beziehungsweise bei größeren Zeiträumen bis zum Erreichen eines Ziels oder Erfolgs ab. Des Weiteren können bei schnell abgeschlossenen Projekten dem Management auch relativ schnell Ergebnisse geliefert werden.

Tipp:
- ⇨ Zu Beginn sollten keine Six-Sigma-Projekte mit überzogenen Projektzielen, sondern Projekte mit realistisch erreichbaren Projektzielen gestartet werden.
- ⇨ Es sollte nicht versucht werden, ein Problem zu lösen, das schon seit Jahren ungelöst ist oder an dem bereits gearbeitet wird.
- ⇨ Six Sigma darf kein politisches Thema sein und lediglich aus Prestigegründen forciert werden.
- ⇨ Es sollten keine persönlichen Machtinteressen im Vordergrund stehen, denn dadurch entstehen Barrieren und Konkurrenzsituationen im Unternehmen. Insofern empfiehlt es sich, diese im Vorfeld zu identifizieren und offen mit den Betroffenen zu klären.

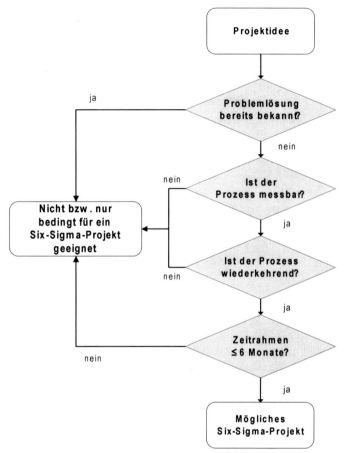

Abb. 3-2: *Auswahlprozess für Six-Sigma-Projekte [42]*

In KMU ist häufig vor dem erstmaligen Einsatz eine Skepsis gegenüber Six Sigma vorhanden. Sie beruht in erster Linie auf der Unsicherheit bezüglich des Handlungsbedarfs sowie des damit verbundenen Aufwands. Jeglicher Diskussion über die Einführung von Six Sigma muss eine sorgfältige Einschätzung von Aufwand und Nutzen vorangehen. Im Zentrum der Beurteilung des Handlungsbedarfs sollten die Quali-

**Grund-
lagen**

tätsanforderungen der Kunden stehen. Da Prozesse immer das Geschehen im Unternehmen widerspiegeln, ist der Gedanke von Six Sigma unabhängig von der Unternehmensgröße für alle prozessorientierten Organisationen zutreffend [33]. Nach der Einführung bietet Six Sigma KMU die Möglichkeit, mit eigenen Ressourcen flexibel Veränderungen herbeizuführen. Dabei steht nicht die Konzeption von Veränderungen im Mittelpunkt, sondern vielmehr deren konsequente Umsetzung.

Grundlagen

Zusammenfassung

Projektmanagement stellt im Rahmen von Six-Sigma-Projekten eine wesentliche Erfolgssäule dar. Zu seinen Aufgaben zählen Organisation, Durchführung, Kontrolle und Steuerung eines in sich abgeschlossen solchen Projektes. Dabei werden die allgemeinen Aufgaben des Projektmanagements durch spezifische, der Six-Sigma-Philosophie entsprechende Elemente ergänzt.

Als Grundlage für ein erfolgreiches Six-Sigma-Projekt sollten eindeutige Ziele, eine klare Aufgabenstellung sowie ein Ressourcenrahmen (personell und kostenmäßig) definiert werden und es sollte eine klare Festlegung der wesentlichen Zwischen- und Endtermine erfolgen. Darüber hinaus ist für eine erfolgreiche Projektabwicklung eine Schulung der Mitarbeiter in Six-Sigma-Techniken, Six-Sigma-Vorgehensweise sowie im Bereich des Projektmanagements erforderlich. Diese Basis ist nötig, um die einzelnen Phasen eines Six-Sigma-Projektes (zum Beispiel entsprechend des DMAIC) optimal abzuarbeiten und Synergieeffekte zu erzielen. Nur so wirken die Phasenergebnisse optimal zusammen, so dass die Stärken des Gesamtkonzeptes zum Tragen kommen und das Six-Sigma-Projekt schließlich erfolgreich abgeschlossen werden kann.

Auch wenn sich mittels Six Sigma grundsätzlich nahezu alle Projekte beziehungsweise die dem Projekt zugrunde liegenden Problem- und Aufgabenstellungen bewältigen lassen, so erscheint dennoch in diesem Rahmen aus ökonomischer Sicht nicht jede Projektidee als sinnvoll. Im Vorfeld einer Six-Sigma-Anwendung ist daher eine sorgfältige Aufwand-Nutzen-Betrachtung durchzuführen. Gleichermaßen sind die individuellen Projektbedingungen im Entscheidungskalkül über ein Six-Sigma-Projekt mit zu berücksichtigen.

Kapitel 4

Erweitertes Phasenmodell – Einführung in das Musterprojekt

Um das in den folgenden Kapiteln beschriebe Six-Sigma-Musterprojekt möglichst effektiv übertragen zu können, muss man die Rahmenbedingungen kennen. Auch sind einige Modellergänzungen notwendig. Das Musterprojekt wird hier vorgestellt und in seinen technischen und organisatorischen Grundlagen erläutert.

Einführung Musterprojekt

In diesem Beitrag erfahren Sie:
- wozu man ein durchgängiges und ganzheitliches Musterprojekt benötigt,
- was ein Erweitertes Phasenmodell zur Strukturierung des Six-Sigma-Prozesses beiträgt,
- wie der Unternehmenskontext sich auf das Musterprojekt auswirkt.

DANIEL KOHL, GREGOR RÖHRIG

4.1 Intention eines Six-Sigma-Musterprojekts

Zur Vermittlung der Six-Sigma-Methode existieren nur wenige phasendurchgängige, konsistente und vollständig die Systematik durchlaufende Musterprojekte. In der Literatur werden die Phasen der Six-Sigma-Systematik und die einsetzbaren Werkzeuge meist durch voneinander unabhängige Fallbeispiele und Szenarien beschrieben. Durch diese Vorgehensweise kann die inhaltliche Ausgestaltung von Six Sigma zwar fragmentiert dargestellt werden, die logischen Zusammenhänge der einzelnen Aktivitäten und die Gesamtübersicht über den vollständigen Projektdurchlauf werden dabei jedoch nicht berücksichtigt.

Grundlage des Musterprojekts ist ein Beispielprozess, der die nötige Komplexität für ein Six-Sigma-Projekt aufweist, jedoch für den Einstieg in die Methode nicht zu kompliziert ist (> siehe Abschnitt 4.4).

Erweitertes Phasenmodell – Einführung in das Musterprojekt

Einführung Musterprojekt

Um diesen Prozess im Projekt verbessern zu können, ist er in ein geeignetes Szenario inklusive der entsprechenden Rahmenbedingungen integriert (> siehe Abschnitt 4.3). Das Szenario gibt gemeinsam mit dem Beispielprozess eine anspruchsvolle Unternehmenssituation vor und stellt gleichzeitig die Methode Six Sigma in einen für KMU geeigneten Rahmen (> siehe Abb. 4-1).

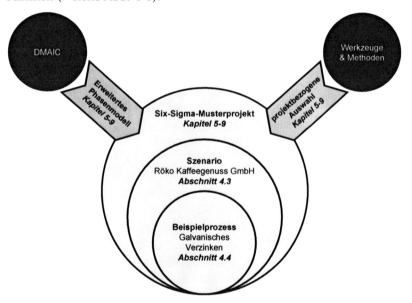

Abb. 4-1: *Konzeptionelle Zusammenhänge des Musterprojekts*

Das Musterprojekt wird durch die Phasen eines Six-Sigma-Projekts geführt. Dabei wird der durch das Szenario und den Beispielprozess spezifisch gestaltete Projektablauf anhand einer Darstellung des Methodeneinsatzes, des Fortschritts und der Ergebnisse des Musterprojekts geschildert.

Um eine hohe Transparenz zu erreichen, sind die Projektphasen Define, Measure, Analyze, Improve und Control um eine detaillierte Ebene zu erweitern. Diese Phasenstruktur stellt eine Verbindungsebene zwischen der universellen, abstrakten DMAIC-Struktur und der individuellen, projektspezifischen Methoden- beziehungsweise Werkzeugebene dar. Der Phasen- und der Methodendurchlauf sind im Speziellen auf die Anforderungen von KMU zugeschnitten. Wichtig hierfür ist zum Beispiel insbesondere die Nutzung von Standardsoftware oder Freeware [19].

Dabei liegt der Schwerpunkt auf der inhaltlichen Beschreibung der Phasenabschnitte und dem konsistenten und vollständigen Durchlaufen des DMAIC-Zyklus, ohne jedoch den Anspruch eines universell gültigen Modells für die Methode Six Sigma zu erheben. Gleichermaßen werden die Aktivitäten innerhalb von Six Sigma durch Aufzeigen eines systematischen Vorgehens in einem repräsentativen Projekt veranschaulicht, um somit die Zusammenhänge für die praktische Anwendung verständlich darzustellen.

Darüber hinaus kann durch die beispielhafte Anwendung und Beschreibung der einzelnen Phasenschritte und Werkzeuge im Musterprojekt die Durchführung eines Six-Sigma-Projekts in einem KMU erleichtert werden.

Einführung Musterprojekt

4.2 Das Erweiterte Phasenmodell

Das Erweiterte Phasenmodell stellt eine Verbindungsebene zwischen der universellen – jedoch abstrakten und sehr groben – DMAIC-Struktur und der individuellen – jedoch projekt- und problemspezifischen – Methoden- beziehungsweise Werkzeugebene dar.

Six Sigma wird in der Literatur als stringente und durchgängige Methode ausgelegt. Ein Vergleich zwischen verschiedenen Autoren zeigt jedoch in Bezug auf die Inhalte und die Abgrenzung der Phasen deutliche Unterschiede. Während in den meisten Ansätzen eine Phase abgeschlossen sein muss, bevor die nächste beginnt, integrieren andere Autoren Rückkopplungen über mehrere Phasen hinweg. Eine Begründung für diese Unterschiede ist die Entstehung und Entwicklung des Six-Sigma-Konzepts in der Praxis. Unternehmen haben Six Sigma an ihre individuellen Bedürfnisse und Strukturen angepasst.

Die eingesetzten Werkzeuge bilden ein wesentliches Element im Rahmen von Six Sigma. Dabei können sie sich sowohl stilistisch als

*Einführ-
rung
Muster-
projekt*

auch inhaltlich von Unternehmen zu Unternehmen unterscheiden. In der Literatur ist die inhaltliche Beschreibung von Aktivitäten in Six-Sigma-Projekten oft einer Anleitung zur Anwendung von Statistik-Software gleichzusetzen. Eine zu starke Orientierung an Werkzeugen oder Software kann jedoch besonders für unerfahrene Six-Sigma-Anwender zu Verständnisproblemen führen.

Ein Six-Sigma-Pfad auf DMAIC-Ebene stellt stets eine übergeordnete grobe Projektstruktur dar, die keine näheren Informationen über die Ausgestaltung der Phasen enthält. Der Projektablauf ist zwar logisch strukturiert aufgebaut, das inhaltliche Vorgehen in den Phasen wird jedoch nur angedeutet. Ein Six-Sigma-Pfad auf Ebene der eingesetzten Werkzeuge ist hingegen stets problemspezifisch. Dies ist ein wesentlicher Grund für die fehlende Allgemeingültigkeit und die Komplexität von Erläuterungsansätzen in der Literatur.

Eine Lösung dieser Problematik ist die Detaillierung der DMAIC-Ebene beziehungsweise die Abstraktion der Werkzeugebene auf ein allgemeingültiges Niveau. Auf Basis dieses Gedankens ist im vorliegenden Buch ein Modell beschrieben, welches Six Sigma durch eine verfeinerte Phasenstruktur innerhalb des DMAIC-Zyklus systematisch abbildet. Hierzu werden von den eingesetzten Werkzeugen losgelöste Phasenschritte definiert.

Im ersten Schritt wurden dazu Kriterien erarbeitet, die eine Abgrenzung von Phasenschritten und Werkzeugen ermöglichen. Dementsprechend weisen die Phasenschritte im Erweiterten Phasenmodell folgende Eigenschaften auf:

1. Zielstellung, Zweck, Input, Output sowie Rahmenbedingungen der Phasenschritte sind *klar definierbar*.
2. *Eindeutigkeit*, das heißt Phasenschritte sind in gleicher Form wiederholbar und vorhersehbar. Der Ablauf ist logisch und chronologisch eindeutig.
3. *Effektivität*, das heißt, Phasenschritte sind wirksam und zielführend im Hinblick auf die Aufgabe.
4. *Effizienz*, das heißt, Phasenschritte erfüllen ihre Aufgabe mit möglichst wenig Ressourceneinsatz in möglichst kurzer Zeit.

5. Phasenschritte sind *allgemeingültig und anpassungsfähig*. Durch die Vorlage werden 80 Prozent der vorkommenden Situationen abgebildet.

Werkzeuge hingegen sind problemspezifische Hilfsmittel, die zur Zielerreichung innerhalb der Phasenschritte dienen. Folglich muss für jede Problemstellung eine projektbezogene Werkzeugauswahl getroffen werden.

Das Modell weist drei Strukturebenen auf: Die obere Ebene besteht aus dem DMAIC-Zyklus. Darunter befindet sich die Struktur des Erweiterten Phasenmodells. Die dritte Ebene – die Werkzeugebene – stellt die problemspezifische Werkzeugzuordnung innerhalb des Musterprojekts dar.

> Abbildung 4-2 zeigt das Erweiterte Phasenmodell. Jede Phase des DMAIC-Zyklus ist in Phasenschritte untergliedert. Dabei können die einzelnen Phasenschritte auch als Prozessschritte im Gesamtprozess Six Sigma interpretiert werden.

In den > Abbildungen 5-1, 6-1, 7-1, 8-1 und 9-1 wird deutlich, dass einige Phasenschritte zusätzlich in Phasenschritt-Module untergliedert sind. Diese Untergliederung dient im Wesentlichen der Übersichtlichkeit und einer Erleichterung bei der praktischen Anwendung.

Essentielle Grundlage des Erweiterten Phasenmodells ist, dass ein Phasenschritt erst vollständig abgeschlossen sein muss, bevor der nächste begonnen wird; dies gilt analog für die DMAIC-Phasen und die Phasenschritt-Module.

Einführung Musterprojekt

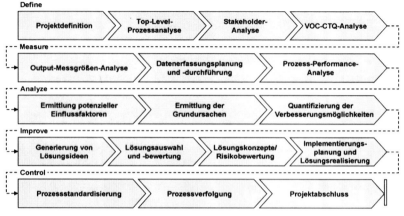

Abb. 4-2: *Erweitertes Phasenmodell*

4.3 Unternehmensszenario: Die Röko Kaffeegenuss GmbH

Die Röko Kaffeegenuss GmbH ist seit mehr als 40 Jahren ein erfolgreiches mittelständisches Familienunternehmen. Im Zentrum der Tätigkeit stehen Forschung, Entwicklung, Herstellung und Vertrieb von Produkten im Bereich Kaffeemaschinen und Kaffeevollautomaten.

Geschichte des Unternehmens

Vor 43 Jahren gründete der Kaffeeliebhaber Ludwig Röko im Alter von 25 Jahren zusammen mit seinem Bruder Oskar Röko und 20 Mitarbeitern die Röko Kaffeegenuss GmbH. Seither arbeitet das nordhessische Familienunternehmen sehr erfolgreich unter dem Leitbild »Kaffee ist unser Leben«. Der Durchbruch gelang bereits im ersten Jahr mit der Röko 100, einer Weltneuheit unter den Kaffeemaschinen. In rasantem Tempo wuchs das Familienunternehmen auf über 100 Mitarbeiter. Vor drei Jahren überließ Ludwig Röko die alleinige Geschäftsführung seinem Bruder Oskar Röko.

Heute beschäftigt die Röko Kaffeegenuss GmbH 190 Mitarbeiter. Mit einem Sortiment von fünf Kaffeemaschinen-Modellen und einem Kaffeevollautomat-Modell erfüllen sie höchste Qualitätsansprüche der

Kunden. Röko-Geräte zählen zu den hochwertigsten ihrer Klasse. In den nächsten Jahren sollen die Produktfelder weiter ausgebaut und weitere Produkte im Bereich »Kaffeegenuss« auf den Markt gebracht werden.

Kennzahlen, Organigramm und Produktspektrum
> Tabelle 4-1 enthält eine Aufstellung der veröffentlichten Kennzahlen des Unternehmens:

Tabelle 4-1: Kennzahlen der Röko Kaffeegenuss GmbH	
Kompetenzfelder	Forschung, Entwicklung, Herstellung von Kaffemaschinen und Kaffeevollautomaten
Kundenkreis	namhafte europäische Haushaltsgerätehersteller und Großhändler
Mitarbeiterzahl (aktuell)	190
Umsatz (2009)	20,75 Mio. €
Absatz Kaffeemaschinen (2009)	400.000 Stück
Absatz Kaffevollautomat (2009)	4.000 Stück

Die Aufbauorganisation der Röko GmbH kann dem Organigramm in > Abbildung 4-3 entnommen werden:

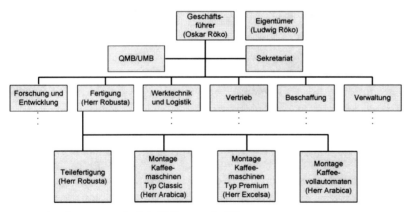

Abb. 4-3: *Organigramm der Röko Kaffeegenuss GmbH*

Die Röko Kaffeegenuss GmbH vertreibt das in > Tabelle 4-2 aufgeführte Produktspektrum:

Tabelle 4-2: Produktspektrum der Röko Kaffeegenuss GmbH	
Modell	**Preissegment (Händler EK)**
Kaffemaschinen:	
RöKo 102-C (Classic)	15 - 20 €
RöKo 102-P (Premium)	20 - 30 €
RöKo 1000-C (Classic)	35 - 45 €
RöKo 1000-P (Premium)	45 - 55 €
RöKo 2010-PD (Premium)	70 - 80 €
Kaffevollautomat:	
RöKo A1905	1700 - 1800 €

Hintergrundinformationen
Durch die Entwicklung und Produktion von Kaffeemaschinen konnte sich die Röko Kaffeegenuss GmbH 40 Jahre lang erfolgreich am Markt behaupten. Mitte der 1990er Jahre zeichnete sich ein positiver Absatztrend der Konkurrenten bei Kaffeevollautomaten ab, der von der Röko GmbH zunächst unbeachtet blieb. Vor fünf Jahren entschied man sich jedoch – aufgrund der Erfolg versprechenden Wirtschaftslage – für einen Einstieg in das Segment der Kaffeevollautomaten. Seit der Markteinführung vor vier Jahren tragen die Kaffeevollautomaten circa 40 Prozent zum Unternehmensumsatz bei. Der Umsatz durch Kaffeemaschinen beträgt 12 Mio. Euro, der durch Kaffeevollautomaten 8,75 Mio. Euro.

Der Problemfall Kaffeevollautomat
Die Einführung des Kaffeevollautomaten verlief reibungslos. Die Kunden vertrauten dem guten Image der Marke Röko. Zwei Jahre nach der Einführung kam es jedoch vermehrt zu Kundenreklamationen, welche ihren Höhepunkt im Jahr 2009 erreichten. Hauptgrund für die Reklamationen war ein korrodierter Druckdurchlauferhitzer. Eine

fehlerhafte Beschichtung dieser Einheit führte zu Leckagen, die Funktionsverlust, Komplettausfall oder Kurzschlüsse zur Folge hatten. Im Kerngeschäft Kaffeemaschinen wurde diese Einheit nicht verbaut.

Die Einzelteile des Druckdurchlauferhitzers werden galvanisch mit Zink beschichtet. Im ersten Produktionsjahr wurde dieser Fertigungsschritt von einem externen Unternehmen durchgeführt. Zwar zählt es zu den Prinzipien des Unternehmens, Anfertigungsteile komplett intern zu produzieren, jedoch waren die technischen Bedingungen für das Galvanisieren zum Zeitpunkt der Produkteinführung nicht gegeben. Da der Eigentümer Ludwig Röko über zahlreiche Geschäftsbeziehungen verfügt, konnte er im Oktober 2007 eine Galvanisieranlage aus einer Konkursmasse erstehen. Die Technologie sollte in Zukunft bei weiteren Produkten zum Einsatz kommen. Im Vergleich zur externen Beschichtung lassen sich dadurch Transport- und Logistikkosten einsparen sowie der Planungsaufwand verringern. Aus diesem Grund wurde das Galvanische Verzinken innerhalb kürzester Zeit im eigenen Werk zum Einsatz gebracht. Die Galvanisieranlage wurde dem Dipl.-Ing. (FH) Herrn Zink zugeordnet, einem erfahrenen Ingenieur der Verfahrenstechnik. Dieser hatte zuletzt in seinem Studium Kontakt mit der Galvanotechnik. Er und drei weitere Mitarbeiter arbeiteten sich schnell, jedoch mit nur mäßigem Erfolg, in das Themengebiet ein. Die Absatzzahlen, Umsatz und Gewinn nahmen in den folgenden Jahren ab, Nacharbeits- und Reklamationskosten hingegen stiegen.

Untersuchungen zeigten, dass 60 Prozent der Reklamationen und 75 Prozent der gesamten Nacharbeitskosten im Jahr 2009 auf eine fehlerhafte Beschichtung des Druckdurchlauferhitzers und somit auf den Prozess »Galvanisches Verzinken« zurückzuführen waren. Über die Produktionschargennummer konnte festgestellt werden, dass die Fehler fast ausnahmslos an Teilen auftraten, die in Eigenfertigung galvanisiert wurden.

Das Controlling hatte den Geschäftsführer bereits mehrmals darauf hingewiesen, dass die Galvanisierung unwirtschaftlich ist. Das Unternehmen befürchtete zudem einen Umsatzrückgang im Kerngeschäft Kaffeemaschinen durch den Imageverlust. Einige Vertriebspartner drohten mit Beendigung der Geschäftsbeziehungen, falls nicht binnen kurzer Zeit Lösungen gefunden würden.

Christian Röko als Six-Sigma-Initiator
Christian Röko ist der Sohn von Eigentümer Ludwig Röko. Nach seinem Wirtschaftsingenieurwesen-Studium an der Universität Kassel arbeitete er zwei Jahre bei Mataralo in den USA. Dort war er in Six-Sigma-Projekten eingesetzt und wurde zum Green Belt ausgebildet. Vor zwei Monaten kam er zurück nach Deutschland in das Unternehmen seiner Familie. Da er später in das Familienunternehmen einsteigen und es führen soll, jedoch mit seinen 28 Jahren und seiner geringen Berufserfahrung noch nicht sofort als zweiter Geschäftsführer eingesetzt werden kann, wird ihm nun die Möglichkeit eröffnet, sein Können unter Beweis zu stellen. Durch die Erfahrungen bei der Firma Mataralo soll er als interner Berater die Sparte Kaffeevollautomaten vorantreiben und in erster Linie deren Probleme lösen. Weiterhin soll er mittelfristig die Leitung des Bereichs übernehmen. Vom Controlling werden ihm die in > Tabelle 4-3 aufgeführten Geschäftsdaten zur Verfügung gestellt.

Tabelle 4-3: Geschäftsdaten 2007 bis 2009 und Zielwerte 2010

	2007	2008	2009	Ziel
Kaffeevollautomaten allgemein				
Produktions- und Absatzmenge (Stück)	5000	4500	4000	4000
Händler EK pro Stück	€1.750,00	€1.750,00	€1.750,00	€1.750,00
Umsatz gesamt	€8.750.000,00	€7.875.000,00	€7.000.000,00	€7.000.000,00
reine Herstellkosten pro Stück (ohne Nacharbeit)	€1.150,00	€1.142,00	€1.140,00	€1.140,00
reine Herstellkosten gesamt	€5.750.000,00	€5.139.000,00	€4.560.000,00	€4.560.000,00
Selbstkosten pro Stück	€1.380,00	€1.370,40	€1.368,00	€1.368,00
Selbstkosten gesamt	€6.900.000,00	€6.166.800,00	€5.472.000,00	€5.472.000,00
max. möglicher Gewinn	€1.850.000,00	€1.708.200,00	€1.528.000,00	€1.528.000,00
Kosten für Nacharbeit gesamt	€30.000,00	€80.000,00	€80.000,00	€30.000,00
Anzahl Reklamationsfälle	200	300	1000	200
Reklamationskosten gesamt	€75.000,00	€120.000,00	€350.000,00	€75.000,00
Realgewinn	€1.745.000,00	€1.508.200,00	€1.098.000,00	€1.423.000,00
Herstellkosten Rohteil pro Einheit	€80,00	€80,00	€80,00	€80,00
Galvanisierkosten Teil pro Einheit	€20,00	€12,00	€10,00	€10,00
Herstellkosten pro Einheit gesamt	*€100,00*	*€92,00*	*€90,00*	*€90,00*

Einführung Musterprojekt

Tabelle 4-3: Geschäftsdaten 2007 bis 2009 und Zielwerte 2010 (Fortsetzung)

	2007	2008	2009	Ziel
Reklamationskosten durch Beschichtung Druckdurchlauferhitzer				
Kosten Logistik und Verwaltung pro Reklamation	€100,00	€100,00	€100,00	€100,00
Anzahl Komplettaustausch	5	23	60	6
Kosten pro Komplettaustausch	€1.250,00	€1.250,00	€1.250,00	€1.250,00
Kosten Komplettaustausch gesamt	€6.250,00	€28.750,00	€75.000,00	€7.500,00
Anzahl Reparatur	45	207	540	54
Kosten pro Reparatur (Durchschnitt)	€250,00	€250,00	€250,00	€250,00
Kosten Reparaturen gesamt	€11.250,00	€51.750,00	€135.000,00	€13.500,00
Anzahl Reklamationen gesamt	50	230	600	60
Verhältnis zu Gesamtreklamationen in %	25,00%	76,67%	60,00%	30,00%
Kosten Reklamation DDE gesamt	€17.500,00	€80.500,00	€210.000,00	€21.000,00
Verhältnis zu Gesamtreklamationen in %	23,33%	67,08%	60,00%	28,00%

Tabelle 4-3: Geschäftsdaten 2007 bis 2009 und Zielwerte 2010 (Fortsetzung)

	2007	2008	2009	Ziel
Nacharbeitskosten durch Beschichtung Druckdurchlauferhitzer				
Anzahl Nacharbeit gesamt (Einheiten)	100	1200	1200	100
Verhältnis zur Produktionsmenge	2,00%	26,67%	30,00%	2,50%
Kosten pro Nacharbeit (Durchschnitt)	€50,00	€50,00	€50,00	€50,00
Kosten Nacharbeit gesamt	€5.000,00	€60.000,00	€60.000,00	€5.000,00
Verhältnis zu Gesamtnacharbeitskosten in %	16,67%	75,00%	75,00%	16,67%
Kosten Nacharbeit und Reklamation durch Beschichtung Druckdurchlauferhitzer gesamt	*€22.500,00*	*€140.500,00*	*€270.000,00*	*€26.000,00*

Christian Röko beschließt, ein Six-Sigma-Projekt für das Galvanische Verzinken zu starten. Sein Auftraggeber, Oskar Röko, steht dem Vorhaben zwar skeptisch gegenüber, nach zahlreichen Gesprächen mit Ludwig und Christian sieht er jedoch die Chancen. Zur Unterstützung engagiert Christian einen befreundeten Black Belt, Richard Miller, den er in den USA kennengelernt hat. Dieser erklärt sich bereit, für ein paar Monate in das idyllische Nordhessen zu kommen, um Six Sigma in der mittelständischen Röko GmbH einzuführen.

Das Six-Sigma-Team stellte Christian Röko wie folgt zusammen:
⇨ Projektleiter: Christian Röko (Green Belt)
⇨ Unterstützung: Richard Miller (Black Belt)
⇨ Projektteam: Herr Zink (Dipl.-Ing./FH); Herr Zoll (Meister Qualitätssicherung); Frau Schöngeist (Industriekauffrau); Herr Campus (Hochschulpraktikant)

Ziel des Projektes ist die Senkung der Reklamationskosten, die durch die Beschichtung des Druckdurchlauferhitzers hervorgerufen werden, um 90 Prozent. Zusätzlich soll die Nacharbeitsquote auf 2,5 Prozent reduziert werden. > Tabelle 4-3 zeigt dazu im rechten Teil die quantitativen Ziele detailliert auf.

Die Beschichtung des kombinierten Druckdurchlauferhitzers
Der kombinierte Druckdurchlauferhitzer besteht aus zehn verzinkten Einzelteilen, die gleichzeitig in der Galvanisieranlage beschichtet werden können. Die Beschichtung dient in erster Linie dem Korrosionsschutz. Die Mindestschichtdicken sind abhängig von der Beanspruchungsstufe. Für galvanische Zinküberzüge ist dieser Zusammenhang in der DIN EN 1403 und der DIN EN 2081 festgelegt (> vgl. Tabelle 4-4). Die Beanspruchung des kombinierten Druckdurchlauferhitzers entspricht der Ausprägung »stark« (3). Wird die Mindesttoleranz nicht eingehalten beziehungsweise ist die Beschichtung nicht vollständig oder spröde, besteht die Gefahr eines unzureichenden Schutzes. Je dicker und glatter die Oberfläche, desto beständiger ist das Bauteil.

Tabelle 4-4: Beanspruchungsstufen galvanischer Zinküberzüge [8; 9]

Beanspruch-ungsstufe	Einsatzbereiche	Zinkschicht-dicke in µm
0	Dekorative Anwendung (ohne Beanspruchung)	5
1	Innenraumbeanspruchung in warmer, trockener Atmosphäre	5 - 8
2	Innenraumbeanspruchung in Räumen, in denen Kondensation auftreten darf	8 - 12
3	Freibewitterung unter gemäßigten Bedingungen	12 - 25
4	Freibewitterung unter schweren korrosiven Bedingungen, z. B. See- oder Industrieklima	25

Bei der Montage der Einzelteile sind Toleranzen einzuhalten. Bei Schichtdicken über 15 µm müssen die Teile an entsprechenden Stellen nachgearbeitet werden, zum Beispiel durch Schleifen oder Nachschneiden von Gewinden.

4.4 Beispielprozess: Galvanisches Verzinken

Der Beispielprozess für das Musterprojekt ist das *Galvanische Verzinken* aus dem Bereich Galvanotechnik. Dieses Beispiel wird durch das oben beschriebene Szenario in einen Unternehmenskontext gestellt und somit für ein Six-Sigma-Musterprojekt nutzbar gemacht.

Definition, Intention und allgemeiner Ablauf in der Galvanotechnik

Mittels Galvanotechnik lassen sich metallische Beschichtungen und Überzüge auf Gegenständen erzeugen. Die Überzüge können aus unterschiedlichen Metallen bestehen und sind für verschiedene Zwecke einsetzbar. Das Spektrum reicht von Überzügen aus Gold, Silber, Nickel, Chrom, Kupfer bis hin zu Zink. Der Zweck einer Beschichtung reicht von technisch relevanten Merkmalen wie Korrosionsschutz oder chemischer Beständigkeit bis zur Erzeugung optischer Eigenschaften sowie rein ästhetischer Veredelung von Gegenständen [20].

Der prinzipielle Versuchsaufbau beim Galvanisieren besteht aus einer Spannungsquelle mit einer Anode und einer Kathode sowie einem Elektrolysebad (> siehe Abb. 4-4).

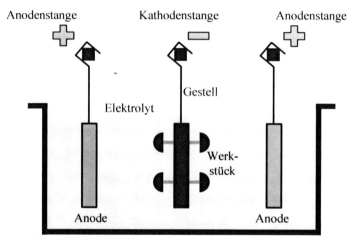

Abb. 4-4: *Galvanisches Bad (schematisch)*

Der Elektrolyt ist das Transportmedium, der das abzuscheidende Material in Ionenform enthält. Als Kathode wird meist das zu beschichtende Werkstück, als Anode das abzuscheidende, sich lösende Metall verwendet, aus welchem die Beschichtung bestehen soll. Grundsätzlich bestimmt jedoch das Galvanisierverfahren, ob das Werkstück als Kathode oder Anode eingesetzt werden muss. Bei Anlegen der Zersetzungsspannung scheidet sich das im Elektrolyt gelöste Metall in Form eines Überzuges auf dem Werkstück ab. Dabei stellt sich ein Fließgleichgewicht ein, bei dem die Elektrolytlösung kontinuierlich durch das sich lösende Material gesättigt wird. Der Badzustand wird somit konstant gehalten [20].

Die chemischen Reaktionen lassen sich in allgemeiner Form wie folgt darstellen:

Oxidation an der Anode:
$M(s) + aq \rightarrow Mn+(aq) + nx^{e-}$
An der Anode geht das Metall in Lösung.

Reduktion an der Kathode:
$Mn+(aq) + nx^{e-} \rightarrow M(s) + aq$
An der Kathode wird das Metall abgeschieden.

mit
M – Metall
s – solid (in fester Form)
aq – aqua (Wasser)/ aquenous (in Wasser gelöst)
n – Anzahl

Der für den Beispielprozess bedeutendere Vorgang beim Galvanisieren ist die Metallabscheidung an der Kathode. Die Einzelvorgänge dieses Prozesses sind elektrochemisch und kristallografisch. Da eine tiefere Betrachtung der chemischen und physikalischen Einzelvorgänge für die vorliegende Arbeit nicht zielführend ist, soll hierauf nicht detailliert eingegangen werden.

Galvanisches Verzinken

Ein einfaches und weitverbreitetes Verfahren der Galvanotechnik ist das Galvanische Verzinken. Zink gehört neben Nickel zu den am häufigsten galvanisch abgeschiedenen Metallen. Es ist relativ preiswert und bietet einen guten Korrosionsschutz, besonders auf Stahl und Eisen (kathodischer Schutz) [20].

Analog zu anderen galvanischen Verfahren wird beim Verzinken die Zinkschicht in einem Elektrolyt galvanisch auf dem Werkstück

Einführung Musterprojekt

abgeschieden. Beim Prozess der elektrolytischen Oxidation wird eine Zinkanode gelöst und das abgeschiedene Material gleichmäßig auf dem Werkstück (Kathode) abgelagert. Die Schichtdicken betragen in der Regel 3 bis 20 µm. Einige Beispiele für die Anwendung des Galvanischen Verzinkens sind Schrauben, Muttern, Schlösser, Riegel, Scharniere und viele weitere Teile.

Eine zusätzliche Verbesserung des Korrosionsschutzes kann durch eine anschließende Chromatierung (Passivierung) und Versiegelung erreicht werden. Hierbei ändert sich die Farbe der Zinkbeschichtung charakteristisch und ähnelt der Optik einer Chrombeschichtung. Die Tatsache der Farbänderung wird auch zu dekorativen Zwecken genutzt.

Ein industrieller galvanischer Verzinkungsprozess ist nach folgendem Ablaufschema gestaltet: Die zu verzinkenden Werkstücke werden auf einem Warenträger befestigt und chemisch entfettet. Nach einer Spülung, die durch Eintauchen in ein Reinigungsmedium beziehungsweise klares Wasser erfolgt, werden die Werkstücke gebeizt. Vor und nach den nächsten Prozessschritten, dem »Elektrolytischen Entfetten« und dem »Dekapieren«, wird jeweils gespült. Im Anschluss daran erfolgt das eigentliche »Verzinken« im Elektrolysebad. Nach erneutem Spülen werden die Werkstücke chromatisiert/passiviert, um deren Korrosionsbeständigkeit weiter zu erhöhen. Nach einem abschließenden Spülbad und der Trocknung sind die veredelten Werkstücke bereit, verpackt zu werden.

Ziel- und Einflussgrößen des Beispielprozesses

Primäre Zielgröße ist die erzeugte Zinkschichtdicke. Ebenso kann die Beschichtungsqualität als ein *qualitativ und quantitativ messbares Merkmal* des bearbeiteten Werkstücks angesehen werden. Im Rahmen des Musterprojekts wird vorzugsweise die Zinkschichtdicke als Bewertungs- und Ergebniskriterium für den Prozess betrachtet. Zusätzlich wird diese an geeigneten Stellen um die Beschichtungsqualität ergänzt.

Qualitative Wirkung

Im Folgenden werden die Einflussfaktoren auf diese Zielgrößen in ihrer *qualitativen Wirkung* beschrieben:

Elektrolytzusammensetzung: Zur Abscheidung einer Zinkschicht wird ein wässriger Zinkelektrolyt als Abscheidungsbad verwendet. Dieser besteht hauptsächlich aus Zink-Metallsalzen, die die Ionen des abzuscheidenden Zinks liefern. Als allgemeines Merkmal zur Klassifizierung von Elektrolyten wird der pH-Wert zugrunde gelegt. Demnach können Elektrolyte als sauer (pH < 7), neutral (pH = 7) oder alkalisch (pH > 7) eingestuft werden. Der Elektrolyt beinhaltet weitere Zusatzstoffe, die den Abscheidungsprozess optimieren sollen, indem die Eigenschaften der Zinkschicht bei der Ablagerung positiv beeinflusst werden und somit eine konstante Schichtqualität erzeugt werden kann [22].

Im Elektrolyt kommen Netzmittel, Leitsalze und Glanzbildner zum Einsatz. Die Netzmittel werden zum Schutz der Kathode (Werkstück) gegen Wasserstoffbläschenbildung verwendet. Tritt diese auf, kann es zu groben Poren in der Abscheidungsschicht und zu verstärktem Ablösen von Schmutzteilchen kommen. Die Folge ist eine schwammige, spröde und poröse Zinkschicht (> vgl. Abb. 4-5). Die Leitsalze erhöhen die Leitfähigkeit des Elektrolyts, was zu einem konstanten Prozessablauf über mehrere Versuchsreihen führt. Die Glanzbildner werden eingesetzt, um bereits während des Prozesses eine möglichst gleichbleibende glatte und glänzende Beschichtung zu erzeugen [20].

Als Ergebnis kann abgeleitet werden, dass die Elektrolytzusammensetzung ein entscheidender und gleichzeitig schwer steuerbarer Einflussfaktor des Galvanisierprozesses ist.

Stromstärke: Die Stromstärke I ergibt durch Division mit der Werkstückoberfläche A die Stromdichte i:

$$i = \frac{I}{A} \qquad \left[\frac{A}{mm^2}\right]$$

Je höher die Stromdichte, desto schneller löst sich die Zinkanode im Elektrolyt und desto schneller scheidet sich eine Zinkschicht am Werkstück ab. Eine zu hohe Stromdichte kann jedoch trotz des Einsatzes von Netzmitteln Wasserstoffbläschenbildung an der Kathode erzeugen – Wasserstoffbläschenbildung beeinträchtigt die Beschichtungsqualität (> vgl. Abb. 4-5) [20].

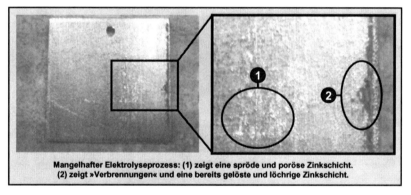

Abb. 4-5: *Mangelhafte Oberflächenqualität der Zinkschicht*

Badbewegung: Als Badbewegung wird das Einbringen einer Strömung ins Elektrolysebad bezeichnet. Ihre Aufgabe besteht darin, die beiden Pole zu umspülen, um lokale Gaskonzentrationen und Schmutzteilchen zu entfernen und für einen verbesserten Konzentrationsausgleich zu sorgen. Eine Bewegung des Elektrolysebads erhöht somit den Wirkungsgrad des Prozesses. Sie sorgt für ein optimales Fließgleichgewicht der abzulösenden und abzuscheidenden Zinkteilchen im Elektrolyt. Das Abreißen des Fließgleichgewichts wird damit auch bei höheren Stromdichten erschwert [20].

Badtemperatur: Eine Erhöhung der Temperatur des Elektrolyts beim Galvanisiervorgang kann eine gesteigerte Beweglichkeit der Ionen erzeugen. Dies steht im Zusammenhang mit dem Herabsetzen des Badwiderstands. Gleichzeitig wird dadurch eine höhere Stromdichte zugelassen, womit der Wirkungsgrad erhöht und somit der Prozess beschleunigt wird. Der Nachteil einer hohen Temperatur ist jedoch ein erhöhtes Kristallwachstum, welches zu grobkörnigeren und weicheren Abscheidungen führt [20].

Galvanisierdauer: Die Galvanisierdauer ist ein Einflussfaktor mit einer linearen Wirkung. Je länger ein Galvanisierprozess andauert, desto mehr Metall wird auf dem Werkstück abgeschieden [22].

Quantitative Wirkung

Für eine *quantitative Betrachtung* der Einflussfaktoren kann der folgende idealisierte theoretische Zusammenhang [22] herangezogen werden:

$$d = \frac{\ddot{A}_e \cdot i \cdot t \cdot \Theta}{\rho}$$

mit:
d – Schichtdicke
$\ddot{A}_e$ – elektrochemisches Äquivalent (Zink: 1,2202 [g/Ah])
Θ – Stromausbeute
ρ – Dichte des Elektrolysemetalls (Zink: 7,14 [g/cm^3])
i – Stromdichte
I – Stromstärke
A – Werkstückoberfläche

Die Schichtdicke ist abhängig vom elektrochemischen Äquivalent und der Dichte des abzuscheidenden Metalls. Diese stellen materialabhängige Konstanten dar. Zwischen Schichtdicke und Stromdichte beziehungsweise Elektrolysedauer besteht ein positiv-linearer Zusammenhang. Die Stromausbeute stellt den Wirkungsgrad des Prozesses dar. Er ist der prozentuale Anteil des Gesamtstroms, der für die kathodische Metallabscheidung benötigt wird. Aufgrund von Nebenreaktionen (Mitabscheidung von Wasserstoff, Reduktion von organischen Zusätzen) liegt der Wirkungsgrad meist unter 100 Prozent. Er ist unter anderem abhängig von der Stromdichte, der Badtemperatur und dem Elektrolyt [22].

Einführung Musterprojekt

Zusammenfassung

Das vorliegende Kapitel beschreibt die drei wesentlichen Bausteine des im Folgenden dargestellten Six-Sigma-Musterprojekts samt Wechselwirkungen:

Grundlage des Musterprojekts ist der Prozess des »Galvanischen Verzinkens«, eine Beschichtungsmethode aus dem Bereich der Galvanotechnik. Ein fiktives Unternehmensszenario bindet diesen Prozess in einen Unternehmenskontext ein. Dadurch wird zudem die Ausgangssituation für ein Six-Sigma-Projekt in KMU deutlich.

Um Six Sigma verständlich beschreiben zu können, wird ein Erweitertes Phasenmodell erarbeitet und es werden einheitliche Vorlagen für die benötigten Werkzeuge entwickelt.

Mittels dieser Basis kann das Musterprojekt in den Kapiteln 5 bis 9 durchgeführt werden. Damit soll vor allem unerfahrenen Six-Sigma-Anwendern ein Gesamtüberblick über Zusammenhänge und inhaltlichen Aufgaben eines Six-Sigma-Projekts gegeben werden.

Kapitel 5

Define – Start eines Six-Sigma-Projekts

»Define« ist die erste Phase eines Six-Sigma-Projekts. Obschon ihr Inhalt formal und »selbstverständlich« erscheinen mag, kommt der nachhaltigen Bearbeitung dieser Phase eine Schlüsselrolle für den Ablauf und den Erfolg zu: Das Projekt wird auf den Weg gebracht, definiert, abgegrenzt und abgesichert.

> **In diesem Beitrag erfahren Sie:**
> - wie die Define-Phase durch eine allgemeine Struktur ausgestaltet werden kann,
> - welche typischen Werkzeuge für diese Phase zur Verfügung stehen und
> - wie Phasenstruktur und ausgewählte Werkzeuge im Musterprojekt zum Einsatz kommen.

Daniel Kohl, Gregor Röhrig

5.1 Überblick

Nach Auswahl eines geeigneten Six-Sigma-Projekts besteht Klarheit darüber, welches Produkt und welche zugehörigen Prozesse in die folgenden Untersuchungen einzubeziehen sind [27]. Aufgaben innerhalb der Define-Phase sind, eine konkrete Problemstellung und ein Projektziel zu beschreiben sowie den genauen Projektumfang zu identifizieren. Des Weiteren werden die wesentlichen Kunden des zu optimierenden Prozesses und deren qualitätskritischen Anforderungen ermittelt. Schließlich muss die Akzeptanz des Projektes sichergestellt werden [26].

Im Folgenden werden die Phasenschritte [26] beschrieben (vgl. Abb. 5-1), die zur Erfüllung der Aufgaben nötig sind. Zusätzlich werden ausgewählte Werkzeuge und deren Anwendung innerhalb des Musterprojekts erläutert. Anschließend wird die Define-Phase im Musterprojekt durchlaufen.

Abb. 5-1: *Phasenstruktur »Define«*

5.2 Phasenstruktur

5.2.1 Problemstellung und Projektdefinition

Ausgangspunkt des Six-Sigma-Projekts ist die Formulierung der Problemstellung und die Definition des Projekts. Ziel ist es, dies so eindeutig wie möglich zu tun, um während des Projekts nicht auf unscharfe Aspekte der Aufgabenstellung zu stoßen, was ein Scheitern zur Folge haben könnte. Die Definition des Problems erfolgt auf Grundlage von Produkt-, Prozess- oder Schnittstellenproblemen. Dadurch lassen sich die Art und Anzahl der notwendigen Ressourcen sowie die Dauer des Projekts bestimmen. Je nach inhaltlichen Anforderungen und betroffenem Unternehmensbereich wird der Projektleiter bestimmt und das Projektteam besetzt [43].

In diesen Phasenabschnitt gehört auch die Autorisierung des Projekts. Dem Projektleiter wird damit die Handlungsmacht im Projekt zugesichert. Im Folgenden sind die Aktivitäten dieses Phasenschritts zusammenfassend aufgeführt [27; 32]:
 ⇨ Problemstellung formulieren,
 ⇨ messbare quantitative Leistungs- und Verbesserungsziele festlegen und finanziellen Nutzen ermitteln,

⇨ Geschäftssituation aufzeigen und den Nutzen der Veränderungen für das Unternehmen bestimmen,
⇨ Projektumfang festlegen,
⇨ Benennung des Projektteams nach Anforderung an Qualifikation (Champions, Black Belts, Green Belts) sowie Festlegung derer Aufgaben und Zuständigkeiten,
⇨ Zeit- und Ablaufplan aufzeigen.

Der Nutzen dieses Phasenschritts besteht in der Grundlagenermittlung, ohne die kein Projekt stattfinden sollte. Oft wird dieser erste Schritt vernachlässigt. Viele Projekte scheitern an undeutlichen Beschreibungen von Problemen und Zielen. Aus diesem Grund sollten Projektziele *SMART* formuliert sein. SMART steht dabei für:
⇨ *S*pecific – spezifisch (Metrik)
⇨ *M*easurable – messbar (Basis)
⇨ *A*chievable – erreichbar (Lauf)
⇨ *R*elevant – relevant (Ziel)
⇨ *T*imely – zeitgerecht (Anspruch)

> **Tipp**
> Die Gefahr eines Scheiterns des Projekts kann durch das Beachten der *»SMART-Eigenschaften«* bereits in dieser frühen Phase deutlich verringert werden.

Zur Projektdefinition werden als Werkzeuge in der Regel der Projektstartbrief, der Projektmanagementplan und der Projektbericht eingesetzt (siehe > Abschnitt 5.3).

5.2.2 Top-Level-Prozessanalyse

Die Top-Level-Prozessanalyse ist eine Prozessuntersuchung auf oberster Ebene mit geringem Detaillierungsgrad. Ziel der Untersuchung ist es, einen Prozessrahmen in Form eines Makroprozesses vorzugeben, der die Ausprägung der einzelnen Prozessschritte bewusst offenlässt. Der zentrale Nutzen der Top-Level-Prozessanalyse besteht in der Erzeugung eines Kommunikationsinstruments. Input liefert der im vorherigen Phasenschritt beschriebene definierte Problembereich. Der dort betrachtete Wertschöpfungsprozess wird in seinen Input-Output-Beziehungen vom Lieferanten bis zum Kunden grob dargestellt. Diese Darstellung ist relativ einfach und liefert die Grundlage, konkrete Anforderungen jeder Phase und jedem Adressaten zuzuordnen. Durch eine konsequente Orientierung an den internen oder externen Zielkunden und ihren wesentlichen Forderungen erfolgt eine Präzisierung der Problemformulierung [43].

Als Werkzeug wird in diesem Phasenschritt das sogenannte SIPOC-Diagramm angewendet. Erläuterungen dazu finden sich in > Abschnitt 5.3.4.

5.2.3 Stakeholder-Analyse

Die Stakeholder-Analyse ist Bestandteil des Stakeholder-Managements, welches die aktive und voraushandelnde Betreuung von Projektbeteiligten, insbesondere der einflussreichen Entscheider, beinhaltet. Die Hauptaufgaben bestehen in den Bereichen Überwachung und Steuerung sowie in der Kommunikation mit den Stakeholdern. Six-Sigma-Projekte können zu erheblichen Veränderungen innerhalb des Unternehmens führen. Um eventuellen Widerständen effektiv begegnen zu können, müssen diese frühzeitig erkannt werden [32]. Das Stakeholder-Management hat in Six-Sigma-Projekten das Ziel, basierend auf einer Umfeld- beziehungsweise Stakeholder-Analyse, die Projektunterstützung der Interessenträger und Meinungsbildner sicherzustellen und aufrechtzuerhalten.

Für unterschiedliche Interessengruppen werden unterschiedliche Kommunikationspläne entwickelt, um so Probleme und Widerstände zu identifizieren, die Unterstützungsbereitschaft zu stärken und die Lösungsfindung zu verbessern. Der Nutzen ist das Vermeiden von

Rückschlägen. Den Input für die Stakeholder-Analyse stellt die Makroprozessbeschreibung dar, die eine Orientierung zur Identifikation der Projekt-Stakeholder liefert. Ergänzt wird die Liste von Beteiligten durch Informationen der Unternehmensführung und ihrer direkten Berichterstatter [32]. Ein entscheidender Output der Analyse ist die konsistente Liste mit Projekt-Stakeholdern inklusive Kommunikations- und Beeinflussungsstrategien. Die Umsetzung der Strategien ist Aufgabe des Auftraggebers und der Projektleitung.

Zur Durchführung von Stakeholder-Analysen stehen unternehmensspezifische Anwendungen zur Verfügung. Ein Beispiel für ein solches Werkzeug ist die Stakeholder-Analyse-Matrix (> vgl. Abschnitt 5.3.5).

5.2.4 VOC-CTQ-Analyse

Durch die »Voice of Costumer/Critical to Quality-Analyse« (VOC-CTQ-Analyse) werden auf Grundlage von »Kundenstimmen« die kritischen Qualitätsmerkmale, sogenannte CTQs, bestimmt. »Sie **beschreiben** ein Merkmal eines Prozesses, Produkts oder Systems, das sich direkt auf die vom Kunden wahrgenommene Qualität auswirkt.« [41, S. 40] Ausgehend vom in der Top-Level-Prozessanalyse identifizierten Kunden-Lieferanten-Verhältnis, werden Kundenstimmen gesammelt. Zur Bestimmung der Kundenaussagen stehen verschiedene Informationsquellen zur Verfügung. Exemplarisch sind in > Tabelle 5-1 einige dieser Quellen aufgeführt. Der Kontakt mit externen Kunden muss oft mit dem Marketing oder Vertrieb abgestimmt werden. Meist können die kundennahen Bereiche wie Vertrieb oder Service bereits Auskunft über VOCs geben [32].

Define – Start eines Six-Sigma-Projekts

Tabelle 5-1: Informationsquellen VOC [32]

reaktiv	proaktiv
Beanstandungen der Kunden	Interviews
Anrufe/E-Mails bei Hotlines oder technischer Support	direkte Beobachtung von Kundengruppen
Verkaufsdaten	Erhebungen
Gutschriften	Verkaufsgespräche
angefochtene Zahlungen	Kundenbesuche
Garantiefälle	Marktforschung
Rücksendungen	Wettbewerbsanalysen

Ziel ist es, die Kundenaussagen nach Themengebieten zu ordnen und auf wenige zentrale und messbare CTQs zu konsolidieren [44]. Dies geschieht durch eine Priorisierung, zum Beispiel mit dem Kano-Modell, das die Kundenanforderungen in die Kategorien »unverzichtbar«, »je mehr, desto besser« und »nice-to-have« einteilt. Auf Basis der CTQs werden die Spezifikationsgrenzen und eine Fehlerdefinition festgelegt. Die Spezifikationsgrenze ist dabei eine Leistungsvorgabe für den Prozess oder ein Merkmal, sie darf nicht über- oder unterschritten werden. Die Fehlerdefinition beschreibt einen Fehler, bezogen auf das Abweichen von den Spezifikationsgrenzen [41].

Mit den CTQs als Output dieser Analyse sind alle notwendigen Aufgaben der Define-Phase erfüllt. Der Nutzen verdeutlicht sich in der Measure-Phase. Die CTQs sind die zentrale Eingangsgröße für die Bestimmung von Messgrößen.

Als Werkzeuge kommen in diesem Phasenschritt unter anderem die CTQ-Matrix (> vgl. Abschnitt 5.3.6), der CTQ-Treiberbaum und das Kano-Modell zum Einsatz.

Hinweis

Da Projekte nicht nur durch die Qualität gesteuert werden, sondern zusätzlich über die Finanzen, existieren neben den CTQs auch CTBs (Critical to Business). Dadurch wird neben der Effektivität auch die Effizienz in die Betrachtungen einbezogen [26].

Nachdem die Phasenschritte durchlaufen wurden, können die bisherigen Anstrengungen im Phasenabschluss durch geeignete Checklisten auf Vollständigkeit untersucht werden. Anschließend kann man zur Measure-Phase übergehen.

Beispiel für eine Checkliste

- ⇨ Ist die Problemstellung für alle Beteiligten verständlich formuliert und beschrieben?
- ⇨ Sind Projektfokus und -rahmen ausreichend gesetzt?
- ⇨ Sind Projektziele SMART festgelegt?
- ⇨ Sind die relevanten Prozesse bekannt und herrscht ein einheitliches Verständnis darüber bei allen Beteiligten?
- ⇨ Ist der Prozess in Bezug auf die Problemstellung dargestellt?
- ⇨ Sind alle relevanten Stakeholder benannt, kategorisiert und eingeschätzt?
- ⇨ Sind die wesentlichen Kundenstimmen und -wünsche erfasst?
- ⇨ Sind alle Kundenstimmen und -wünsche in CT-Merkmale überführt?

Tipp

Das Verwenden einer Checkliste zur Tätigkeitskontrolle ist in den ersten Projekten sinnvoll. Es gibt eine Vielzahl unterschiedlicher Checklisten, die sich teils stark unterscheiden. Zu beachten ist, dass eine Checkliste – egal ob allgemeingültig oder problemspezifisch – immer das Vorliegen inhaltlicher und zur Zielerreichung notwendiger Ergebnisse relevanter Phasenschritte abfragen sollte. Das alleinige Abfragen der Abarbeitung von Modulen oder Werkzeugen ist nicht zielführend, da es die Existenz relevanter Ergebnisse nicht prüft und damit auch nicht sicherstellt.

5.3 Ausgewählte Werkzeuge

In diesem Abschnitt werden die wesentlichen Merkmale der in der Define-Phase des Musterprojekts eingesetzten Werkzeuge beschrieben. Folgende Werkzeuge kommen zum Einsatz:
⇨ Projektstartbrief
⇨ Projektplan
⇨ Projektreport
⇨ SIPOC-Diagramm
⇨ Stakeholder-Analyse-Matrix
⇨ VOC-CTQ-Matrix

5.3.1 Projektstartbrief

Definition
Der Projektstartbrief (Projektauftrag, Project Charter) steht am Beginn eines Six-Sigma-Projekts. Er stellt eine Vereinbarung zwischen dem Champion/Black Belt und dem zuständigen Projekt-Team dar, in der die gemeinsamen Erwartungen festgehalten werden [32]. Indem die Mission des Teams und das Kernthema des Projektes definiert werden, nimmt der Projektstartbrief in besonderer Weise eine Kommunikationsfunktion wahr. Er vermittelt allen Teammitgliedern die Projektausrichtung [41].

Nutzen
Der Projektstartbrief erfüllt vier Funktionen. Er ist zugleich
⇨ Dokumentationsinstrument,
⇨ Orientierungshilfe im Projektverlauf,
⇨ Kommunikationswerkzeug und
⇨ Vertrag zwischen Sponsor und Team.

Der Projektstartbrief erfasst als Dokumentationsinstrument die Erwartungen an das Projekt und den Projektfokus. Er dokumentiert die projektspezifische Unternehmenssituation als Ausgangsbasis sowie die konkrete Problembeschreibung. Weiterhin werden die spezifischen und messbaren Zielbeschreibungen, das Projektteam mit Verantwortlichkeiten und Rollen sowie der Zeitplan mit den wichtigsten Meilensteinen festgehalten. Die Project Charter ist ein wirkungsvolles Instrument zur Ausrichtung des Teams und dient damit als Orientierungshilfe im Projektverlauf. Die Erfüllung der Zielstellungen kann verfolgt sowie der Projektrahmen zeitlich und inhaltlich überprüft werden. Da der Projektstartbrief alle wesentlichen Informationen komprimiert beinhaltet, ist er ein sehr gutes Kommunikationsinstrument. Damit ist für neue Teammitglieder und »Experts on Demand« ein schneller Einstieg in die Thematik möglich. Die Project Charter dient als Vertrag zwischen Champion/Master Black Belt und dem Projektteam. Das Projekt wird vom Champion auf das Team übertragen. Bei Problemen kann man sich jederzeit inhaltlich auf den Projektstartbrief berufen [41].

Vorgehen [26]
Der Projektstartbrief wird durch den Sponsor/Auftraggeber in Zusammenarbeit mit dem Black Belt erstellt. Es sollten frühzeitig Hintergrundgespräche geführt werden, um die Inhalte zu einem frühen Zeitpunkt mit den direkt und indirekt Beteiligten abzuklären. Idealerweise wird der Projektstartbrief vor dem Kick Off Meeting zum Six-Sigma-Projekt mit den Teammitgliedern in wesentlichen Zügen diskutiert. Der Inhalt gestaltet sich folgendermaßen (> vgl. Abb. 5-2):
⇨ *1. Geschäftssituation (Business Case):*
   Im Business Case wird die betriebswirtschaftliche Ausgangssituation dargestellt und die Bedeutung des Projektes hervorgehoben. Dabei soll der notwendige »Leidensdruck« vermittelt werden.
⇨ *2. Problem und Projektziele (Problems and Goals):*
   Das Problem wird dargestellt. Die Beschreibung soll keine Begründungen, Ursachen oder Lösungen enthalten, sondern den Ist- und Soll-Zustand wiedergeben. Anschließend folgt die Beschreibung der Ziele sowie eine Abschätzung des monetären und nichtmonetären Projektnutzens.

Define – Start eines Six-Sigma-Projekts

⇨ **3. Projektfokus und -rahmen (Focus and Scope):**
Die Systemgrenzen für das Projekt werden gesetzt. Der Fokus wird auf einen Prozess oder Teilprozess gelenkt. Damit wird deutlich,

Define

Projektstartbrief/ Project Charter	
Projektbezeichnung	
Projekt-Nr.	
Unternehmen	
Abteilung	
Auftraggeber/ Champion	
Prozesseigner	
Beginn	Ende
Gesamtkosten	Gesamtnutzen
Geschäftssituation	
Produkt/ Prozess	Das Produkt/ der Prozess das/ der verbessert werden soll.
Problembeschreibung	Die Grundzüge des Problems werden grob in Worte gefasst
Situation des Unternehmens	Auswirkungen des Problems auf das Unternehmen, z.B. Existenzgefahr, Außenwirkung etc.
Problem und Projektziele	
Problemsituation zum Projektstart	Kennzahlen angeben wie DPU, DPO, p, Ausbeute, Fehlerkosten, Durchlaufzeit
Projektziele	Verbesserungsziele quantitativ angeben durch Nutzung von Kennzahlen wie Senkung DPU, DPO, p, Fehlerkosten, Durchlaufzeit auf, Erhöhung der Ausbeute auf
Projektnutzen	
direkte Kosteneinsparungen	Einsparungen durch z.B. weniger Ausschuss, Nacharbeit oder Prüfkosten
indirekte Kosteneinsparungen	Einsparungen in z.B. Lagerhaltung, Logistik, Disposition oder Verwaltung
direkte Zusatzerlöse	Zusätzlicher Erlösfluss durch z.B. Steigerung der Verkaufszahlen
indirekte Zusatzerlöse	Zusätzlicher Erlösfluss der nicht direkt durch Kunden/ Kernkompetenz realisiert wird, z.B. Subventionen für umweltbewussten Produktion
nicht-monetärer Projektnutzen	Nutzen des Projekts, der nicht direkt in Geldeinheiten ausgedrückt werden kann, aber objektiviert und geschätzt werden muss, z.B. Imagezugewinn
Nutzen für ext. Kunden	Welchen Nutzen hat der externe Kunde?
Projektfokus und -rahmen	
Projektfokus	Welche Sachverhalte liegen innerhalb des Betrachtungsrahmens
interne Metrik	Angabe, auf welche CT-Merkmale sich das Projekt konzentriert CTQ, CTC, CTP, CTD, CTS, CTB
Projektabgrenzung	Welche Sachverhalte liegen außerhalb des Betrachtungsrahmens
Rollen und Meilensteine	
Projektleiter	Arbeitszeit in %
Teammitglieder	Arbeitszeit in %
	Arbeitszeit in %
erforderliche Unterstützung	Welche Ressourcen werden benötigt? z.B. Hardware, Software, Material, Anlagennutzung, Expertenunterstützung
Meilensteine	Abschlussdatum Define
	Abschlussdatum Control
Bemerkungen	
Auftraggeber	Projektleiter

Abb. 5-2: *Formblatt Projektstartbrief [in Anlehnung an 26; 27]*
(> siehe auch Toolbox 1 Projektstartbrief)

welche Sachverhalte sich innerhalb und außerhalb des Betrachtungsrahmens befinden.

⇨ *4. Rollen und Meilensteine (Roles and Milestones):*
Ein zeitlicher Rahmen des Projektes wird festgelegt, der 90 Tage – in Ausnahmen 180 Tage – nicht überschreiten sollte. Ein Projektplan wird erstellt und die beteiligten Personen, deren Rolle und Verantwortung sowie der Ressourcenbedarf werden bestimmt. Dabei sollen nicht mehr als fünf Teammitglieder beteiligt sein. Um Ressourcen zu schonen, können Experten für bestimmte Sachverhalte im Sinne eines erweiterten Teams hinzugezogen werden.

Der Projektstartbrief wird nach Erstellung vom Auftraggeber unterschrieben. Dies autorisiert den Projektleiter im Auftrag des Projektes zu handeln und Entscheidungen zu treffen. Neu gewonnene Erkenntnisse hinsichtlich der Daten werden in das Dokument übertragen. Dies macht den Projektstartbrief zu einem »lebenden« Dokument [26].

5.3.2 Projektplan

Definition
Der Projektplan ist ein Instrument zur Termin- und Fortschrittsüberwachung. Er stellt eine detaillierte Ergänzung zum Projektstartbrief dar und beinhaltet die Arbeitspakete und Termine (Meilensteine). Darüber hinaus führt er die benötigten personellen und zeitlichen Ressourcen auf. In regelmäßigen Abständen wird der Projektplan überprüft und gegebenenfalls aktualisiert. Kritischer Handlungsbedarf lässt sich dabei erkennen und mit entsprechenden Maßnahmen belegen. > Abbildung 5-3 zeigt das Beispiel eines Projektplans.

Define – Start eines Six-Sigma-Projekts

Phase	Phasenschritt	Dauer	Arbeitstage	Beginn	Abschluss	Verantwortlich	Januar	Februar	März	April	Mai
							Kalenderwochen 1 - n				
1. Define											
	1.1 Problemstellung und Projektdefinition										
	1.2 Top-Level-Prozessanalyse										
	1.3 Stakeholder-Analyse										
	1.4 VOC-CTQ-Analyse										
2. Measure											
	2.1 Output-Messgrößen-Analyse										
	2.2 Datenerfassung planen und durchführen										
	2.3 Prozess-Performance-Analyse										
3. Analyze											
	3.1 Ermitteln potenzieller Einflussfaktoren										
	3.2 Ermitteln der Grundursachen										
	3.3 Quantifizieren der Verbesserungsmöglichkeiten										
4. Improve											
	4.1 Generierung zielorientierter Lösungsideen										
	4.2 Lösungsauswahl und -bewertung										
	4.3 Ausgestaltung des Lösungskonzepts und Risikobewertung										
	4.4 Implementierungsplanung und Lösungsrealisierung										
5. Control											
	5.1 Prozessstandardisierung										
	5.2 Prozessverfolgung										
	5.3 Projektabschluss										

Abb. 5-3: *Formblatt Projektplan [in Anlehnung an 27] (> siehe auch Toolbox 2 Projektplan)*

Nutzen

Der Projektplan ist eine wichtige Arbeitsgrundlage für Projektleiter und Teammitglieder. Er dient zur Kontrolle und Steuerung des Projektablaufs. Der Projektleiter führt dazu im Abstand von drei bis maximal vier Wochen Projektreviews durch, die zur Kontrolle der Erfüllung von Teilzielen und Meilensteinen dienen [27].

Vorgehen
Aufgrund der klar strukturierten Vorgehensweise bei der Projektbearbeitung gemäß den DMAIC-Phasen ist die Grundstruktur des Projektplans festgelegt. Zusätzliche problemspezifische Detaillierungspunkte werden gegebenenfalls hinzugefügt, wichtige Termine und Meilensteine eingetragen und durch den geplanten zeitlichen Verlauf der Arbeitspakete ergänzt. Zudem sind die benötigten Ressourcen und deren Verfügbarkeit aufgeführt. Stellt man bei der Kontrolle im Projektreview die Nichterfüllung von Teilzielen oder Meilensteinen fest, müssen die Ursachen ermittelt und geeignete Maßnahmen ergriffen werden. Es ist sicherzustellen, dass der Rückstand in der Projektbearbeitung aufgeholt wird. Dabei kann man verstärkt personelle Ressourcen oder Fachexperten einbeziehen und die Verfügbarkeit von Ausrüstungen und Anlagen erhöhen. Lassen sich Probleme nicht auf Projektebene lösen, müssen Auftraggeber und Geschäftsführung im Entscheidungsprozess hinzugezogen werden. Die Folgen für das Projekt sind in Zahlen und Fakten aufzuführen und festzuhalten [27].

5.3.3 Projektreport

Definition
Der Projektreport, auch Black-Belt-Report genannt, ist ein zentrales Qualitätsdokument eines Projekts, in dem alle wichtigen Informationen zum Projekt und dessen Verlauf nachvollziehbar aufgeführt sind.

Nutzen
Projektreports besitzen zwei wichtige Funktionen: die Dokumentations- und Kommunikationsfunktion. Das Dokument bietet die Möglichkeit, im Verlauf des Projekts und nach dem Projekt die wichtigsten Erkenntnisse und Ergebnisse auf einen Blick nachvollziehen zu kön-

nen. Lösungen einzelner Probleme und sogenannte »Lessons Learned« können auf andere Projekte übertragen werden. Des Weiteren bietet das Dokument die Möglichkeit, dass der Projektstatus und die erreichten Ziele jederzeit in vorzeigbarer Form vorliegen, zum Beispiel der Geschäftsführung oder dem Auftraggeber [27].

Vorgehen
Der Projektstartbrief und der Projektplan stellen bereits den ersten Teil des Projektreports dar. Diese sind in ein zentrales Dokument (zum Beispiel MS PowerPoint) zu überführen, wo die Arbeitsergebnisse der einzelnen Phasen für den Projektleiter dokumentiert werden. Im Verlauf des Projekts entsteht so schrittweise der Abschlussreport. Anlässlich von Projektreviews werden die Zwischenergebnisse präsentiert [27]. Der Aufbau eines Projektreports ist in > Tabelle 5-2 dargestellt.

Tabelle 5-2: Aufbau Projektreport [27]
Inhaltsverzeichnis
1. Projektautorisierungsformblatt
2. Zusammenfassung der Projektergebnisse
3. Definieren
4. Messen
5. Analysieren
6. Verbessern
7. Regeln
8. Projekt Scorecard
1. Projektautorisierungsformblatt
Kopie des Projektautorisierungsformblatts, vom Champion unterschrieben, beifügen
2. Zusammenfassung der Projektergebnisse
Kurze, quantitative Darstellung der erzielten Einsparungen und/oder Verbesserungen

Tabelle 5-2: Aufbau Projektreport [27] (Fortsetzung)
3. Definieren
– Charakterisieren der Ausgangssituation mit Zahlen, Daten, Fakten – Benennung der Teammitglieder – Festlegung der quantitativen Leistungs- und Verbesserungsziele – Projektmanagementplan mit Meilensteinen erarbeiten. Projektmanagementplan
4. Messen
Grafiken, Berechnungsergebnisse und Tabellen einfügen
5. Analysieren
Grafiken, Berechnungsergebnisse und Tabellen einfügen, Ergebnisse interpretieren
6. Verbessern
Schlussfolgerungen nachvollziehbar ableiten
7. Regeln
Das Regelsystem erläutern und Begründungen für die Anwendung des konzipierten Regelsystems angeben
8. Projekt Scorecard
Projekt Scorecard aktualisieren

5.3.4 SIPOC-Diagramm

Definition
SIPOC steht für
⇨ *S*upplier
⇨ *I*nput
⇨ *P*rocess
⇨ *O*utput
⇨ *C*ustomer

Es handelt sich um eine Top-Level-Prozessdarstellung. Dabei wird der Prozess als sequentielle Abfolge von fünf bis sieben Schritten dargestellt, seine Ergebnisse und Kunden werden identifiziert sowie die notwendigen Eingangsgrößen und deren Lieferanten erfasst [32; 41].

Nutzen

Das SIPOC-Diagramm ist ein Identifikations- und Kommunikationswerkzeug. Die Identifikation der Prozessbeteiligten, der Leistungserbringer und Leistungsempfänger sowie die Bestimmung des Kunden-Lieferanten-Verhältnisses über die entsprechenden Prozess-Inputs und -Outputs sind wesentliche Eingangsgrößen für Analysen und Werkzeuge in den weiteren Phasen des Six-Sigma-Projekts. Die kompakte Darstellung des SIPOC-Diagramms hilft als Kommunikationswerkzeug dabei, ein einheitliches Verständnis aller Team-Mitglieder über den zu verbessernden Prozess sicherzustellen. Ebenso kann die Unternehmensführung leicht erkennen, woran das Team arbeitet [32].

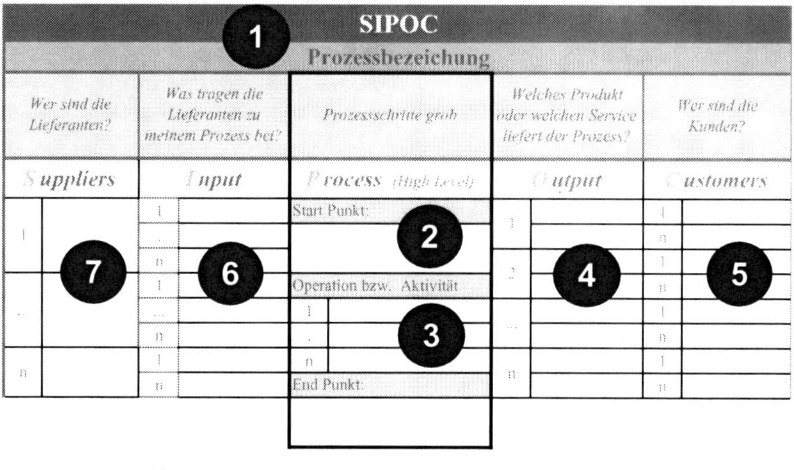

Abb. 5-4: *Formblatt SIPOC [in Anlehnung an 41]*
(> siehe auch Toolbox 3 SIPOC)

Vorgehen [32]
⇨ *1. Prozess benennen:*
Im ersten Schritt (> vgl. Abb. 5-4) wird der zu untersuchende Prozess benannt beziehungsweise definiert. Dabei soll zusätzlich die Frage nach Notwendigkeit und Zweck des Prozesses beantwortet werden.
⇨ *2. Start- und Endpunkt festlegen:*
Die Festlegung von Prozessstart und -ende dient der exakten Prozessabgrenzung. Der Startpunkt wird meist als Prozessauslöser (Trigger) bezeichnet, da er den Anstoß zur Ausführung eines Prozesses darstellt. Der Endpunkt entspricht dem letzten Prozessschritt. Dieser kann wiederum der Auslöser für einen Folgeprozess sein [1].
⇨ *3. Prozessschritte darstellen:*
Die wichtigsten Prozessschritte zwischen Start- und Endpunkt werden in fünf bis sieben Schritten dargestellt. Die Benennung sollte aus einem Substantiv und einem Verb bestehen. Da die Darstellung als Prozessüberblick dient, erfolgt sie streng linear und ohne Rekursion [26].
⇨ *4. Prozessoutputs identifizieren:*
Die Prozessoutputs sind die Ergebnisse des Prozesses. Diese Ausgangsgrößen können physische Produkte, Dokumente, Informationen, Services oder Entscheidungen sein.
⇨ *5. Prozesskunden identifizieren:*
Die Prozesskunden sind die Abnehmer für den Output (Customer). Sie werden in direkter Beziehung zum entsprechenden Output erfasst. Die Kunden des Prozesses müssen von den anderen Stakeholdern – wie Project Sponsor oder Prozesseigner – abgegrenzt werden. Diese sind im Regelfall keine Prozesskunden. Dieser Schritt ist die Grundlage für ein weiteres Werkzeug in der Define-Phase, Voice of Costumer.
⇨ *6. Prozessinputs identifizieren:*
Prozessinputs sind notwendige Eingangsgrößen, um einen Prozess durchführen zu können und ein gewünschtes Ergebnis zu erzielen.

Dabei kann es sich unter anderem um Material, Informationen und Hilfsmittel handeln.

⇨ *7. Prozesslieferanten identifizieren:*
Prozesslieferanten stellen die notwendigen Inputs bereit (Supplier). Sie werden somit in dieser direkten Beziehung erfasst.

5.3.5 Stakeholder-Analyse-Matrix

Definition
Die Stakeholder-Analyse-Matrix ist ein Werkzeug zur Identifikation, Analyse und Planung der Betroffenen eines Projekts [26].

Nutzen
Die Stakeholder-Analyse-Matrix (> vgl. Abb. 5-5 und 5-6) begleitet den Anwender durch die Schritte der Stakeholder-Analyse. Das Ergebnis ist eine konsistente und übersichtliche Darstellung der Projektbeteiligten, ihrer Interessen und der Kommunikationsstrategie. Besonders bei Projekten mit vielen Stakeholdern ist letztere von hoher Bedeutung. Die Matrix kann zusätzlich als Kommunikationsmittel zwischen Unternehmensführung, Auftraggeber und Projektleitung dienen [26].

Vorgehen
⇨ *1. Stakeholder-Identifikation:*
Im ersten Schritt müssen die relevanten Stakeholder bestimmt werden. Diese können über Interessen, Macht oder Betroffenheit mit dem Projekt in Verbindung stehen. Stakeholder sind im internen und externen politischen, gesellschaftlichen und gesetzlichen Umfeld anzufinden – zum Beispiel in der Unternehmensführung, im Controlling, unter Mitarbeitern im Prozess sowie in vor- und nachgelagerten Abteilungen, bei Zulieferern, Verbänden, Umweltorganisationen und beim Gesetzgeber.

⇨ *2. Stakeholder-Interessen-Analyse:*
Nachdem die Stakeholder identifiziert sind, werden deren Interes-

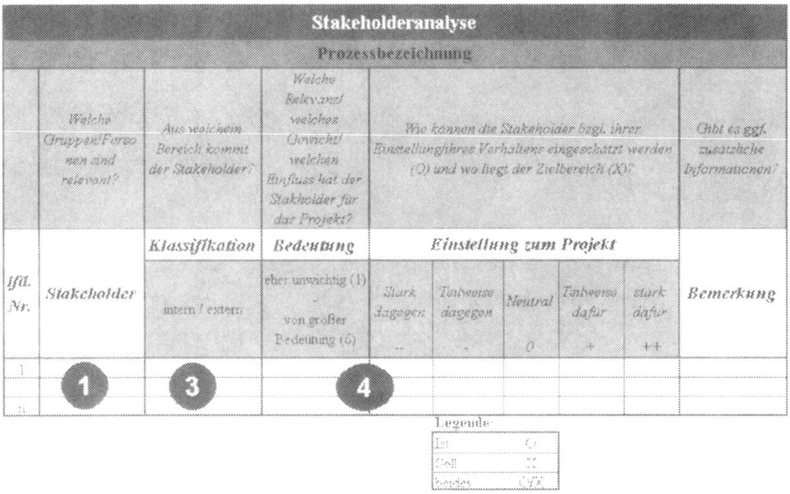

Define – Start eines Six-Sigma-Projekts

Stakeholderanalyse								
Prozessbezeichnung								
	Welche Gruppen/Formen sind relevant?	Aus welchem Bereich kommt der Stakeholder?	Welche Relevanz/ welches Gewicht/ welchen Einfluss hat der Stakeholder für das Projekt?	Wie können die Stakeholder bzgl. ihrer Einstellung/ihres Verhaltens eingeschätzt werden (O) und wo liegt der Zielbereich (X)?				Gibt es ggf. zusätzliche Informationen?
		Klassifikation	Bedeutung	Einstellung zum Projekt				
lfd. Nr.	Stakeholder	intern / extern	eher unwichtig (1) - von großer Bedeutung (6)	Stark dagegen --	Teilweise dagegen -	Neutral 0	Teilweise dafür +	stark dafür ++	Bemerkung
1	❶	❸	❹						
n									

Legende:
Ist O
Soll X
beides O/X

Define

Abb. 5-5: *Formblatt Stakeholder-Analyse-Matrix 1/2 [in Anlehnung an 13; 26]*
(> siehe auch Toolbox 4 Stakeholder-Analyse-Matrix)

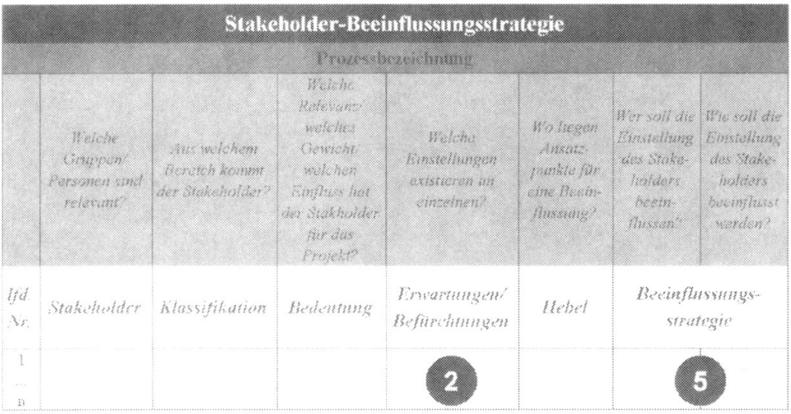

Stakeholder-Beeinflussungsstrategie							
Prozessbezeichnung							
	Welche Gruppen/ Personen sind relevant?	Aus welchem Bereich kommt der Stakeholder?	Welche Relevanz/ welches Gewicht/ welchen Einfluss hat der Stakeholder für das Projekt?	Welche Einstellungen existieren im einzelnen?	Wo liegen Ansatz- punkte für eine Beein- flussung?	Wer soll die Einstellung des Stake- holders beein- flussen?	Wie soll die Einstellung des Stake- holders beeinflusst werden?
lfd. Nr.	Stakeholder	Klassifikation	Bedeutung	Erwartungen/ Befürchtungen	Hebel	Beeinflussungs- strategie	
1				❷		❺	
n							

Abb. 5-6: *Formblatt Stakeholder-Analyse-Matrix 2/2 [in Anlehnung an [13; 26]*
(> siehe auch Toolbox 4 Stakeholder-Analyse-Matrix)

sensgebiete sowie deren Wünsche, Erwartungen und Forderungen ermittelt. Anschließend findet eine Einschätzung hinsichtlich des tatsächlichen und des zu erwartenden Verhaltens statt. Die Lücke zwischen dem wahrgenommenen Standpunkt und dem Zielbereich zu schließen, ist Aufgabe der Beeinflussungsstrategie [32; 26].

⇨ *3. Stakeholder-Kategorisierung:*
Möglicherweise lässt sich eine große Zahl an Stakeholdern für ein Projekt identifizieren. Um diese zu strukturieren, werden die Stakeholder in Einflussgruppen eingeteilt. Dies kann auf verschiedene Weisen geschehen, zum Beispiel thematisch, nach dem Grad der Betroffenheit oder nach Einflussstärke [32; 26].

⇨ *4. Stakeholder-Bewertung:*
In diesem Schritt wird der Einfluss der Stakeholder auf das Projekt bewertet und in numerischer Form ausgedrückt [49].

⇨ *5. Stakeholder-Behandlung:*
Sind die vorliegenden Punkte erfüllt, können eine systematische Beeinflussungsstrategie sowie Maßnahmen für den Umgang mit den Stakeholdern abgeleitet werden. Es sollte eine regelmäßige Kommunikation in einer Weise stattfinden, die dem Stakeholder entgegenkommt (Notiz, Telefonat, formale Präsentation). Die Umsetzung liegt im Verantwortungsbereich des Projektleiters, der sich gegebenenfalls mit dem Auftraggeber abstimmen muss [49].

5.3.6 VOC-CTQ-Matrix

Definition
Die CTQ-Matrix ist ein Hilfsmittel, um Kundenäußerungen und -forderungen in quantifizierbare Dienstleistungs- und Produktspezifikationen zu transformieren. Unter Betrachtung der Projektziele und des Projektfokus werden die wichtigsten ein bis fünf CTQs abgeleitet. Die Matrix eignet sich ebenso zur Transformation von Unternehmensstimmen in CTBs [26].

Nutzen
Die CTQ-Matrix (> vgl. Abb. 5-7) unterstützt die Konkretisierung der kritischen Kundenstimmen, die mit dem formulierten Problem in Verbindung stehen. Allgemeine Aussagen werden spezifiziert, die kritischen Qualitätsmerkmale abgeleitet und in einer eindeutigen und messbaren Form für die spätere Verwendung dargestellt. Auch die entscheidenden betriebswirtschaftlichen Anforderungen (Business-Anforderungen), die insbesondere bei effizienzgetriebenen Projekten vorzufinden sind, können konkretisiert werden. Genau wie die CTQs werden auch die CTBs in einer eindeutigen und messbaren Sprache formuliert [26].

VOC-2-CTQ-Matrix							
Was hat der Kunde gesagt?	Wer ist der Kunde? Ist er intern oder extern?	Wie wurde die Information erhoben?	Kritisch zu...?	Was ist das zentrale Anliegen?	Was ist die Anforderung in messbarer Form?	In welcher SI-Einheit wird die Anforderung gemessen?	Welcher Zielwert wird angestrebt?
VOC / VOB	Kunde	Informations- quelle	Treiber	Kern- thema	CTQ- Merkmal	Messgröße	Ziel
②	①		Quality	③	④		
			Business				

Abb. 5-7: *Formblatt VOC-CTQ-Matrix [in Anlehnung an 26]*
 (> siehe auch Toolbox 5 VOC-CTQ-Matrix)

Vorgehen [26]

⇨ *1. Entscheidende Kunden bestimmen:*
Die relevanten Kunden und Kundengruppen können aus der SIPOC-Darstellung übernommen werden. Unternehmensgruppen, die Effizienzanforderungen stellen, werden ebenfalls unter »Kunden« aufgeführt.

⇨ *2. Kundenstimmen (VOC/Voice Of Customer) sammeln:*
Die VOCs werden als Kundenwünsche oder Reklamationen in die CTQ-Matrix übernommen. Wichtige »Stimmen des Business« (Voice of Business/VOBs) werden ergänzt. Die Effizienzanforde-

rungen können aus dem Projektstartbrief übernommen werden. Zu den VOBs sollten der Sponsor, der Prozesseigner und das Controlling befragt werden. Das Management wird in diesem Zusammenhang nicht als Kunde im eigentlichen Sinne definiert, da es nicht Empfänger eines Prozess-Outputs ist.

⇨ 3. VOCs zu Kernthemen verdichten:
Die Kundenstimmen werden klassifiziert, das zentrale Anliegen identifiziert und das Kernthema formuliert. Die VOBs werden ebenso zu Kernthemen verdichtet, wobei grundsätzlich die Effizienzkriterien eines gewinnorientierten Unternehmens gelten.

⇨ 4. CTQs ableiten:
Die Anforderungen sind so weit zu verfeinern, bis messbare qualitätskritische Anforderungen beziehungsweise Qualitätskriterien entstanden sind. Die Ergebnisse werden als CTQs in die Matrix eingetragen, ebenso wie die CTBs.

5.4 Anwendung im Musterprojekt

5.4.1 Problemstellung und Projektdefinition

Zur Projektdefinition wird der in > Abschnitt 5.3.1 vorgestellte Projektstartbrief verwendet. Das Vorgehen dazu ist in > Abbildung 5-8 dargestellt. Der vollständige Projektstartbrief des Musterprojekts findet sich in > Toolbox 1. Die im Folgenden dargestellten Inhalte basieren auf dem Projektszenario.

Das erste Six-Sigma-Projekt der Röko Kaffeegenuss GmbH ist die Optimierung des Prozesses »Galvanisches Verzinken«. Dieser Prozess ist Bestandteil der Teilefertigung für Kaffeevollautomaten unter der Leitung von Herrn Robusta. Auftraggeber für das vom 19. Januar 2010 bis 19. Mai 2010 datierte Projekt ist der Geschäftsführer Oskar Röko.

Define – Start eines Six-Sigma-Projekts

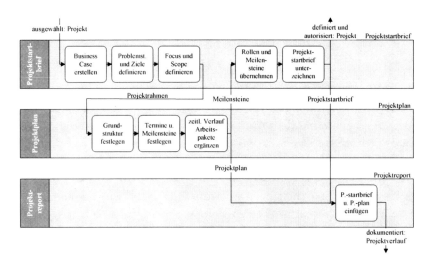

Define

Abb. 5-8: *Ablauf »Projektdefinition« im Musterprojekt*

Tabelle 5-3: Projektkostenkalkulation zum Musterprojekt				
Projektkosten				
Personal	Christian Röko 100%		€	22.000,00
	Campus 100%		€	3.600,00
	Zink 75%		€	13.000,00
	Zoll 75%		€	13.000,00
	Schöngeist 50%		€	6.000,00
Beratung	Miller 15 MT		€	15.000,00
Ressourcen	Galvanisieranlage 2 Schichten		€	480,00
	MA Galvanotechnik 2 Schichten		€	600,00
	QS 4 Schichten 2 Mann		€	1.000,00
	Software		€	–
	Produktionsausfall		€	–
Material	Material Rohteile		€	9.000,00
Aus- und Fortbildung	Seminar Galvaniker		€	500,00
	Seminar MA Qualitätssicherung		€	750,00
Summe			**€**	**84.930,00**

Als Gesamtprojektkosten werden 84.930 Euro ermittelt (> vgl. Tabelle 5-3). Der direkte finanzielle Nutzen beläuft sich auf circa 244.000 Euro.

Geschäftssituation
Der Prozess »Galvanisches Verzinken« findet in der Beschichtung einiger Teile für den Kaffeevollautomaten Röko A1905 Anwendung. Dabei werden Einzelteile des innovativen »kombinierten Druckdurchlauferhitzers« mit einer Zinkschicht bezogen. Diese Teile sind der Grund für die vermehrten Reklamationen im Jahr 2009. Aufgrund der Korrosion der Teile entstehen Leckagen. Dies kann beim Endkunden vom Funktionsverlust über einen Komplettausfall bis zum Kurzschluss des Automaten führen. Auch in der Montage entstehen vermehrt Nacharbeitskosten, da die Teile wegen Nichteinhaltung von Toleranzen nicht montagefähig sind. So müssen beispielsweise Gewinde nachgeschnitten und Montageflächen abgeschliffen werden.

Die Geschäftszahlen (> siehe auch Toolbox 1 Projektstartbrief) zeigen folgende Situation auf: Im Vergleich zum Geschäftsjahr 2007 ist 2009 in der Produktsparte »Kaffeevollautomaten« ein Umsatzrückgang von 1,75 Mio. Euro zu verzeichnen (-20 Prozent). Dabei verringerte sich die Absatzmenge von 5.000 auf 4.000 Einheiten. Während 2007 noch ein Realgewinn von rund 1,7 Mio. Euro erzielt werden konnte, waren es in 2009 nur noch 1,1 Mio. Euro (-35 Prozent). Die starken Verluste im Kerngeschäft wirken sich auf die Anzahl der Mitarbeiter aus. Des Weiteren schadet die negative Kundenwahrnehmung dem Image des traditionsreichen Familienunternehmens.

Problem und Projektziel
Zum Projektstart sind folgende Kennzahlen erhoben worden: Die Reklamationskosten, hervorgerufen durch eine fehlerhafte Beschichtung des Druckdurchlauferhitzers, belaufen sich auf 210.000 Euro. Dies entspricht 60 Prozent der Gesamtreklamationskosten des Unternehmens 2009. Durch das Problem entstandene Nacharbeitskosten in der

Montage betragen 60.000 Euro. Die Nacharbeit an 1.200 von 4.000 Druckdurchlauferhitzern entspricht eine Quote von 30 Prozent.

Projektziel ist, die Reklamationskosten, die durch die fehlerhafte Beschichtung der Druckdurchlauferhitzer hervorgerufen werden, um 90 Prozent zu senken. Zusätzlich soll die Nacharbeitsquote auf 2,5 Prozent der Gesamtproduktionsmenge reduziert werden. Diese Werte würden denen des Jahres 2007 entsprechen, als die Beschichtung noch extern durchgeführt wurde.

Projektnutzen
Die direkten Einsparungen des Projekts durch eine Reduzierung der Nacharbeit und der Reklamationen belaufen sich auf 190.000 Euro. Die indirekten Einsparungen durch Senkung der Kosten für Logistik und Verwaltung der Reklamationen werden mit 54.000 Euro kalkuliert (> vgl. Tabelle 5-4). Direkte Zusatzerlöse durch die Steigerung der Verkaufseinnahmen sind nur langfristig möglich. Für das Projekt ist dies nicht quantifizierbar. Indirekte Zusatzerlöse sind nicht projektrelevant. Ein nicht-monetärer Projektnutzen wird in der Wiederherstellung des Images als Familienbetrieb mit qualitativ hochwertigen Produkten gesehen. Der externe Kunde hat in Folge des Six-Sigma-Projekts seltener Funktionsausfälle und einen reduzierten Aufwand für die Reklamationsabwicklung.

Define – Start eines Six-Sigma-Projekts

Tabelle 5-4: Projektnutzenkalkulation zum Musterprojekt (> siehe auch Toolbox 1 Projektstartbrief)

	2007	2008	2009	Ziel	
Reklamationskosten durch Beschichtung Druckdurchlauferhitzer					
Kosten Logistik und Verwaltung pro Reklamation	€ 100	€ 100	€ 100	€ 100	
Anzahl Komplettaustausch	5	23	60	6	-54
Kosten pro Komplettaustausch	€ 1.250	€ 1.250	€ 1.250	€ 1.250	
Kosten Komplettaustausch gesamt	€ 6.250	€ 28.750	€ 75.000	€ 7.500	(€ 67.500)
Anzahl Reparatur	45	207	540	54	-486
Kosten pro Reparatur (Durchschnitt)	€ 250	€ 250	€ 250	€ 250	
Kosten Reparaturen gesamt	€ 11.250	€ 51.750	€ 135.000	€ 13.500	(€ 121.500)
Anzahl Reklamationen gesamt	50	230	600	60	-540
Verhältnis zu Gesamtreklamationen in %	25,00%	76,67%	60,00%	30,00%	-30,00%
Kosten Reklamation DDE gesamt	€ 17.500	€ 80.500	€ 210.000	€ 21.000	**(€ 189.000)**
Verhältnis zu Gesamtreklamationen in %	23,33%	67,08%	60,00%	28,00%	-32,00%
Nacharbeitskosten durch Beschichtung Druckdurchlauferhitzer					
Anzahl Nacharbeit gesamt (Einheiten)	100	1200	1200	100	-1100
Verhältnis zur Produktionsmenge	2,00%	26,67%	30,00%	2,50%	-27,50%
Kosten pro Nacharbeit (Durchschnitt)	€ 50	€ 50	€ 50	€ 50	
Kosten Nacharbeit gesamt	€ 5.000	€ 60.000	€ 60.000	€ 5.000	**(€ 55.000)**
Verhältnis zu Gesamtnacharbeitskosten in %	16,67%	75,00%	75,00%	16,67%	-58,33%
Kosten Nacharbeit und Reklamation durch Beschichtung Druckdurchlauferhitzer gesamt	**€ 22.500**	**€ 140.500**	**€ 270.000**	**€ 26.000**	**(€ 244.000)**

Projektfokus und -rahmen
Der Projektfokus liegt in der Optimierung des »Galvanischen Verzinkens« der Einzelteile des kombinierten Druckdurchlauferhitzers. Das Projekt konzentriert sich auf CTQs und CTBs. Außerhalb des Betrachtungsrahmens liegen der Montageprozess des Bauteils, die Konstruktion des Bauteils, Personalkosten und Reklamationen, die durch andere Fehler hervorgerufen werden.

Rollen und Meilensteine
Die Projektleitung nimmt Christian Röko mit 100 Prozent seiner Arbeitszeit ein. Die Teammitglieder sind Herr Campus (100 Prozent, Student), Herr Zink (75 Prozent, Meister), Herr Zoll (50 Prozent, Qualitätssicherung) und Frau Schöngeist (50 Prozent, Industriekauffrau). Methodisch unterstützt wird das Team durch Richard Miller (insgesamt 15 Tage).

Innerhalb des Projekts werden weitere Ressourcen benötigt: Die Galvanisieranlage inklusive Bediener für zweimal eine Schicht, die Qualitätssicherung für viermal eine Schicht sowie 100 unverzinkte Baugruppen des Druckdurchlauferhitzers.

Das Projekt startet am 19.01.2010 und endet am 19.05.2010. Weitere Meilensteine sind dem Projektplan in > Abbildung 5-9 zu entnehmen.

Der Projektstartbrief wird von Ludwig und Christian Röko unterschrieben, die Handlungsmacht auf Christian Röko übertragen. Die benötigten finanziellen Mittel und Ressourcen werden zur Verfügung gestellt. Christian Röko dokumentiert das Projekt in einem Projektreport und führt regelmäßig Reviews mit dem Aufraggeber durch.

Define – Start eines Six-Sigma-Projekts

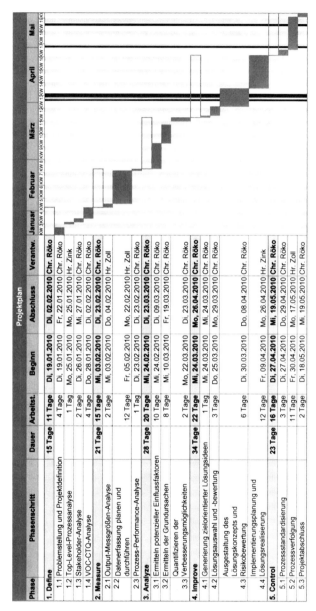

Abb. 5-9: *Projektplan im Musterprojekt (> siehe auch Toolbox 2 Projektplan)*

5.4.2 Top-Level-Prozessanalyse

Als Werkzeug zur Top-Level-Prozessanalyse im Musterprojekt wird der in > Abschnitt 5.3.4 vorgestellte SIPOC verwendet. Das Vorgehen der Analyse ist in > Abbildung 5-10 dargestellt.

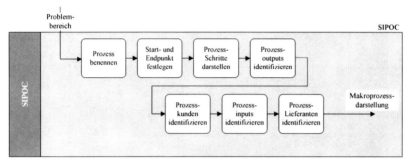

Abb. 5-10: *Ablauf »Top-Level-Prozessanalyse« im Musterprojekt*

> Abbildung 5-11 zeigt das vollständige SIPOC-Diagramm zum Musterprojekt. Der Prozess wird, wie im Szenario beschrieben, mit »Galvanisches Verzinken« bezeichnet. Er wird durch einen Fertigungsauftrag der Produktionsplanung ausgelöst. Startpunkt ist die Anlieferung der Rohteile. Die anschließende Prozesskette des Galvanischen Verzinkens besteht aus Entfetten, Spülen, Tauchelektrolyse, erneutem Spülen, Trocknen und Polieren. Endpunkt stellt die Einlagerung in Kleinladungsträger (KLT) dar. Der wichtigste Output ist das verzinkte Bauteil, dessen Hauptabnehmer die Montage darstellt.

Der vorbereitete Rohling wird von der Blankmetall GmbH bezogen. Den Zink-Elektrolyt, die Zink-Anode und das Entfettungsmedium liefern die Galvanobedarf Schröder GbR. Einen weiteren Input liefert die Spüli AG mit dem Spülzusatz. Die verbrauchte Zinkanode und der verbrauchte Elektrolyt werden von der Neutralisations GmbH entsorgt. Die Instandhaltung bereitet den verunreinigten Elektrolyten wieder auf. Das verbrauchte Spül- und Entfettungsmedium wird durch die interne Werktechnik entsorgt.

Define – Start eines Six-Sigma-Projekts

Abb. 5-11: SIPOC zum Musterprojekt [in Anlehnung an 41] (> siehe auch Toolbox 3 SIPOC)

SIPOC
Galvanisches Verzinken

Wer sind die Lieferanten?		Was tragen die Lieferanten zu meinem Prozess bei?	Prozessschritte grob		Welches Produkt oder welchen Service liefert der Prozess?		Wer sind die Kunden?	
Suppliers		Input	Process (High Level)		Output		Customers	
1	Produktionsplanung	1 Auftrag	**Startpunkt:**		1	verzinktes Bauteil	1	Montage
2	Blankmetall GmbH	1 vorbearbeiteter Rohling	Anlieferung der Rohteile				2	Endkunde
3	Galvanobedarf Schröder GbR	1 Zink-Elektrolyt	**Operation bzw. Aktivität**		2	verbrauchte Zink-Anode	1	Neutralisations GmbH
		2 Zink-Anode	1	Entfetten		alter Zink-Elektrolyt		
		3 Entfettungsmedium	2	Spülen	3	verunreinigter Zink-Elektrolyt	1	Instandhaltung
4	Spüli AG	1 Spülzusatz	3	Tauchelektrolyse	4	verbrauchtes Spülmedium	1	Werktechnik
			4	Spülen		verbrauchtes Entfettungsmedium		
			5	Trocknen				
			6	Polieren				
			Endpunkt:					
			Einlagerung in KLT's					

5.4.3 Stakeholder-Analyse

Die Stakeholder-Analyse wird mit Hilfe der in > Abschnitt 5.3.5 vorgestellten Stakeholder-Analyse-Matrix nach dem in > Abbildung 5-12 dargestellten Ablauf durchgeführt.

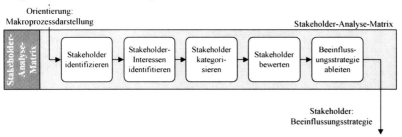

Abb. 5-12: *Ablauf »Stakeholder-Analyse« im Musterprojekt*

> Abbildung 5-13 und 5-14 zeigen das Ergebnis der durchgeführten Stakeholder-Analyse, was im Folgenden kurz zu erläutern ist.

Die bedeutendsten Projekt-Stakeholder sind die Endkunden, die Vertriebspartner, der Geschäftsführer Oskar Röko, der Eigentümer Ludwig Röko, der Projektleiter Christian Röko und die Montage (Prozesskunde). Ludwig und Christian Röko sind bereits Befürworter des Projekts. Oskar Röko muss hingegen vom Nutzen des Projekts überzeugt werden. Er möchte zwar das Unternehmensergebnis steigern, befürchtet jedoch zu hohe Projektkosten. Mit dem Business Case und der Projektnutzenkalkulation im Projektstartbrief soll Projektleiter Christian Röko ihn überzeugen, um die entsprechende Rückendeckung zu erlangen. In regelmäßigen Projektreviews wird Oskar Röko der aktuelle Fortschritt des Projekts vermittelt. Die Endkunden besitzen eine neutrale Einstellung zum Projekt, da sie bisher nicht davon in Kenntnis gesetzt wurden. Diese möchten funktionsfähige und sichere Produkte, sind jedoch durch die Reklamationen verärgert. Die Marketingabteilung hat die Aufgabe, durch gezielte Radiospots und Zeitungskampagnen die Anwendung der fortschrittlichen Problemlösungsmethode Six Sigma bekannt zu machen. Damit möchte man auch die Endkunden von dem Projektnutzen überzeugen.

Abb. 5-13: Stakeholder-Analyse zum Musterprojekt 1/2 [in Anlehnung an 13; 26]
(> siehe auch Toolbox 4 Stakeholder-Analyse-Matrix)

Stakeholderanalyse
Galvanisches Verzinken

lfd. Nr.	Stakeholder	Klassifikation	Bedeutung	Einstellung zum Projekt					Bemerkung
	Welche Gruppen/Personen sind relevant?	Aus welchem Bereich kommt der Stakeholder?	Welche Relevanz/welches Gewicht/welchen Einfluss hat der Stakeholder für das Projekt?	Wie können die Stakeholder bzgl. ihrer Einstellung/ihres Verhaltens eingeschätzt werden (O) und wo liegt der Zielbereich (X)?					Gibt es ggf. zusätzliche Informationen?
		intern/extern	eher unwichtig (1) - von großer Bedeutung (6)	Stark dagegen −	Teilw. dagegen −	Neutral 0	Teilw. dafür +	stark dafür ++	
1	Endkunde	extern	6			O		X	
2	Vertriebspartner (Zwischenkunde)	extern	6				O	X	
3	Oskar Röko (Geschäftsführer und Auftraggeber)	intern	6			O		X	
4	Ludwig Röko (Eigentümer)	intern	6					O/X	
5	Christian Röko (Projektleiter)	intern	6					O/X	
6	Montage	intern	5				O	X	sowohl Montage, als auch Nacharbeit und Reparaturen

Abb. 5-13: Stakeholder-Analyse zum Musterprojekt 1/2 [in Anlehnung an 13; 26]
(> siehe auch Toolbox 4 Stakeholder-Analyse-Matrix) (Fortsetzung)

7	Controller	intern	4			X	kein direkter Einfluss; Berater Geschäftsleitung
8	Mitarbeiter (Prozessbeteiligte)	intern	4		O	X	
9	Vertrieb	intern	4			O/X	sind auch für die Reklamationen verantwortlich
10	Marketingabteilung	intern	4			O/X	
11	Mitarbeiter (nicht am Prozess beteiligt)	intern	3		O/X		
12	Externes Galvanisierungsunternehmen	extern	3	O	X		ehem. Outsourcing-Partner
13	Lieferant	extern	2	O	X		
14	Sicherheits- und Umweltverbände	extern	2		O/X		Einhaltung Normen/Richtlinien
15	Wettbewerber	extern	1	O/X			

Legende:

Ist-Zustand	O
Soll-Zustand	X
beides	O/X

Abb. 5-14: Stakeholder-Analyse zum Musterprojekt 2/2 [in Anlehnung an 13; 26]
(> siehe auch Toolbox 4 Stakeholder-Analyse-Matrix)

Stakeholder-Beeinflussungsstrategie
Galvanisches Verzinken

lfd. Nr.	Welche Gruppen/ Personen sind relevant? Stakeholder	Aus welchem Bereich kommt der Stakeholder? Klassifikation	Welche Relevanz/welches Gewicht/welchen Einfluss hat der Stakeholder für das Projekt? Bedeutung	Welche Einstellungen existieren im Einzelnen? Erwartungen/Befürchtungen	Wo liegen Ansatzpunkte für eine Beeinflussung? Hebel	Wer soll die Einstellung des Stakeholders beeinflussen? Beeinflussungsstrategie	Wie soll die Einstellung des Stakeholders beeinflusst werden
1	Endkunde	extern	6	Sicheres und funktionierendes Produkt	Qualität und Werbung	»Marketingabteilung«	Sehr gute Qualität und Image propagieren: Annoncen, Radiospots, Zeitungskampagnen
2	»Vertriebspartner (Zwischenkunde)«	extern	6	Gut verkäufliches Produkt. Weniger Aufwand wegen Beschwerde als 1. Beschwerdestelle	Qualität und Werbung	»Marketingabteilung«	Sehr gute Qualität und Image propagieren: persönlicher Kontakt, Informationen
3	"Oskar Röko (Geschäftsführer und Auftraggeber)«	intern	6	"Steigerung des Unternehmensergebnisses! Kosten durch Six-Sigma-Projekt. Skeptisch.«	Business Case, Projektnutzen	Christian und Ludwig Röko	Mündliche Überzeugungsarbeit. Schriftliche Überzeugung durch Fakten und Zahlen (Projektstartbrief). Projektreviews
4	"Ludwig Röko (Eigentümer)«	intern	6	Seinen Sohn etablieren. Image wieder herstellen.	-	-	-

Abb. 5-14: Stakeholder-Analyse zum Musterprojekt 2/2 [in Anlehnung an 13; 26] (> siehe auch Toolbox 4 Stakeholder-Analyse-Matrix) (Fortsetzung)

#	Stakeholder						
5	»Christian Röko (Projektleiter)«	intern	6	Six Sigma etablieren. Erfahrung sammeln. Standing durch Projekterfolg verbessern.	-	-	-
6	Montage	intern	5	Nacharbeits- und Reparaturaufwand senken. Besserer Ablauf des Montageprozesses.	Qualität	Projektteam	Präsentation der Fakten und Zahlen (Projektstartbrief). Einbindung ins Projekt: aktive Wahrnehmung der Verbesserung
...	...	...	...	...	...	...	...
13	Lieferant	extern	2	Sicherung der Auftragslage. Befürchtung, dass weniger Teile abgenommen werden	Business Case, Projektnutzen	Christian Röko	Kommunikation über sichere Auftragslage & irrelevante Auftragsreduzierung: Präsentation ausgewählter Fakten und Zahlen
14	Sicherheits- und Umweltverbände	extern	2	Einhaltung aller Normen und Richtlinien	-	-	-
15	Wettbewerber	extern	1	besser aufgestellte Konkurrenz, Umsatzeinbußen, Verlust von Marktanteil	-	-	-

Auf gleichem Weg will man die Vertriebspartner über das Projekt informieren. Nach erfolgreichem Abschluss können sie wieder auf sehr hohe Qualität und hohe Absatzzahlen vertrauen. Der Aufwand für das Beschwerdemanagement sollte sich entsprechend verringern.

Die Montage verspricht sich in erster Linie eine Reduzierung des Nacharbeits- und Reparaturaufwands sowie einen stabileren Montageprozess. Die Montageabteilung soll durch die im Projektstartbrief enthaltenen Daten und Fakten vom Projekt überzeugt werden.

5.4.4 VOC-CTQ-Analyse

Zur Ermittlung der CTCs verwendet man die VOC-CTQ-Matrix. Das Vorgehen hierzu ist in > Abbildung 5-15 aufgezeigt.

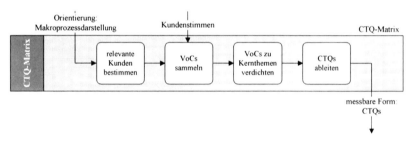

Abb. 5-15: *Ablauf VOC-CTQ-Analyse im Musterprojekt*

> Abbildung 5-16 zeigt das Ergebnis der Analyse. Im Folgenden dazu einige Erläuterungen:

Die Stimme des Endkunden wurde hier durch direkte Beobachtung von Kundengruppen und durch Marktforschung erhoben sowie durch Garantiefälle und Reklamationsabwicklungen in Erfahrung gebracht. Die Vertriebspartner können ebenfalls durch direkten Kontakt zu den Kunden deren Meinung und Anforderungen einholen. Diese Erkenntnisse wurden vom Vertrieb weitergeleitet. Durch erhobene Daten, Gespräche und Dokumentationen wird auch die Meinung der Montage – als Prozesskunde – eingeholt. Geschäftsführung und Controlling

Define – Start eines Six-Sigma-Projekts

Abb. 5-16: VOC-CTQ-Matrix im Musterprojekt [in Anlehnung an 26] (> siehe auch Toolbox 5 VOC-CTQ-Matrix)

Was hat der Kunde gesagt?	Wer ist der Kunde? Ist er intern oder extern?	Wie wurde die Information erhoben?	Kritisch zu...?	Was ist das zentrale Anliegen?	Was ist die Anforderung in messbarer Form?	In welcher SI-Einheit wird die Anforderung gemessen?	Welcher Zielwert wird angestrebt?
			VOC-2-CTQ-Matrix				
VOC/VOB	Kunde	Informationsquelle	Treiber	Kernthema	CTQ-Merkmal	Messgröße	Ziel
»Automat darf nicht ausfallen!«	Endkunde (extern)	Vertriebspartner (extern)	**Quality**	Druckdurchlauferhitzer	Zinkschichtdicke	Schichtdicke in µm	> 12 µm
»Automat muss lange halten!«							
»Automat fällt dauerhaft aus!«		Garantiefälle/ Rücksendung			korrosionsbeständige Schichtdicke		
»Automat fällt sporadisch aus!«							
»Viele Rekalmationen!«	Vertriebspartner (extern)	Verkaufsgespräche/ Kundenbesuche					
»Schlechte Verkaufszahlen«							

125

Abb. 5-16: VOC-CTQ-Matrix im Musterprojekt [in Anlehnung an 26] (> siehe auch Toolbox 5 VOC-CTQ-Matrix) (Fortsetzung)

VOC	Kunde/Bereich	direkte Daten	Quality/Business	CTQ	Messgröße	Spezifikation
»Zu viele Teile müssen nachgearbeitet werden!«	Montage	Direkte Gespräche/Dokumentation	Quality	Druckdurchlauferhitzer	montagefähige Schichtdicke	< 15 µm
»Bei Reparaturen müssen meistens die Druckdurchlauferhitzer getauscht werden!«	Montage	Direkte Gespräche/Dokumentation	Quality	Druckdurchlauferhitzer	korrosionsbeständige Schichtdicke	> 12 µm
»Der Defekt an Druckdurchlauferhitzer wird durch Korrosion hervorgerufen!«	Montage	Direkte Gespräche/Dokumentation	Quality	Druckdurchlauferhitzer	Zinkschichtdicke	
»Kosten für Nacharbeit sind zu hoch!«	Geschäftsführung und Controlling	Geschäftsdaten/Direkte Gespräche	Business	Kosten schlechter Qualität	Kostenreduzierung (Nacharbeit)	Kosten Nacharbeit in € p.a. — € 5.000
»Reklamationskosten sind zu hoch!«	Geschäftsführung und Controlling	Geschäftsdaten/Direkte Gespräche	Business	Kosten schlechter Qualität	Kostenreduzierung (Reklamationen)	Kosten Reklamation in € p.a. — € 21.000
»Umsätze gehen zurück!«	Geschäftsführung und Controlling	Geschäftsdaten/Direkte Gespräche	Business	Umsatz	Umsatzsteigerung	Steigerung Verkaufszahlen — Absatzmenge in Stück > 4000 Stück

stellen in Form von Geschäftsdaten und Gesprächen Businessanforderungen an den Prozess.

Das Kernthema der Endkunden, Vertriebspartner und der Montage ist der Defekt des kombinierten Druckdurchlauferhitzers, dessen kritisches Qualitätsmerkmal die »Zinkschichtdicke« darstellt. Bei weiterer Aufgliederung dieses Merkmals ergeben sich weitere CTQs. Zum einen ist die »korrosionsbeständige Schichtdicke«, zum anderen die »montagefähige Schichtdicke« relevant. Die Messgröße ist in beiden Fällen die Zinkschichtdicke in µm, jedoch ergeben sich mit > 12 µm und < 15 µm zwei Zielwerte.

Kernthemen der Businessanforderungen sind die Kosten – verursacht durch die schlechte Qualität – sowie der Umsatz. Durch die Kosten schlechter Qualität ergeben sich die CTB-Merkmale »Höhe der Nacharbeitskosten« und »Höhe der Reklamationskosten«. Die Zielwerte liegen bei 5.000 Euro beziehungsweise 21.000 Euro. Auch die Höhe des Umsatzes ist ein CTB-Merkmal. Der Umsatz ist abhängig von der Absatzmenge, dessen Zielwert bei einer Menge von > 4.000 Stück liegt.

Zusammenfassung

Die Define-Phase ist der Start eines Six-Sigma-Projekts. Hier werden die Grundlagen gelegt, Voraussetzungen geschaffen und Inhalte definiert.

Inhaltlich ist jedes Projekt einzigartig und erfordert eine spezifische Auswahl der anzuwendenden Methoden und Werkzeuge, folgt jedoch gleichzeitig dem immer gleichbleibenden DMAIC-Zyklus.

Dieser Beitrag stellt für die Define-Phase eine Struktur vor, die die Lücke zwischen allgemeinem, grobem Phasenziel und konkreter Problemsituation schließt. Dies geschieht, indem sie die Aufgaben und Ziele präzisiert und inhaltlich ausformuliert, gleichzeitig jedoch so allgemein bleibt, dass sie auf nahezu alle Projekte anwendbar ist.

Weiterhin werden die klassischen Werkzeuge benannt, systematisiert vorgestellt und abschließend in Verbindung mit dem erweiterten Phasenmodell an einem konkreten Beispiel eingesetzt. So lassen sich zum einen die einzelnen Schritte »im Einsatz« weiter erläutern, zum anderen ergibt sich dadurch der erste Teil eines für die Lehre geeigneten durchgängigen Musterprojekts.

Kapitel 6

Measure – Ermittlung des Status quo

In der Measure-Phase werden Daten über relevante Prozesse erhoben. Diese bilden die Grundlage für die weiteren Projekt-Phasen. Mit Hilfe eines Sigma-Werts, der den Status Quo der Leistungsfähigkeit als Referenz für spätere Verbesserungen beschreibt, lässt sich zudem die Prozessleistung ermitteln.

> **In diesem Beitrag erfahren Sie:**
> - wie man die Measure-Phase, unabhängig von einer konkreten Problemstellung, ausgestaltet,
> - welche Werkzeuge in dieser Phase zum Einsatz kommen,
> - wie die Phasenstruktur und die Werkzeuge im Musterprojekts angewandt werden.

DANIEL KOHL, GREGOR RÖHRIG

6.1 Überblick

In der Measure-Phase werden die in der Define-Phase ermittelten Kundenanforderungen vervollständigt und präzisiert. Dies geschieht im ersten Phasenschritt (> vgl. Abb. 6-1) durch Festlegen der Output-Messkriterien, des Zielwerts, der Spezifikationsgrenzen und der Fehlermöglichkeiten aus Kundensicht. In der Datenerfassungsplanung und -durchführung werden die operationale Definition und das Ziel der Messung festgelegt, die Messung vorbereitet, das Messsystem überprüft sowie die Daten erhoben und grafisch dargestellt. Als Basis für den Vergleich mit den Kundenanforderungen wird anschließend die Ist-Prozessleistung durch den Sigma-Wert berechnet. Der Sigma-Wert und die Messergebnisse sind der Grundstein für die Analyse der Daten und des Prozesses in der Analyze-Phase [41].

Measure – Ermittlung des Status quo

Abb. 6-1: *Phasenstruktur »Measure«*

6.2 Phasenstruktur

6.2.1 Output-Messgrößen-Analyse

Die »Output-Messgrößen-Analyse« dient der Erarbeitung von Messgrößen, welche die in der Define-Phase definierten CTQs abbilden. Input hierfür liefern die zentralen CTQs in messbarer Form, die Spezifikationsgrenzen und die Fehlerdefinition aus der VOC-CTQ-Analyse. Das Ergebnis dieser Analyse sind definierte Messgrößen und deren Zielwerte. Der Zielwert ist dabei der Wert, den der Prozess oder das Merkmal erreichen muss [41]. Das Ziel der Analyse ist es, diejenigen Messkriterien der Kundenbedürfnisse zu finden, die am besten geeignet sind, die CTQs abzubilden [41]. Weiterhin werden die Messpunkte im Prozess festgelegt. Damit ist die Grundlage zur Datenerfassung und zur Ermittlung der Prozessleistung geschaffen. Als Werkzeuge werden häufig der CTQ-Treiberbaum, die CTQ-Matrix und die Messgrößenmatrix (> vgl. Abschnitt 6.3) eingesetzt.

6.2.2 Datenerfassungsplanung und -durchführung

In diesem Phasenschritt wird die Aufnahme von Prozessdaten vorbereitet und durchgeführt. Auf Basis der in der Define-Phase und dem ersten Teil der Measure-Phase gewonnenen Erkenntnisse wird ein Messkonzept entwickelt und daraufhin das Messsystem analysiert. Anschließend kann die Datenerfassung beginnen. Die Daten werden in einer aussagekräftigen grafischen Darstellung abgebildet

6.2.2.1 Entwicklung des Messkonzepts

Das Messkonzept stellt eine ausführliche Vorbetrachtung der Datenerhebung dar. Es beschreibt, wie Daten zu ermitteln sind und legt damit den Grundstein für deren korrekte Erfassung. Dadurch ist die Bedeutung dieses Phasenschritts für den weiteren Verlauf des Projektes sehr hoch [41]. Den Input für das Messkonzept liefern die Messkriterien und Messpunkte aus der Output-Messgrößen-Analyse.

Bei jeder Messung besteht grundsätzlich die Gefahr, dass Messungen wertlos sind, weil falsche Daten gemessen werden, das falsche Messsystem verwendet wird oder den Prüfern Fehler unterlaufen. Fehlerhafte Messungen führen dazu, dass die Ergebnisse der Analyze-Phase auf falschen Annahmen beziehungsweise Daten basieren. Das Messkonzept soll sicherstellen, dass korrekt gemessen wird, Fehler vermieden und verwertbare Ergebnisse erzeugt werden [41].

Im ersten Schritt sind Ziel und Zweck der Datenerhebung zu definieren. Vorbereitend muss reflektiert werden, welche Daten aus welchem Grund erfasst werden sollen. Sinnvolle Segmentierungsfaktoren sind zu erfassen. Diese Klassifizierung nach inhaltlichen Kriterien liefert Ansatzpunkte für das Finden von Fehlerursachen in der späteren Analyze-Phase [41].

Leitfragen zum Ziel und Zweck der Datenerhebung [41]:
- ⇨ Was ist das Ziel der Datenerfassung?
- ⇨ Welche Art von Daten wird in der Analyze-Phase notwendig sein?
- ⇨ Welche Segmentierungsfaktoren werden für die spätere Analyse benötigt?
- ⇨ Welche Fragen müssen mit den erhobenen Daten beantwortet werden können?
- ⇨ Welche Daten werden diese Antworten liefern?
- ⇨ Welche Daten werden benötigt, um die Leistungsfähigkeit des Prozesses im Verhältnis zu den Kundenbedürfnissen zu bestimmen?
- ⇨ Wie müssen die Daten dargestellt und analysiert werden?
- ⇨ Welche Daten müssen gar nicht gemessen werden, da sie bereits vorliegen?

Wenn Ziel und Zweck der Datenerhebung festgelegt sind, wird die operationale Definition erstellt. Diese präzise Handlungsanweisung beschreibt, was auf welche Art gemessen werden soll. Dadurch wird ein gleiches Verständnis aller Beteiligten geschaffen [26]. Die Festlegung der Mess-Skala auf einem sinnvollen Niveau stellt sicher, dass die Daten in einem angemessenen Detaillierungsgrad erhoben werden [41]. Weiterhin werden die zur Verfügung stehenden Datenquellen für die Erhebung analysiert. Damit lässt sich der Aufwand für das Erfassen der gewünschten Informationen vermindern. Es ist nicht zweckmäßig, bereits erhobene Daten ein weiteres Mal zu bestimmen [26]. Die anschließende Analyse der Datenart erlaubt eine optimale Messung für das Projekt beziehungsweise für die Messgröße [26]. Zusätzlich dient die Datenart im weiteren Projektverlauf als Kriterium zur Auswahl von grafischen Darstellungen oder statistischen Analysen. Ein besonders wichtiger Aspekt des Messkonzepts ist die Entwicklung einer geeigneten Stichprobenstrategie zur Datenerhebung. Ziel ist es, aus einer kleinen Datenmenge aussagekräftige (statistische) Schlussfolgerungen im Hinblick auf eine Grundgesamtheit ziehen zu können [26]. Zum Abschluss des Phasenschritts werden Datenerfassungsformulare entwickelt, die eine Beschreibung der zu erfassenden Daten sowie Felder zum Eintragen der Werte enthalten [41]. Das zentrale Werkzeug zur Erzeugung des vollständigen Messkonzepts ist der Datenerfassungsplan (> vgl. Abschnitt 6.3.2).

6.2.2.2 Messsystem-Analyse (MSA)

Jede Messung von Daten ist mit Fehlern und Unsicherheit behaftet, zum Beispiel durch Umwelt- und Bedienereinflüsse [4]. Um die Genauigkeit und Beständigkeit der Messung sicherzustellen und die Variation im Messprozess so gering wie möglich zu halten, wird eine Messsystem-Analyse (MSA) durchgeführt. Für die Gesamtvariation von erhobenen Daten gilt: *Gesamtvariation = Prozessvariation + Variation des Messsystems.*

Eine zu große Variation des Messsystems kann zu falschen Schlussfolgerungen führen. Messfehler lassen sich später nicht von Prozessfehlern trennen [41]. Zur Erfassung der Güte von Messsystemen sind folgende Kriterien ausschlaggebend:

⇨ Die Messgenauigkeit (accuracy) ist die Abweichung des gemessenen Mittelwerts vom (wahren) Wert der Messgröße. Diese sollte möglichst gering sein [26].

⇨ Die Wiederholpräzision (repeatability) gibt Aufschluss über die Variation aufeinander folgender Messungen derselben Messgröße, die unter denselben Messbedingungen ausgeführt werden. Ein Prüfer kommt mit demselben Messgerät möglichst stets zum selben Ergebnis [26].

⇨ Die Vergleichspräzision (reproducibility) ermittelt die Streuung der Mittelwerte von Messungen bei gezielt veränderten Messbedingungen, zum Beispiel bei unterschiedlichen Bedienern [4]. Verschiedene Prüfer sollen mit demselben Messgerät möglichst zum selben Ergebnis kommen [26].

⇨ Die Stabilität ist ein Maß für die Gesamtstreuung der Mittelwerte von Messungen mit einem Prüfmittel am selben Prüfgegenstand, bei dem ein Merkmal über einen längeren Zeitraum hinweg zu verschiedenen Zeitpunkten gemessen wird [4].

⇨ Die Linearität (linearity) betrachtet die Differenz zwischen beobachteten Mittelwerten über den genutzten Arbeitsbereich des Messmittels und den Referenzwerten [4]. Der Unterschied im Bias der Messung großer und kleiner Teile soll im Vergleich weitestgehend konstant sein [26].

⇨ Ein weiterer wichtiger Aspekt ist die Ansprechschwelle beziehungsweise Toleranzauflösung des Messmittels. Das Messsystem soll möglichst kleine Änderungen beziehungsweise Unterschiede in den zu messenden Teilen erfassen und anzeigen [26].

⇨ Um den Spezifikationsbereich des Merkmals hinreichend empfindlich aufzulösen, ist das Verhältnis der zu erfassenden Messgrößenänderung zur Merkmalstoleranz beziehungsweise Prozessstreubreite von Bedeutung. In der Norm QS-9000 ist die Forderung formuliert, dass ein Messsystem mindestens ein Zehntel der Prozessstreuung auflösen muss. In Deutschland soll die Toleranzauflösung des Messmittels mindestens fünf Prozent betragen [27]. Dies ist Voraussetzung für die Durchführung von MSA.

Bevor mit der Datenerfassung für die MSA begonnen werden kann, muss diese gründlich vorbereitet und geplant werden. Basis ist das bereits entwickelte Messkonzept. Das entsprechende Analyseverfahren wird bestimmt. »Die Anzahl der Datenerfasser, die Stichprobengröße und die Anzahl der Wiederholungen (werden) in Abhängigkeit von der Datenart (...)« [26, S. 69] festgelegt. Im Anschluss werden die Messungen für die Fähigkeitsuntersuchungen gemäß dem entsprechenden Analyseverfahren durchgeführt und die Ergebnisse interpretiert.

Die Entwicklung von Vorgehensweisen bei Prüfmittelfähigkeitsuntersuchungen fand in der Vergangenheit in erster Linie in der Automobilindustrie statt. Eine einheitliche Norm existiert nicht. So entstanden mehrere firmenspezifische Richtlinien. Während die Zielsetzung einheitlich ist, unterscheiden sich diese in der Berechnung der Kennwerte, der Festlegung der Grenzwerte und Begriffsdefinitionen [10]. Die in > Tabelle 6-1 aufgeführten Verfahren liegen allen Richtlinien zu Grunde:

Tabelle 6-1: Verfahren der »Messsystem-Analyse« [10]		
Verfahren	Zielsetzung	Kennwerte
Verfahren 1	Systematische Messabweichung und Wiederholpräzision	Cg, Cgk, t-Test, Vertrauensbereich
Verfahren 2	Wiederhol-, Vergleichspräzision (mit Bedienereinfluss)	%R&R, ndc, Vertrauensbereich
Verfahren 3	Wiederhol-, Vergleichspräzision (ohne Bedienereinfluss)	%R&R, ndc, Vertrauensbereich

> **Tipp:**
> Eine sorgfältige Planung der Datenerhebung sowie die Analyse des Messsystems verringern die Wahrscheinlichkeit, dass die später erhobenen Daten unbrauchbar sind. Ein Formblatt für den Datensammlungsplan hilft dabei, alle wichtigen Aspekte zu betrachten.
> Auch die Dokumentation der Messungen ist sehr wichtig. Sowohl in späteren Projektphasen als auch in weiteren Projekten können Datenerhebungen nachvollzogen werden
> Generell erspart die Nutzung von bereits existierenden Vorlagedokumenten und Formblättern viel Aufwand bei der Bearbeitung von Themenstellungen. Sie geben einen Leitfaden zur Orientierung vor und stellen sicher, dass alle wichtigen Aspekte betrachtet werden.

6.2.2.3 Datenerfassung und grafische Darstellung

Nachdem die ausführliche Vorbereitungsphase abgeschlossen ist, kann die Datenerhebung nach Plan durchgeführt werden.

> **Tipp [41]:**
> ⇨ Prozessteilnehmer und die Datenerfasser sollten darüber informiert sein, welche Daten warum zu erfassen sind.
> ⇨ Die Teilnehmer sollten über die Verwendung der Daten informiert sein und die Ergebnisse weitergeben.
> ⇨ Die Prüfer müssen zur Datenerhebung geschult sein.
> ⇨ Der Prozess der Datenerfassung sollte getestet werden, um gewährleisten zu können, dass er fehlerfrei ist.
> ⇨ Es muss sichergestellt sein, dass die operationale Definition von allen Beteiligten verstanden wird.
> ⇨ Das Vorgehen und die Ausrüstung zur Datenerfassung sollten fortlaufend überprüft werden.

Wenn die Messwerte vorliegen, kann ein erster Eindruck über die Daten gewonnen und die Variation untersucht werden. Dazu werden die Daten grafisch dargestellt, wobei verschiedene Darstellungsformen zur Anwendung kommen können: Verlaufsdiagramme, Regelkarten, Häufigkeitsdiagramme, Pareto-Diagramme etc. > Tabelle 6-2 gibt einen Überblick über grafische Darstellungen und deren Einsatzgebiet.

Tabelle 6-2: Möglichkeiten der grafischen Darstellung von Daten [26]

Diagrammform	Datenart	Einsatzbereich
Histogramm	stetig	Darstellung der Verteilung von stetigen Daten;
		Feststellen, ob ein Prozess in Bezug auf die Kundenanforderungen
		zentriert ist und ob die Streuung innerhalb der Spezifikationsgrenzen liegt
Boxplot	stetig	Darstellung der Streuung und Lage eines stetigen Datensatzes
		Vergleich von unterschiedlichen Datensätzen (z. B. Vergleich von Lieferanten oder Anlagen)
Dot Plot	stetig	Darstellung der Streuung stetiger Daten
		Ausreißer erkennen
Pareto-Diagramm	diskret	Schwerpunkte bei diskreten Daten darstellen und damit Prioritäten setzen
		Sich auf die wenigen Ursachen konzentrieren, deren Optimierung die größte Auswirkung hat (80:20 Regel)
Streudiagramm	metrisch	Darstellung der Beziehung zweier metrischen Variablen
Tortendiagramm	diskret	Darstellung diskreter Daten gemäß ihrer Häufigkeit
Verlaufsdiagramm	stetig	Darstellung von Trends, Verschiebungen oder Muster eines Prozesses bei stetigen oder diskreten Daten
		Prozessverläufe vor und nach einer Verbesserung vergleichen

Durch die Visualisierung kann eine Einschätzung der gesammelten Daten und deren Verteilung entwickelt, »Ausreißer« und Muster können erkannt, Lage und Streuung geschätzt werden. Damit besteht die Möglichkeit festzustellen, wie gut der gegenwärtige Prozess den Anforderungen genügt, und Vermutungen über Variationsursachen zu identifizieren. Im Anschluss daran werden statistische Kennzahlen erhoben und analysiert. Dies stellt den Übergang in die Prozess-Performance-Analyse dar [26].

6.2.3 Prozess-Performance-Analyse

Auf Basis der ermittelten Daten wird in diesem Phasenschritt die tatsächliche Prozessleistung berechnet. Dies geschieht in Form des Sigma-Werts, der aus der Anzahl der gemessenen Fehler, der Einheiten und der Fehlermöglichkeiten bestimmt wird. Dieser Wert drückt die Wahrscheinlichkeit aus, mit der ein Defekt auftritt. Der Sigma-Wert sagt aus, wie leistungsfähig ein Prozess ist. Basis dafür ist die Standardabweichung σ, die den durchschnittlichen Abstand zwischen einem gegebenen Punkt auf der Normalverteilungskurve und dem Erwartungswert μ angibt. Je geringer die Standardabweichung σ ist, desto höher ist der Sigma-Wert des Prozesses [41].

Ziel dieses Phasenschritts ist es, die Leistungsfähigkeit eines Prozesses in Bezug auf die Kundenanforderungen festzustellen. Damit lassen sich der Status Quo und die Verbesserungen nach Implementierung von Lösungen beschreiben [26]. > Tabelle 6-3 enthält eine Aufstellung der zur Ermittlung der Leistungsfähigkeit häufig verwendeten Qualitätskennzahlen in Abhängigkeit von der Datenart.

Prozess-Sigma

Das Prozess-Sigma stellt die Leistungsfähigkeit eines Prozesses, speziell in Bezug zu den Spezifikationsgrenzen, dar. Er wird als Benchmark beziehungsweise Best Practice verwenden. Es existieren mehrere Wege zur Berechnung des Sigma-Wertes, zum Beispiel über den DPMO-Wert oder den Yield. Hierfür stehen entsprechende Sigma-Umrechnungstabellen zur Verfügung. Bei stetigen normalverteilten Daten kann der Sigma-Wert über die z-Transformation berechnet werden (> vgl. Abschnitt 6.3.7).

Tabelle 6-3: Qualitätskennzahlen der »Prozess-Performance-Analyse« [in Anlehnung an 3; 26]

Datenart	Qualitätskennzahl	Erläuterung	Berechnung
Kontinuierliche Daten	Cp/ Cpk/ Pp/ Ppk	Prozessfähigkeitsindizes (für normalverteilte Daten)	$C_p = \dfrac{USL - LSL}{6\sigma_{ST}}$ $C_{pk} = \min\left(\dfrac{USL - \mu}{3\sigma_{ST}}; \dfrac{\mu - LSL}{3\sigma_{ST}}\right)$ $P_p = \dfrac{USL - LSL}{6\sigma_{LT}}$ $P_{pk} = \min\left(\dfrac{USL - \mu}{3\sigma_{LT}}; \dfrac{\mu - LSL}{3\sigma_{LT}}\right)$
	Span	Perzentilabstand der Abweichungen vom Zielwert	$X = X_{IST} - X_{SOLL}$ $Span(90) = X_{0,95} - X_{0,05}$
Diskrete Daten	Prozess-Sigma	Sigmawert	z-Transformation
			Tabellenwerte
	ppm	Parts per million	$ppm = \dfrac{Anzahl\ fehlerhafter\ Einheiten}{Anzahl\ Einheiten\ gesamt} \cdot 1.000.000$
	DPU	Defects per Unit	$DPU = \dfrac{Anzahl\ Fehler\ gesamt}{Anzahl\ Einheiten\ gesamt}$
	DPMO	Defects per Million Opportunities	$DPMO = \dfrac{D}{N \cdot O} \cdot 1.000.000$ D = Anzahl der Fehler, N = Anzahl der verarbeiteten Einheiten O = Anzahl der Fehlermöglichkeiten pro Einheit
	Yield	Ertrag/ Ausbeute	$Y = \dfrac{Anzahl\ fehlerfreier\ Einheiten}{Anzahl\ Einheiten\ gesamt}$

6.3 Ausgewählte Werkzeuge

Dieser Abschnitt beschreibt die wesentlichen Merkmale der in der Measure-Phase des Musterprojekts eingesetzten Werkzeuge. Es handelt sich um folgende Werkzeuge:
⇨ Messgrößenmatrix
⇨ Datensammlungsplan
⇨ MSA-Verfahren 1

⇨ MSA-Verfahren 2
⇨ Verlaufsdiagramm
⇨ Histogramm
⇨ z-Transformation

6.3.1 Messgrößenmatrix

Definition
Die Messgrößenmatrix (> vgl. Abb. 6-2) ist ein Hilfsmittel zur Bewertung und Auswahl geeigneter Output-Messgrößen. Sie ist Bestandteil eines Quality Function Deployment (QFD).

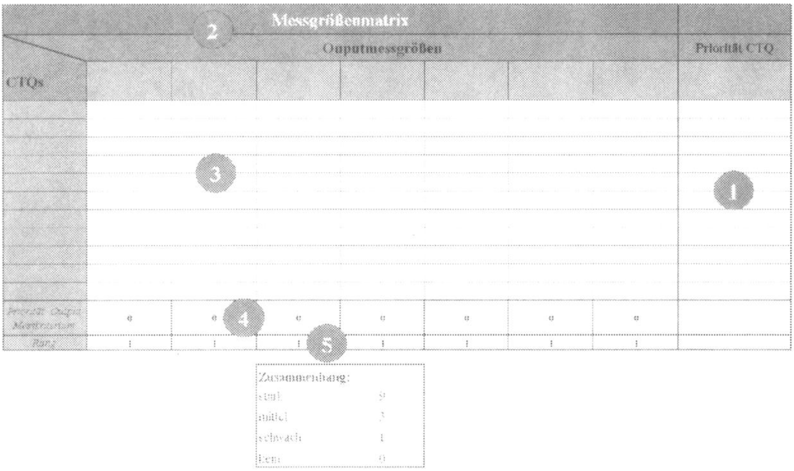

Abb. 6-2: *Messgrößenmatrix [in Anlehnung an 41] (> vgl. Toolbox 6 Messgrößenmatrix)*

Nutzen
Die Messgrößenmatrix hilft, diejenigen Messgrößen zu erarbeiten, die am besten geeignet sind, die erarbeiteten CTQs abzubilden [41]. Die relevanten Output-Messgrößen (maximal 3 - 5) werden priorisiert und ausgewählt [26].

Vorgehen [41]

1. *Priorisierung der CTQs:* Die wichtigsten CTQs aus Kundensicht (bzw. CTBs aus Businesssicht) werden in die Zellen eingetragen und auf einer Skala von 1 (niedrig) bis 5 (hoch) priorisiert.
2. *Finden möglicher Messkriterien:* In die Spalten der Matrix werden mögliche Messgrößen eingetragen. Um möglichst viele Messkriterien für die CTQs/CTBs zu erhalten, kann ein Brainstorming hilfreich sein. Den aus den Kunden- und Businessanforderungen abgeleiteten CTQs/CTBs (Zeilen) stehen nun die möglichen Output-Messgrößen (Spalten) gegenüber.
3. *Bewertung der Messkriterien:* An den Schnittstellen der Bereiche »Outputmessgrößen« und »CTQs« wird der Zusammenhang zwischen beiden Werten eingetragen. Der Bewertungshintergrund ist dabei die Fragestellung, inwiefern die Messgröße geeignet ist, eine Aussage über das Kundenbedürfnis zu treffen. Der Zusammenhang wird durch Zahlen dargestellt und bewertet. Als Bewertungsskala können folgende Gewichtungen herangezogen werden: stark (9 Punkte), mittel (3 Punkte), schwach (1 Punkt) oder gar kein Zusammenhang (0 bzw. kein Eintrag). Diese Skala ist besonders hilfreich, um signifikante Unterschiede in der Bewertung zu generieren. Die Schritte 2 und 3 werden so lange durchgeführt, bis für jedes CTQ/CTB mindestens eine »9« in der Zeile erreicht wird, das heißt, mindestens eine zentrale Output-Messgröße mit einem starken Zusammenhang festgestellt wurde.
4. *Multiplikation und Summe der Werte:* Die Gewichtungen des Messkriteriums aus Schritt 3 werden mit den Prioritäten der betreffenden CTQs/CTBs multipliziert. Diese werden für jedes Messkriterium aufsummiert.
5. *Rangfolge feststellen:* Die Reihenfolge der ermittelten Messkriterien gibt Aufschluss über die zu wählende Messgröße.

6.3.2 Datensammlungsplan

Definition
Der Datensammlungsplan (> vgl. Abb. 6-3) ist ein Dokument, das die Datenerfassung im Vorfeld überblicksartig beschreibt. Er begleitet die gesamte Datenerfassungsplanung und -durchführung.

Nutzen [26]
Der Datensammlungsplan ist die Grundlage für die korrekte Erfassung der relevanten Messgrößen. Er legt fest, welche Daten wie, wann und von wem zu erfassen sind und bestimmt auch die Form der späteren grafischen Darstellung. Dadurch wird deutlich, welche Daten man tatsächlich benötigt.

Vorgehen [26]
1. *Operationale Definition erstellen:* Im ersten Schritt wird die Operationale Definition erstellt und in den Datensammlungsplan aufgenommen. Ziel ist es, die theoretischen Anforderungen an die Erfassung von Messgrößen in konkrete Handlungsanweisungen umzuwandeln [26]. Dabei wird das Vorgehen bei der Messung präzise beschrieben, damit die Personen, welche die Daten erfassen, die Messung auf die gleiche Weise durchführen. Klare, verständliche und eindeutige Anweisungen sind elementar für die Qualität der Datenerhebung [41]. Aus diesem Grund muss die operationale Definition bei den Anwendern auf gleiches Verständnis überprüft werden [26].

Measure – Ermittlung des Status quo

Abb. 6-3: Datensammlungsplan (> Toolbox 7 Datensammlungsplan)

Was ist zu messen?				Wie zu messen?			Wer misst?	Stichprobenplan	
Messgröße	Art der Messgröße	Datenart	Operationale Definition (Was?)	Ergebnis MSA	Operationale Definition (Wie?/ Messmethode)	Segmentierungsfaktoren	Art der Darstellung	Prüfende Personen	
Parameter, der gemessen werden soll	Input (X) oder Output (Y) Merkmal	stetig oder diskret	Für jeden Prüfer verständliche, klare Beschreibung der Messung	Kennwerte aus Verfahren 1, 2 und 3	Visuelle Inspektion oder automatisches messen? Benötigte Instrumente, Prozeduren usw.	Zeit, Datum, Ort, Prüfer, Linie, Kunde, Lieferant, Bediener usw.	Tabelle, Handzettel, Dateiform, grafische Darstellung		
		❷	❶	❻	❶	❹	❺		

Wie viele?	Stichprobengröße	
Wie oft?	Stichprobenanzahl	❶
Wo?	Wo gesammelt?	

> **Leitfragen zur operationalen Definition [41]**
> ⇨ Was wird gemessen und was nicht?
> ⇨ Wie, wo, wann und von wem werden die Daten erfasst und registriert?
> ⇨ Wie viel Zeit steht für die Messung zur Verfügung?
> ⇨ Wie wird die Messung definiert (z.B. Start- und Endpunkt)?
> ⇨ Welcher Stichprobenplan wird herangezogen?
> ⇨ Wie wird sichergestellt, dass die Messung stabil ist, also die Variation innerhalb des Messsystems nicht zu groß ist?
> ⇨ Wie oft wird gemessen?
> ⇨ Welche äußeren Umstände sind zu berücksichtigen?

Ein bedeutender ergänzender Aspekt der operationalen Definition ist die Auswahl der geeigneten Mess-Skala. Es gilt: Je feiner, desto besser. Jedoch ist eine feinere Messung aufwändiger. Das Detaillierungsniveau muss demnach sinnvoll gewählt sein (so genau wie nötig). Grundsätzlich sollte das Projekt die Skala eine Stufe kleiner wählen als der Kunde. Das Ergebnis ist ein besserer Eindruck von der Prozessvariation [41].

2. *Datenquellen und Datenart bestimmen:* Um den Aufwand im Rahmen der Datensammlung zu minimieren, werden im Vorfeld die Datenquellen untersucht. Aus Effizienzüberlegungen sollten bereits existierende Messgrößen aus vorhandenen Datenquellen verwendet werden. Dabei können auch Kunden und Lieferanten nützliche Datenquellen besitzen. Falls dies nicht möglich ist, werden neu definierte Messgrößen aus existierenden Quellen generiert. Existieren die Datenquellen nicht, müssen neue Datenquellen gesucht werden. Der aus Effizienzgründen ungünstigste Fall ist die Einführung neuer Messgrößen aus neuen Datenquellen [26]. Die Datenart bestimmt die Aussagekraft der späteren Analyseergebnisse, die Darstellung der Daten und die Analysetools. Es existieren grundsätzlich zwei Arten: diskrete (nominalen) und stetige (metrische) Daten. Stetige Daten können auf einer Skala beziehungsweise in ununterbrochener Folge gemessen, diskrete Daten hingegen in Gruppen eingeteilt werden [41].

Tabelle 6-4: Datenstruktur [in Anlehnung an 26]

Datenart	Metrisch		Nominal	
Diskret	Ordinal bzw. rangskaliert z.B. Alter, Schulnoten, Güteklassen	Kardinal z.B. Anzahl	Binär z.B. männlich/ weiblich; i.O./ n.i.O.	Nominal bzw. Kategorien z.B. Farbe, Partei, Telefonnummer, Methode A,B,C
Stetig	Kardinal z.B. Temperatur, Gewicht, Länge, Zeit		Nicht möglich	

Grundsätzlich sind stetige Daten gegenüber diskreten Daten zu bevorzugen: Sie bieten eine bessere Informationsbasis und können Informationen über die Lage und die Streuung der Messgröße liefern. Diskrete Daten sind dazu nicht in der Lage [26]. Aus diesem Grund sollten diskrete Daten nur dann erfasst werden, wenn die Erfassung eines stetigen Merkmals nicht möglich oder zu aufwändig ist [41].

3. *Stichprobenstrategie festlegen:* Durch Stichproben sollen aus einer relativ kleinen Datenmenge aussagekräftige statistische Schlussfolgerungen im Hinblick auf eine Grundgesamtheit gezogen werden. Die Reduktion von Aufwand und Kosten bei der Datenerfassung steht dabei im Vordergrund. In einigen Fällen ist es nicht möglich, alle Daten zu erfassen, zum Beispiel wenn es sich bei der Datenerfassung um einen zerstörenden Prozess handelt [26].

Stichproben werden nach inhaltlichen Kriterien – wie zum Beispiel bestimmten Produkt- oder Kundengruppen – gebildet. Man unterscheidet zwei verschiedene Vorgehensweisen zur Stichprobenerhebung: die bestandsorientierte Stichprobe (Population Sampling) und die prozessorientierte Stichprobe (Process Sampling). Um Wahrscheinlichkeitsaussagen über den Bestand (die Population) treffen zu können, wird die bestandsorientierte Stichprobe verwendet. Zur Bewertung der Stabilität der Grundgesamtheit über einen Zeitraum hinweg dient die prozessorientierte Stichprobe. Dabei wird das Eintreten von Veränderungen, Tendenzen oder Zyklen untersucht [41]. > Tabelle 6-5 zeigt eine Auswahl von Stichprobenverfahren.

Tabelle 6-5: Stichprobenauswahl [26]

Auswahltyp	Auswahlprinzip	
	Zufällige Auswahl	Nicht zufällige Auswahl
	Einfache Auswahl Alle Einheiten haben die gleiche Chance, gezogen zu werden Vorteil: keine Kenntnis über Grundgesamtheit notwendig Nachteil: hoher Aufwand	**Quotenverfahren** Vorgabe von Quoten, z.B. Unfallschäden, Steinschlagausbesserung Anwendung: wenn nur gezielte Informationen benötigt werden
	Klumpenauswahlverfahren Die Grundgesamtheit wird sinnvoll in Klumpen gegliedert und dann einer ausgewählt, z.B. Standorte Vorteil: geringere Kosten Nachteil: Informationen können verloren gehen	**Konzentrationsverfahren** Nur ein Teil der Grundgesamtheit wird betrachtet, z.B. Unfallschäden Anwendung: Wenn nur ein Aspekt untersucht werden soll
	Geschichtete Auswahl Die Grundgesamtheit wird nach relevanten Kriterien geschichtet, z.B. Lackierungsart, Schicht etc. Dann wird aus jeder Schicht eine repräsentative Stichprobe entnommen Vorteil: kleinere Stichprobe Nachteil: Informationen über die Grundgesamtheit müssen vorhanden sein	**Auswahl aufs Geratewohl** Beispiel: Nur die Informationen, die leicht zu erreichen sind, werden gesammelt Anwendung: wenn schnell ein erster Eindruck gewonnen werden soll

Zur Berechnung des Stichprobenumfangs existieren die in > Tabelle 6-6 aufgeführten Berechnungsvorschriften.

Tabelle 6-6: Berechnungsvorschriften für Stichproben [in Anlehnung an 26]

Stetige (metrische) Daten	$n = \left\lceil \left(\dfrac{z \cdot s}{\Delta}\right)^2 \right\rceil$
Diskrete (binäre) Daten	$n = \left\lceil \left(\dfrac{z}{\Delta}\right)^2 \cdot p(1-p) \right\rceil$

Dabei ist ...

- Δ die halbe Intervallbreite und $\pm \Delta$ drückt das Intervall der Genauigkeit aus, mit der die Aussage gemessen werden soll (Granularität).
- z das Quantil der Standardnormalverteilung. z kann durch die Werte 1,96 für das 95%ige bzw. 2,575 für das 99%ige Konfidenzniveau definiert werden.
- s die geschätzte Standardabweichung aus einer Vorab-Stichprobe.
- p die Wahrscheinlichkeit, dass ein Teil i. i. O. ist (auch Fehlerrate/ n. i. O.-Quote). Ist die Wahrscheinlichkeit p nicht bekannt, so wird $p = 0{,}5$ angenommen.
- n die gesuchte Stichprobengröße. Das Symbol $\lceil \; \rceil$ bedeutet in diesem Fall, dass die Stichprobengröße n auf die nächste ganze Zahl aufgerundet wird.

4. *Segmentierungsfaktoren erfassen:* Ziel ist es, möglichst viele Segmentierungsfaktoren zu erfassen, da damit kreative und innovative Lösungen gefunden werden können. Auch wenn die Informationen auf den ersten Blick unnötig erscheinen, können diese später hilfreich sein. Bei einer großen Anzahl Segmentierungsfaktoren ist die Wahrscheinlichkeit höher, dass genau diejenigen darunter sind, die das Team auf die Fehlerursache hinweisen. Diese Faktoren legen damit den Grundstein für zielführende Untersuchungen in der Analyze-Phase [41].

Beispiele für Segmentierungsfaktoren [41]

⇨ Wer? (Abteilung, Zweigstelle, Vertriebsmitarbeiter, Lieferanten, Kunden nach Größe oder Art)
⇨ Welche Art Kommunikationsmedium/Art der Datenübermittlung?
⇨ Wann? (Monat, Wochentag, Tageszeit – aus Datum und Uhrzeit können diese Werte abgeleitet werden)
⇨ Wo? (Region, Strecke, Marktsegment, Stadt)

5. *Art der grafischen Darstellung festlegen:* Bereits vor der Datenerhebung wird die Art der grafischen Darstellung festgelegt. Aus dieser können Anforderungen an andere Aspekte der Datenerhebung gestellt werden, wie zum Beispiel an Segmentierungsfaktoren. Die grafische Darstellung ist der erste Ansatzpunkt zur Analyse von Ursachen.
6. *Ergebnisse der MSA darstellen:* Um mit der Datenerhebung beginnen zu können, muss die Fähigkeit des Messsystems untersucht werden (> Abschnitt 6.2.2.2). Die Ergebnisse werden im Datensammlungsplan dokumentiert.

6.3.3 MSA Verfahren 1

Definition
Das Verfahren 1 der Messsystem-Analyse dient der Bestimmung der systematischen Messabweichung und der Wiederholpräzision. Dabei werden Fähigkeitskennzahlen für ein Messsystem durch einen Prüfer unter Wiederholbedingungen ermittelt [27]. Das Verfahren bezieht sich auf ein Merkmal eines bestimmten Teils/Produkts. Die Untersuchungen werden an einem Einstellnormal oder Referenzwerkstück durchgeführt [4].

Nutzen
Durch die Berechnung der Messmittelfähigkeitskennzahlen werden die systematische Messabweichung und die Wiederholbarkeit in Form der Messmittelstreuung ermittelt [27].

Vorgehen [4]
Zur Durchführung des MSA-Verfahrens 1 finden Formblätter oder spezielle Software Anwendung. Je nach Unternehmen beinhalten diese unterschiedliche Berechnungsvorschriften (> Tabelle 6-6).
1. *Bezugsnormal und Toleranzwert festlegen:* Zu Beginn wird das Bezugsnormal X mit bekanntem Ist-Maß im Bereich der Größe des

Merkmals ausgewählt. Dieser Wert wird neben dem Toleranzwert T des Prüfmerkmals in das Formblatt eingetragen.
2. *Messung durchführen:* Das Bezugsnormal wird 50 Mal gemessen und der Messwert notiert. In Ausnahmefällen dürfen weniger als 50 Messungen durchgeführt werden, jedoch niemals weniger als 25. Das Bezugsnormal wird nach jeder Messung entfernt und neu positioniert. Es wird stets in derselben Ausrichtung (Orientierung) gemessen. Aus den gemessenen Werten werden der Mittelwert und die Standardabweichung über die Wiederholungen ermittelt.
3. *Berechnung der Fähigkeitsindizes:* Zur Berechnung der Fähigkeitsindizes stehen verschiedene Berechnungsvorschriften zur Verfügung. Durch den Toleranzwert T des Prüfmerkmals und die ermittelte Standardabweichung über die Wiederholungen S_w wird der Fähigkeitskoeffizient C_g bestimmt. Dieser wird ebenfalls als Messmittelfähigkeitskennzahl bezeichnet. Mit dem Mittelwert der Messungen, der Standardabweichung über die Wiederholungen, dem Toleranzwert und dem als korrekt angenommenen Wert X_r wird der kritische Messmittelfähigkeitsindex C_{gk} ermittelt.

Tabelle 6-7: Berechnungsvorschriften MSA Verfahren 1 [27]

Unternehmen	Fähigkeitskennwert Cg	Kritischer Fähigkeitskennwert Cgk	Forderungen
Audi, Daimler, Volkswagen	$C_g = \dfrac{0{,}2T}{4 s_w}$	$C_{gk} = \dfrac{0{,}1T - \lvert \overline{x} - x_F \rvert}{2 s_w}$	$C_g, C_{gk} \geq 1{,}33$
BMW	$C_g = \dfrac{0{,}2T}{6 s_w}$ $4 s \leq 0{,}1T$	$C_{gk} = \dfrac{0{,}1T - \lvert \overline{x} - x_F \rvert}{3 s_w}$ $4 s_w + \lvert \overline{x} - x_F \rvert \leq 0{,}1T$	$C_g, C_{gk} \geq 1{,}33$
Ford	$C_g = \dfrac{0{,}15T}{6 s_w}$ $4 s \leq 0{,}1T$	$C_{gk} = \dfrac{0{,}075T - \lvert \overline{x} - x_F \rvert}{3 s_w}$ $3 s_w + \lvert \overline{x} - x_F \rvert \leq 0{,}075T$	$C_g, C_{gk} \geq 1$
Opel, Bosch	$C_g = \dfrac{0{,}2T}{6 s_w}$	$C_{gk} = \dfrac{0{,}1T - \lvert \overline{x} - x_F \rvert}{3 s_w}$	$C_g, C_{gk} \geq 1{,}33$

4. *Fähigkeit beurteilen:* Das Messmittel wird nach Verfahren 1 als »fähig« eingestuft, wenn die entsprechenden Forderungen für C_g und C_{gk} erfüllt sind [27].

6.3.4 MSA Verfahren 2

Definition
Im Verfahren 2 wird die Eignung eines Messmittels in Verbindung mit dem Messprozess ermittelt. Es kommt zur Anwendung, wenn das Messmittel nach Verfahren 1 als fähig eingestuft worden ist. Das Messverfahren wird beim Messen der Merkmale an mehreren Werkstücken durch mehrere Prüfer beurteilt. Es schließt in die Bewertung die Auswirkungen von Wiederholpräzision (EV – Equipment Variation) und Vergleichspräzision (AV – Appraiser Variation) sowohl getrennt als auch zusammengefasst ein. Damit wird ein Maß für den Gesamtstreubereich (TV – Total Variation) des Prüfprozesses geschaffen. Dieser wird mit einer Bezugsgröße – in der Regel die Merkmalstoleranz oder die Prozessstreubreite – verglichen [27].

Nutzen
Das Verfahren 2 stellt sicher, dass die Datenerhebung reproduzierbar und wiederholbar ist. Des Weiteren wird die operationale Definition überprüft [26].

Vorgehen
1. *Messwerte aufnehmen:* Es werden zehn Produktionsteile ausgewählt, die die gesamte Prozessstreuung repräsentieren. Die ausgewählten Teile werden in zufälliger Reihenfolge nummeriert. Weiterhin werden zwei bis drei Prüfer und die Anzahl der Wiederholungen (zwei oder drei) festgelegt. Anschließend werden die Messungen durchgeführt. Die Prüfer sollen dabei keine Kenntnis über die zuvor ermittelten Messwerte besitzen. Die Messergebnisse werden in einem Formblatt protokolliert. Bei den Aufzeichnungen

ist auf die korrekte Zuordnung des Messwertes zum jeweiligen Teil und Prüfer zu achten.
2. *Auswertung der Messreihen:* Die Auswertung der Messreihen erfolgt mit einem Formblatt oder mit entsprechender Software. Ein Maß für die Vergleichspräzision ist die Streuung der Mittelwerte je Teil. Die Unterschiede der drei Mittelwerte je Teil (drei Prüfer) sind durch den Bedienereinfluss verursacht. Die Unterschiede werden durch die Spannweite ausgedrückt, durch die Differenz zwischen dem größten und kleinsten Messwert. Der Durchschnittswert der zehn Spannweiten (über die zehn Teile) ist ein Maß für die Vergleichspräzision [4].
Ein Maß für die Wiederholpräzision ist die Streuung der Spannweiten je Prüfer und Teil. Dazu wird jeweils die Spannweite aus den drei Versuchen je Prüfer und Teil ermittelt. Die Wiederholpräzision ergibt sich aus dem Durchschnittswert der 30 Spannweiten (für je zehn Teile bei drei Prüfern ergeben sich 30 Werte für die Spannweite).
Durch die Addition der Varianzen von Wiederholpräzision und Vergleichspräzision wird die Messsystemstreuung (GRR – Gage Repeatability and Reproducabilty) ermittelt. Durch die Berechnung der Teilestreuung (PV – Part Variation) lässt sich die Gesamtstreuung ermitteln. Diese beinhaltet die Varianzen von Teilestreuung und Messsystemstreuung [4].
3. *Bewertung durch Annahmekriterien:* Aus dem Verhältnis der Gesamtstreuung zur Merkmalstoleranz beziehungsweise zur Prozessstreubreite (relativer Gesamtstreubereich) ergeben sich folgende Annahmekriterien [27]:
– %GRR < 10 %: Messsystem ist annehmbar.
– %GRR < 30 %: Messsystem ist eingeschränkt annehmbar, abhängig von der Wichtigkeit der Anwendung, der Kosten des Messmittels, der Reparaturkosten usw.
– %GRR > 30 %: Messsystem ist nicht annehmbar. Es muss verbessert werden.

6.3.5 Verlaufsdiagramm

Definition
Das Verlaufsdiagramm ist ein Werkzeug, um Werte eines Prozesses über einen Zeitraum oder in einer Abfolge grafisch darzustellen. Es können sowohl diskrete als auch stetige Daten grafisch abgebildet und in eine Informationsdarstellung überführt werden [48].

Nutzen
Das Verlaufsdiagramm ermöglicht eine einfache Darstellung und Interpretation ermittelter Werte. Es ist binnen kurzer Zeit anzuwenden und kann zur Überwachung des Prozessverlaufs dienen. Ausreißer oder Abnormitäten werden aufgezeigt [17]. Verlaufsdiagramme sind die Basis für Qualitätsregelkarten (> Abschnitt 9.3.3).
Der Graph (> vgl. Abb. 6-4) kann einen einzelnen Faktor darstellen, um einen Trend zu ermitteln oder zwei Faktoren darstellen, um eine möglicherweise bestehende Beziehung zwischen diesen herauszufinden. Ziel ist es, den Zusammenhang zwischen den Daten und der Ordnungsgröße zu untersuchen [48].

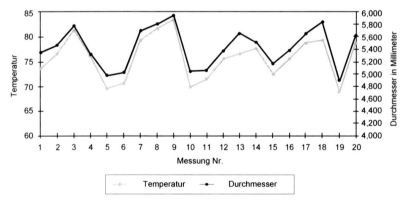

Abb. 6-4: *Verlaufsdiagramm [48]*

Vorgehen
1. *Werte aufnehmen:* Daten wie beispielsweise Länge, Zeit, Volumen, Gewicht oder Anzahl der Fehler werden in Zeitverlauf erfasst. Variable Daten können dabei fortlaufend gemessen, attributive Daten als diskrete Ereignisse gezählt werden.
2. *Werte in Diagramm eintragen:* Die Daten werden als einzelne Punkte in ein X-Y-Koordinatensystem überführt. Auf der Y-Achse (Ordinate) wird dabei der ermittelte Wert, auf der X-Achse (Abszisse) die Größe eingetragen, nach der die Daten geordnet werden.
3. *Diagramm interpretieren:* Auf Grundlage der entstehenden Datenlinie können »Ausreißer«, Verlauf, Trends und die Beziehung von Daten ausgewertet werden.

6.3.6 Histogramm

Definition
Histogramme sind Häufigkeitsschaubilder, bei deren Auswertung sich deutlich Lage, Streuung und Form der Messwert-Verteilung einer Messreihe erkennen lassen (vgl. Abb. 6-5) [28]. Eine spezielle Form des Histogramms ist das Pareto-Diagramm, das eine Priorisierung anhand der sogenannten 80/20-Regel ermöglicht [26].

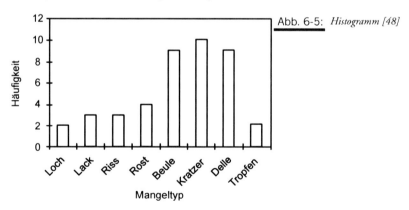

Abb. 6-5: *Histogramm [48]*

Nutzen
Mittels Histogrammen lassen sich Qualitätsdaten grafisch darstellen. Sie enthalten Informationen über den Mittelwert, den Grad der Abweichung innerhalb eines Datensatzes und das Muster der Abweichung. Zusätzlich wird aufgezeigt, inwiefern Daten innerhalb der Kundenspezifikation liegen. Schließlich lassen sich Rückschlüsse auf die den Daten zugrundeliegende theoretische Verteilung ziehen [48].

Vorgehen [48; 28]
1. *Daten erfassen:* Es sollten 50 bis 100 Datensätze nach dem Zufallsprinzip (Stichproben oder 100 Prozent) erhoben werden [48].
2. *Daten aufzeichnen:* Auf der Y-Achse ist die Häufigkeit und auf der X-Achse sind die Merkmale abgebildet. Im ersten Schritt werden Minimal- (X_{min}) und Maximalwert (X_{max}) sowie die Werteanzahl n festgestellt. Damit lässt sich die Spannweite R berechnen (R = X_{max} - X_{min}). Anschließend werden die Anzahl k und die Weite w der Klassen über folgende Formeln bestimmt:

$k = Wurzel(n)$
$w = R / k$

Die Klassenweite w muss dabei im gesamten Bereich gleich sein. Mit den ermittelten Angaben lassen sich die Klassengrenzen festlegen. Jeder Wert muss eindeutig einer Klasse zugeordnet werden können. Über eine Strichliste wird die Werteanzahl jeder Klasse markiert. Die Höhen der Säulen im Diagramm ergeben sich entsprechend der Werteanzahl in den Klassen. Zusätzlich können Sollwert und Toleranzgrenzen angegeben werden.
3. *Verteilung erklären und analysieren:* Die Balkendarstellung in > Abbildung 6-5 gibt einen Überblick über die Verteilung der Daten. Daraus ergeben sich Informationen für spätere Analysen, wie die prinzipielle Anwendbarkeit von statistischen Analysen und Tests sowie die Notwendigkeit einer Datentransformation.

6.3.7 z-Transformation

Definition
Die z-Transformation ist eine Methode zur manuellen Berechnung des Sigma-Werts bei normalverteilten, stetigen Daten [41].

Nutzen
Der durch die z-Transformation bestimmte Prozesssigma-Wert stellt die Leistungsfähigkeit des Prozesses in Bezug auf die Spezifikationsgrenzen dar und kann als Benchmark verwendet werden [26].

Vorgehen [41; 26; 39]
1. *Spezifikationsgrenzen bestimmen:* Zunächst werden die Spezifikationsgrenzen des Prozesses aus den CTQs bestimmt (> vgl. Abb. 6-6).

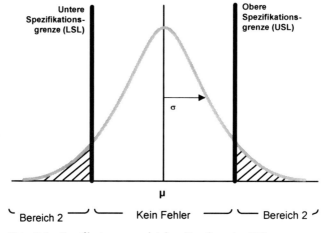

Abb. 6-6: *Spezifikationsgrenzen bei der z-Transformation [41]*

2. *Standardisierte z-Werte berechnen:* Über die Toleranzgrenzen, den Mittelwert und die Standardabweichung werden z-Werte errechnet:

$$Z_1 = \frac{USL - \mu}{\sigma}$$

$$Z_2 = \frac{LSL - \mu}{\sigma}$$

3. *Normwerte ermitteln:* Mit den beiden z-Werten werden aus einer z-Tabelle (Tabelle der Standardnormalverteilung (> digitaler Anhang 11) die entsprechenden Normwerte abgelesen. Die Tabellenwerte geben die Wahrscheinlichkeit dafür an, dass eine standardnormalverteilte Zufallsvariable kleiner oder gleich z ist.
4. *Ertrag ermitteln:* Die beiden Normwerte werden zum Gesamtbereich addiert und das prozentuale Ergebnis (Ertrag) errechnet:

Gesamtbereich = Bereich 1 + Bereich 2
Ergebnis in % = (1 − Gesamtbereich) x 100 %

5. *Sigma-Wert bestimmen:* Aus einer Sigma-Tabelle wird der kurzfristige oder langfristige (1,5 Verschiebung) Sigma-Wert ermittelt (> digitaler Anhang 12).

6.4 Anwendung im Musterprojekt

6.4.1 Output-Messgrößen-Analyse

In der VOC-CTQ-Analyse sind die CTQs »Zinkschichtdicke« und »Beschichtungsqualität« ermittelt worden (> vgl. Abschnitt 5.4.4). Im ersten Phasenschritt der Measure-Phase werden geeignete Messgrößen für diese CTQs ermittelt. Das Vorgehen zur Ermittlung der Messgrößen ist in > Abbildung 6-7 dargestellt. Dabei wird die in > Abschnitt 6.3.1 vorgestellte Messgrößenmatrix eingesetzt.

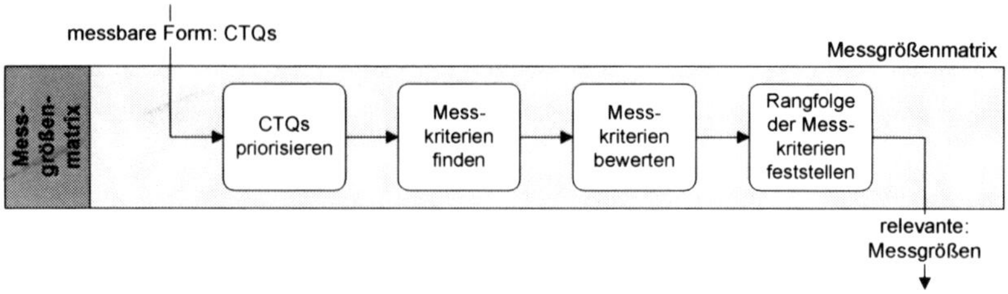

Abb. 6-7: *Ablauf »Output-Messgrößen-Analyse« im Musterprojekt*

Die CTQs »Zinkschichtdicke« und »Beschichtungsqualität« können mit mehreren Output-Messgrößen in Zusammenhang gebracht werden (> vgl. Abb. 6-8). Folgende Messgrößen sind einsetzbar:
⇨ die Schichtdicke in µm,
⇨ die Gewichtsveränderung durch die Zinkschicht in µg,
⇨ die Galvanisierdauer,
⇨ der Glanz, die Porosität und die Vollständigkeit des Überzugs.

Nach Priorisierung der CTQs und Bewertung des Zusammenhangs zwischen den CTQs und den Output-Messgrößen kann für diese folgende Rangfolge festgestellt werden:
1. Schichtdicke in µm
2. Vollständigkeit des Überzugs
3. Glanz und Porosität

Diese Output-Messgrößen können im Rahmen des Projekts für die Erhebung von Messwerten zum Einsatz kommen.

Abb. 6-8: Messgrößenmatrix im Musterprojekt [in Anlehnung an 41]
(> Toolbox 6 Messgrößenmatrix)

CTQs	Messgrößenmatrix						Priorität CTQ
	Ouputmessgrößen						
	Schichtdicke in µm	Gewicht in µg	Galvanisierdauer	Glanz	Porosität	vollständiger Überzug	
Schichtdicke in µm	9	3	1	0	0	3	5
Beschichtungsqualität	3	1	1	9	9	9	4
Priorität Output-Messkriterium	57	19	9	36	36	51	0
Rang	1	5	6	3	3	2	7

Zusammenhang:
stark 9
mittel 3
schwach 1
kein 0

6.4.2 Datenerfassungsplanung und -durchführung

6.4.2.1 Entwicklung des Messkonzepts
Nachdem die relevanten Output-Messgrößen ermittelt wurden, kann die Datenerhebung geplant werden. Das Vorgehen zum Erstellen dieses Messkonzepts ist in > Abbildung 6-9 visualisiert. Um das Konzept vollständig zu beschreiben, wird der in > Abschnitt 6.3.2 vorgestellte Datensammlungsplan eingesetzt.

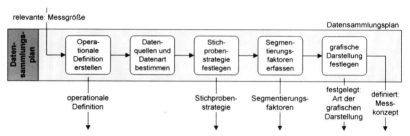

Abb. 6-9: *Ablauf »Messkonzept entwickeln« im Musterprojekt*

Primär sollen Werte der stetigen Output-Messgröße »Schichtdicke« erhoben werden (vgl. Toolbox 7: Datensammlungsplan). Dafür wird das galvanisierte Werkstück im montagefertigen Zustand begutachtet. Zur Prüfung wird das Schichtdicken-Messgerät DCF-3000FX eingesetzt. Als Segmentierungsfaktoren werden die Position des Werkstücks im Gestell beim Galvanisieren, das Werkstück-Layout, die Uhrzeit und der Bediener verwendet. Damit lassen sich im weiteren Verlauf des Projekts Variationen ausfiltern. Aufgrund der relativ geringen Produktionsmenge von 80 Werkstücken pro Tag (4000 Einheiten/Jahr, acht Einheiten/Tag zu je zehn Einzelteilen pro Galvanisiervorgang) wird eine 100-Prozent-Prüfung im Zeitraum vom 05.02.2010 bis 23.02.2010 durchgeführt. Verantwortlich für die durchzuführenden Prüfvorgänge ist die Qualitätssicherung. Die erhobenen Daten werden in ein spezielles Datenerfassungsformular eintragen. Anschließend sollen diese im Histogramm, Verlaufsdiagramm und in Multi-Vari-Darstellungen visualisiert werden.

Weiterhin muss die diskrete Output-Messgröße »Beschichtungsqualität« erhoben werden. Dafür werden die galvanisierten Werkstücke durch Sichtprüfung unter einer Leuchtstation mit einem Vergrößerungsglas begutachtet. Kriterien für die Oberflächenqualität sind der Glanz, die Porosität und die Vollständigkeit des Überzugs. Als Referenz dienen Grenzmuster. Die Ergebnisse werden in eine Fehlersammelliste übertragen. Für diese Prüfung ist ebenfalls die Qualitätssicherung verantwortlich.

Schließlich wird die diskrete Input-Messgröße »Anzahl verschmutzter Rohteile« erhoben. Dabei werden die Rohteile durch Sichtprüfung vor dem Galvanisieren auf Staub- und Fettrückstände überprüft und die Ergebnisse in eine Fehlersammelkarte eingetragen. Verantwortlich für diese Datenerhebung sind die Bediener der Galvanisieranlage.

Das bisher erarbeitete Messkonzept wird durch die Ergebnisse der folgenden Mess-System-Analyse vervollständigt.

6.4.2.2 Mess-System-Analyse (MSA)

Bevor mit der Datenerhebung begonnen werden kann, muss das eingesetzte Messsystem untersucht werden. (Im Musterprojekt beschränkt man sich auf das Messsystem für die stetige Output-Messgröße »Zinkschichtdicke«.) In dieser Fähigkeitsuntersuchung kommen die Verfahren 1 und 2 der MSA zur Anwendung. Das Vorgehen dazu ist in
> Abbildung 6-10 dargestellt.

In einer Präventivmaßnahme soll untersucht werden, ob das Prüfmittel »Modell DCF-3000FX« bei der Schichtdickenmessung der galvanisierten Teile eine Merkmals-Toleranz von 3 µm unverfälscht wiedergeben kann. Dafür wird das Verfahren 1 der MSA mit einem entsprechenden Formblatt durchgeführt (> vgl. Abschnitt 6.3.3). Die Schichtdicke des Referenzstücks entspricht einem Nennmaß von 10 µm. Die Auflösung des Prüfmittels beträgt 0,1 µm. Zur Durchführung werden 50 Messwerte vom Einstellnormal erhoben und in ein Formblatt eingetragen.

Measure – Ermittlung des Status quo

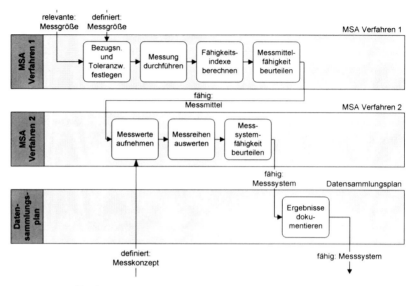

Abb. 6-10: *Ablauf MSA im Musterprojekt*

Eine entsprechende Auswertung ergibt einen C_g-Wert von 1,35 und einen C_{gk}-Wert von 1,34. Die Mindestforderung von C_g, $C_{gk} \geq 1,33$ ist damit erfüllt. Das Prüfmittel DCF-3000FX ist geeignet, die Merkmals-Toleranz unverfälscht wiederzugeben und kann damit im Prüfprozess eingesetzt werden.

Im Anschluss an die MSA-Verfahren 1 soll die Wiederhol- und Vergleichspräzision, gemessen am Gesamtstreubereich des Messsystems nach MSA-Verfahren 2, ermittelt werden. Dafür sind mit dem zur Verfügung stehenden Prüfmittel zehn Produktionsteile von drei Prüfern jeweils dreimal zu messen. Die Auswertung wird mit einem entsprechenden Formblatt durchgeführt.

Tabelle 6-8: Auswertung MSA-Verfahren 2 im Musterprojekt

Mess-System-Analyse		Wert	% der Gesamtstreuung	
Wiederholbarkeit – Messmittelstreuung	EV	0,067	11,26%	2,20%
Vergleichbarkeit – Prüferstreuung	AV	0,0098	1,65%	0,30%
Wiederholbarkeit und Vergleichbarkeit	R&R	0,0677	11,38%	2,30%
Streuung von Teil zu Teil	PV	0,5907	99,35%	19,70%
Gesamtstreuung	TV	0,59465	prozessbezogen	toleranzbezogen

Die Auswertung (> Tabelle 6-8) zeigt, dass der Fähigkeitskennwert für die Wiederholbarkeit und Vergleichbarkeit (Gage R&R) toleranzbezogen mit 2,3 Prozent einen Wert von < 10 Prozent und prozessbezogen mit 11,38 Prozent einen Wert zwischen 10 und 20 Prozent annimmt. Nach den Bedingungen aus > Abschnitt 6.3.4 ist das Messsystem toleranzbezogen geeignet, prozessbezogen jedoch nur eingeschränkt geeignet. Der Einfluss der Prüfer ist dabei mit 1,65 Prozent beziehungsweise 0,3 Prozent sehr gering. Auch die Messmittelstreuung ist mit 11,26 Prozent beziehungsweise 2,2 Prozent niedrig. Haupteinflussgröße ist die prozessbedingte Streuung von Teil zu Teil. Diese soll im Rahmen des Projekts optimiert werden. Damit kann das Messsystem eingesetzt werden.

6.4.2.3 Datenerfassung und grafische Darstellung

Die Datenerfassung wird auf Grundlage des Datensammlungsplans (> vgl. Abschnitt 6.3.2) durchgeführt. Die Daten werden in Datenerfassungsformulare eingetragen und anschließend in eine analysefähige Tabellenform überführt. Dabei werden die Segmentierungsfaktoren zugeordnet, so dass in der Analyze-Phase Variationen erkannt werden können. Im > digitalen Anhang 1 und 2 sind die zur Analyse aufbereiteten Datentabellen aufgeführt. Diese sind nach den Segmentierungsfaktoren »Gestellposition und Layout« sowie nach »Bediener und Uhrzeit« geordnet.

Measure – Ermittlung des Status quo

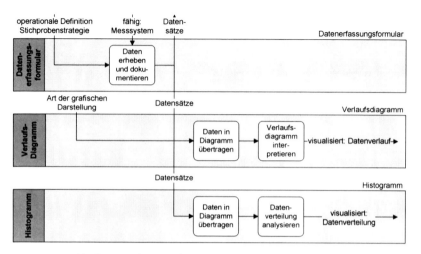

Abb. 6-11: *Ablauf »Datenerfassung und grafische Darstellung« im Musterprojekt.*

Die Datenerhebung dient den Analysen der Analyze-Phase sowie zur Berechnung der Prozessleistung (> vgl. Abschnitt 6.2.3). Zur Bestimmung der Prozessleistung steht der im > digitalen Anhang 3 aufgeführte Datensatz zur Verfügung. Dieser wird, wie in > Abbildung 6-11 dargestellt, durch ein Histogramm und ein Verlaufsdiagramm visualisiert.

> Abbildung 6-12 zeigt das Verlaufsdiagramm der erhobenen Daten. Dabei ist die jeweilige Schichtdicke der 50 geprüften Werkstücke aufgeführt. Es ist zu erkennen, dass die Einzelwerte bei der Schichtdicke zwischen 11 µm und 19 µm schwanken. Damit liegt eine Hohe Anzahl der Werkstücke außerhalb der Toleranzgrenzen des Prozesses. Weiterhin überlagert sich der Mittelwert der Messreihe annähernd mit der oberen Toleranzgrenze, das heißt, der Prozess ist nicht zwischen den Toleranzgrenzen zentriert. Damit liegen circa 50 Prozent der realisierten Schichtdicken über der oberen Toleranzgrenze. Die durchschnittlichen Schichtdicken sind gemessen am Zielwert von 13,5 µm zu dick.

Measure – Ermittlung des Status quo

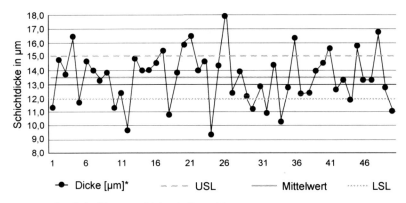

Abb. 6-12: *Verlaufsdiagramm Stichprobe Prozessleistung*

Das Histogramm in > Abbildung 6-13 zeigt in Verbindung mit > Tabelle 6-9 die Verteilung der erhobenen Daten. Dafür werden die Werte in geeignete Klassen eingeordnet. Es wird deutlich, dass am häufigsten Schichtdicken zwischen 14,5 µm und 15,7 µm realisiert werden. Dies bestätigt die Aussage, dass die durchschnittliche Schichtdicke zu groß ist.

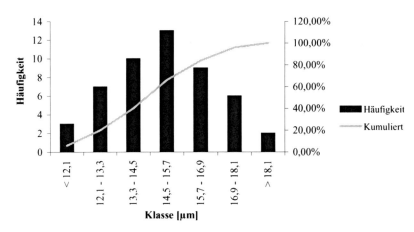

Abb. 6-13: *Histogramm: Datenverteilung Stichprobe Prozessleistung*

163

Tabelle 6-9: Häufigkeit pro Klasse: Histogramm Stichprobe Prozessleistung		
Klasse [µm]	Häufigkeit	Kumuliert %
< 12,1	3	6,00%
12,1 - 13,3	7	20,00%
13,3 - 14,5	10	40,00%
14,5 - 15,7	13	66,00%
15,7 - 16,9	9	84,00%
16,9 - 18,1	6	96,00%
> 18,1	2	100,00%

Nachdem die Datensätze erhoben und grafisch dargestellt wurden, kann auf dieser Grundlage die Prozessleistung berechnet und im Anschluss daran können die Daten analysiert werden.

> **Checkliste**
>
> ⇨ Sind die relevanten Messgrößen bestimmt?
> ⇨ Sind Zielwerte für diese Messgrößen definiert?
> ⇨ Sind Ziel und Zweck der Datenerhebung definiert?
> ⇨ Ist die operationale Definition erstellt?
> ⇨ Ist die Mess-Skala auf einem sinnvollen Niveau festgelegt?
> ⇨ Wurden die Datenquellen für die Erhebung analysiert?
> ⇨ Wurde die jeweilige Datenart analysiert?
> ⇨ Wurde eine geeignete Stichprobenstrategie zur Datenerhebung entwickelt?
> ⇨ Wurden geeignete Datenerfassungsformulare entwickelt?
> ⇨ Ist das Messsystem fähig?
> ⇨ Wurde die Datenerhebung gemäß dem Messkonzept durchgeführt?
> ⇨ Sind die erhobenen Daten interpretierbar?
> ⇨ Wurden die erhobenen Daten grafisch dargestellt?

6.4.3 Prozess-Performance-Analyse

Die Prozessleistung des Galvanischen Verzinkens wird auf Grundlage des im > digitalen Anhang 3 aufgeführten Datensatzes durch z-Transformation berechnet (vgl. > Abb. 6-14). Dabei wird wie in > Abschnitt 6.3.7 beschrieben vorgegangen.

Measure – Ermittlung des Status quo

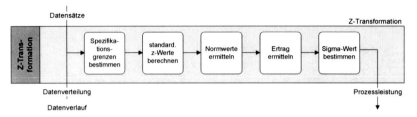

Abb. 6-14: *Ablauf »Prozess-Performance-Analyse« im Musterprojekt*

Der Mittelwert der erhobenen Daten liegt bei 14,95 µm, die Standardabweichung beträgt dabei 1,9 µm. Mit den beiden Toleranzgrenzen von USL = 15 µm und LSL = 12 µm können die beiden z-Werte errechnet werden:

$$Z_1 = \frac{15 - 14{,}95}{1{,}9} = 0{,}259$$

$$Z_2 = \frac{12 - 14{,}95}{1{,}9} = -1{,}552$$

Mit diesen z-Werten lassen sich die Wahrscheinlichkeiten aus einer Tabelle der Standardnormalverteilung (> digitaler Anhang 11) ermitteln. Diese betragen 0,39743 und 0,06057. Durch Addition ergibt sich der Gesamtbereich von 0,06057. Das Ergebnis stellt sich wie folgt dar:

Ertrag = (1 - 0,39743 - 0,06057) x 100 = 54,2 %

Mit dem Ertragswert kann aus einer Sigma-Umwandlungstabelle (> digitaler Anhang 12) der kurzfristige Sigma-Wert des Prozesses von ≈1,6 entnommen werden.

Mit der Bestimmung des Sigma-Werts ist die Measure-Phase abgeschlossen und man kann zur Analyze-Phase übergehen. Zum Abschluss des Six-Sigma-Projekts wird erneut der Sigma-Wert bestimmt. Eine positive Veränderung zum Projektende ist ein Indikator für den Erfolg der umgesetzten Maßnahmen.

Zusammenfassung

In der Measure-Phase werden Messgrößen bestimmt, die Datenerfassung geplant und Daten erhoben. Damit wird die Leistungsfähigkeit des betrachteten Prozesses ermittelt. Die ermittelten Datensätze sind zudem die Grundlage für die folgende Analyze-Phase. Damit wird sowohl die Wichtigkeit einer sorgfältigen Planung der Datenerhebung als auch deren Durchführung mit einem fähigen Messsystem deutlich.

In der Measure-Phase stehen zahlreiche Methoden und Werkzeuge zur Verfügung, deren Auswahl stark von der Themenstellung des Projekts abhängt. Einige wichtige Werkzeuge sind in diesem Beitrag systematisch beschrieben.

Das Musterprojekt demonstriert den praktischen Einsatz der vorgestellten Werkzeuge im Phasenmodell der Measure-Phase. Es dient somit zur Veranschaulichung von Six Sigma in der Lehre und zur Orientierung bei der Durchführung von Six-Sigma-Projekten in der Praxis.

Kapitel 7
Analyze – Datenbasierte Ursachenfindung

In der Analyze-Phase werden die in der Measure-Phase erhobenen Daten und die relevanten Prozesse analysiert. Dazu ermittelt man potenzielle Einflussfaktoren und bestimmt die Grundursachen des Problems. Zudem wird der Nutzen der Verbesserungsoptionen quantifiziert und sein potenzieller Ertrag geschätzt.

> **In diesem Beitrag erfahren Sie:**
> - wie man die Analyze-Phase durch eine allgemeine Phasenstruktur ausgestalten kann,
> - wie die typischen Werkzeuge der Analyze-Phase aussehen und
> - wie man Phasenstruktur und ausgewählte Werkzeuge auf das Musterprojekt überträgt.

Daniel Kohl, Gregor Röhrig

7.1 Überblick

Nachdem in der Measure-Phase die benötigten Daten erhoben wurden, besteht die Aufgabe in der Analyze-Phase [26; 41; 24] darin, die Ursachen des Problems zu finden, die für die Minderung der Prozessleistung verantwortlich sind. Dabei gilt es herausfinden, welche grundlegenden Einflussgrößen das Prozessergebnis so beeinflussen, dass es nicht den Kundenanforderungen entspricht [41].

7.2 Phasenstruktur

Im ersten Phasenschritt werden möglichst viele Einflussgrößen gesammelt. Anschließend überprüft man diese Einflussgrößen durch statistische Tests und Analysen. Eine Priorisierung reduziert die Einflussfaktoren auf die bedeutendsten. Zum Abschluss der Phase werden die Verbesserungsmöglichkeiten quantifiziert (> vgl. Abb. 7-1) [41].

Abb. 7-1: *Phasenstruktur »Analyze«*

7.2.1 Problemstellung und Projektdefinition

Die Ermittlung potenzieller Einflussfaktoren wird in folgenden Schritten vollzogen:
- ⇨ durch »systematische Beobachtung« der gesammelten Daten,
- ⇨ durch »Prozessanalysen« sowie
- ⇨ durch »Kreativitätstechniken« [24].

7.2.1.1 Systematische Beobachtungen

Die »systematische Beobachtung« beschreibt eine passive Datenanalyse [24]. Ziel ist es, auf Basis des in der Measure-Phase gesammelten Datenmaterials Einflussgrößen zu erkennen und auszuwählen. Voraussetzung dafür ist, dass analysierbare Daten vorliegen, anhand derer Muster und Trends durch visuelle Darstellungen erkannt werden können [41; 24]. Damit wird die hohe Bedeutung der Segmentierungsfaktoren in der Measure-Phase unterstrichen, auf deren Grundlage die Daten visualisiert und Auffälligkeiten grafisch hervorgehoben werden können. Hilfsmittel hierfür sind Tabellenkalkulationsprogramme wie zum Beispiel Microsoft Excel. Durch die systematische Beobachtung sollen Untergruppen von Daten identifiziert werden, die unterschiedliche Variationen aufweisen. Dazu werden die Daten geschichtet, geteilt und im weiteren Verlauf separat analysiert. Als Werkzeug setzt man hierfür häufig die Multi-Vari-Darstellung ein (> vgl. Abschnitt 7.3.1). Der grafische Eindruck führt zu Hypothesen über den Einfluss der potenziellen Einflussgrößen auf die Zielgröße [41].

Ein weiteres Ziel der systematischen Beobachtung ist es, »Ausreißer« zu identifizieren. Wenn diese erklärbar sind (zum Beispiel durch Eingabefehler), können sie aus der Datenmenge entfernt werden, damit sie die Ergebnisse nicht verfälschen. »Ausreißer« können jedoch ebenfalls kritische Störgrößen abbilden, die potenzielle Ursachen für das Problem darstellen. Lassen sich die »Ausreißer« nicht erklären, werden diese nicht entfernt. Eine spätere Berechnung mit und ohne »Ausreißer« gibt Aufschluss über deren Einfluss [3]. Hierfür eignet sich das in > Abschnitt 6.3.6 und 6.3.7 vorgestellte Histogramm und Verlaufsdiagramm.

Nachdem in diesem Phasenschritt zahlreiche Hypothesen über die Ursachen der Prozessvariation aufgestellt wurden, müssen diese in einem nächsten Schritt bestätigt oder verworfen werden. Dies geschieht mittels statistischer Tests und Analysen (vgl. Abschnitt 7.2.2). Um weitere Einflussgrößen zu ermitteln, wird jedoch zunächst der Prozess analysiert und durch Kreativitätstechniken Expertenwissen eingebracht.

7.2.1.2 Prozessanalyse

Ziel des Phasenschritts »Prozessanalyse« ist das Aufzeigen von potenziellen Einflussgrößen, die durch eine Datenanalyse nicht zu ermitteln sind. Ausgangspunkt ist die Makroprozessdarstellung der Define-Phase (> vgl. Abschnitt 5.2.2), deren Subprozesse inklusive des Zusammenspiels genauer untersucht werden. Aufgabe ist es, Ursachen und Schwachstellen im Prozess aufzuzeigen. Der Ablauf von Prozessanalysen besteht aus vier Schritten [46]:
⇨ Prozessidentifikation und Abgrenzung
⇨ Analyse der Ist-Prozesse
⇨ Konzeption der Soll-Prozesse
⇨ Realisierung des Verbesserungspotenzials

Dieser Phasenschritt beinhaltet im Wesentlichen die »Analyse der Ist-Prozesse«. Es müssen eine geeignete Modellierungsmethode ausgewählt, der Detaillierungsgrad bestimmt und der Prozess aufgenommen werden. Aus Effizienzgründen ist es oft nicht sinnvoll, den gesamten Prozess mit einem hohen Detaillierungsgrad zu analysieren. Aus diesem Grund sollte die Konzentration auf den relevanten Prozessteilen liegen, bei denen eine nähere Analyse Erfolg verspricht [41]. Die Grenzen und der Detaillierungsgrad gehen aus der Aufgabenstellung hervor. Prozesse können hinsichtlich der Schnittstellen, ihrer Wertschöpfung, des Workflows und der Zeit analysiert werden. Je nach Ziel der Analyse, wird die Darstellungsart ausgewählt [46]. Für Schnittstellenanalysen eignet sich beispielsweise das funktionsübergreifende Flussdiagramm (> vgl. Abschnitt 7.3.2).

Aus dem aufgenommenen Ist-Prozess ergeben sich Verbesserungspotenziale, die in die Konzeption eines Soll-Prozesses einfließen [46]. Die Entwicklung eines Soll-Prozessmodells ist Bestandteil der Improve-Phase. Wichtig ist, dass zunächst nur der Ist-Prozess aufgenommen und dieser nicht mit dem Soll-Prozess vermischt wird. Nur so können potenzielle Einflussgrößen gefunden werden.

7.2.1.3 Einflussgrößen durch Expertenwissen

In den beiden vorherigen Prozessschritten wurden mögliche Einflussgrößen durch systematische Methoden ermittelt. Die Komplexität der meisten Problemstellungen führt jedoch dazu, dass durch systematische Analysen nur einige potenzielle Einflussfaktoren gefunden und damit wichtige Zusammenhänge übersehen werden können. Um dies zu vermeiden, müssen die Beteiligten ihre Erfahrungen einbringen. Ziel ist es, eine hohe Anzahl potenzieller Einflussfaktoren aus allen beteiligten Bereichen zu finden. Dafür eignen sich besonders kreative Methoden wie Brainstorming. Um die Überlegungen zu strukturieren und zu objektivieren, können Ursache-Wirkungs-Diagramme eingesetzt werden. Die Ergebnisse der systematischen Analyse und der Prozessanalyse können einfließen und zu weiteren Ansatzpunkten führen.

7.2.2 Ermitteln der Grundursachen

Nachdem in den vorherigen Phasenschritten eine möglichst hohe Anzahl potenzieller Einflussgrößen ermittelt und damit Hypothesen aufgestellt wurden, werden diese nun auf ihren tatsächlichen Einfluss untersucht. Dies geschieht in Form von statistischen Tests und Analysen. Um die Einflussfaktoren auf eine überschaubare und beeinflussbare Anzahl zu reduzieren, werden sie priorisiert. Damit sind die Grundursachen für das Problem ermittelt.

7.2.2.1 Statistische Analysen und Tests

Dieser Phasenschritt dient dazu, die Hypothesen mit Hilfe der Statistik zu verifizieren. In den statistischen Analysen und Tests werden die Ursache-Wirkungszusammenhänge durch Zahlen ausgedrückt. Sie haben die Aufgabe, die Beziehung zwischen Einflussgröße (X) und Output (Y) zu bestätigen oder abzulehnen. Anhand einer Stichprobe soll dabei Rückschluss auf eine Grundgesamtheit gezogen werden. Zur Überprüfung dienen Hypothesentests (Stichprobentests). Damit können Aussagen über Mittelwerte, Varianzen, Anteilswerte und Abhängigkeiten überprüft werden [41]. > Tabelle 7-1 zeigt wichtige Arten von Hypothesentests.

Tabelle 7-1: Arten von Hypothesentests [33]

		Anhand von Stichprobe (n)		
		ein	zwei	mehrere
Vergleich von Grundgesamtheit (Prozess)-Parameter	Mittelwert	1 sample t	2 sample t (wenn gepaarte Daten vorliegen, dann paired t)	ANOVA
	Streuung		F-Test	Barlett's Test oder Levene's Test
	Proportion (Anteilswert) attributiv	1 proportion	2 proportion oder χ^2 Test	χ^2 Test (Chiquadrat Test)

Nachdem durch die Hypothesentests die relevanten Faktoren herausgefiltert wurden, sind die Zusammenhänge näher zu bestimmen. Dies geschieht zunächst grafisch, anschließend anhand von Korrelations-, Regressions- oder Varianzanalysen, die den Zusammenhang quantifizieren. Die Analysen helfen, diejenigen Größen zu ermitteln, die den Prozessoutput am signifikantesten beeinflussen [41]. Gegebenenfalls müssen für diese Analysen neue Daten erhoben oder ein Versuchsplan (> siehe Abschnitt 8.3.7) erstellt werden.

Tipp:
Für statistische Analysen kann man in vielen Fällen kostenfreie Software wie beispielsweise R-Project einsetzen. Über die grafische Benutzeroberfläche (R-Commander) können wichtige Prozeduren der analytischen Statistik über ein Menüsystem aufgerufen werden. Zusätzlich lassen sich über das Menü Standardgrafiken erzeugen. Dazu werden keine weiteren Programmierkenntnisse benötigt.

7.1.2.2 Einflussgrößenbewertung

Lösungen für Probleme zu finden und diese umzusetzen, ist stets mit der Investition von Ressourcen – wie zum Beispiel finanziellen Mitteln, Zeit und Mitarbeitern – verbunden. Aus diesem Grund sollten aus der Menge von möglichen Ursachen diejenigen identifiziert werden, die entscheidend für das Problem sind. Die »aussortierten« Faktoren sollten jedoch nicht komplett vernachlässigt werden. Ziel dieses Phasenschritts ist es, die Einflussgrößen zu erfassen, deren Einfluss auf den Prozess hoch ist und die durch das Projekt beeinflusst werden können. Nur diese sollen für weitere Analysen und die Bearbeitung in der Improve-Phase übrig bleiben. Zur Bewertung können zum Beispiel die FMEA (> vgl. Abschnitt 7.3.5) oder das Pareto-Diagramm eingesetzt werden. Ergebnis ist eine Dokumentation darüber, dass ein entscheidender Teil der gesamten Schwankungen im untersuchten Prozess den ausgewählten Einflussgrößen zuzuschreiben ist [41].

7.2.3 Quantifizieren der Verbesserungsmöglichkeiten

Auf Basis der gewonnenen Erkenntnisse kann zum Abschluss der Analyze-Phase die Frage nach dem Nutzen des Projekts weiter präzisiert werden. So ist es möglich, den potenziellen Ertrag des Verbesserungsprojektes in materieller und immaterieller Hinsicht einzuschätzen. Diese Einschätzung liefert die finanzielle Grundlage für die Fortsetzung des Projekts. Wichtig ist, dass nur der potenzielle Ertrag betrachtet wird.

Eine detaillierte Kosten-Nutzen-Rechnung wird später in der Improve-Phase für eine konkrete Lösung aufgestellt. Dieser Phasenschritt dient der Überprüfung, ob sich der Aufwand des Projekts lohnt und ob überhaupt die Möglichkeit der Beeinflussung des Problems besteht. Es ist denkbar, dass das Projekt an diesem Punkt abgebrochen wird [41].

> **Tipp:**
> In diesem Stadium des Projekts sollte nur der potenzielle Ertrag der Verbesserung geschätzt werden. Potenzieller Ertrag liegt in materieller und immaterieller Form vor [41].
>
> Materieller Ertrag:
> ⇨ Einsparung von Kosten durch die Reduktion von Durchlaufzeiten, Abfall, Verwaltungskosten oder Arbeitsstunden;
> ⇨ Steigerung der Kapazität und der Effizienz durch geringere Schwankungen im Prozess;
> ⇨ Zinserlöse oder Einsparung von Zinsen.
>
> Immaterieller Ertrag:
> ⇨ Gesteigerte beziehungsweise verbesserte Kundenbindung;
> ⇨ verbessertes Firmenimage;
> ⇨ gestiegene Arbeitsmoral der Angestellten;
> ⇨ zuverlässigere Forecasts.
>
> Eine Aufwandschätzung ist mit der Findung von Lösungsalternativen zur Verbesserung verbunden und kann somit noch nicht durchgeführt werden. Diese Aufgabe stellt sich erst in der Improve-Phase.

7.3 Ausgewählte Werkzeuge

Dieser Abschnitt beschreibt die wesentlichen Merkmale der in der Analyze-Phase des Musterprojekts eingesetzten Werkzeuge. Folgende Werkzeuge werden eingesetzt:
⇨ Multi-Vari-Darstellung
⇨ Funktionsübergreifendes Flussdiagramm
⇨ Ursache-Wirkungs-Diagramm
⇨ ANOVA
⇨ FMEA

7.3.1 Multi-Vari-Darstellung

Definition
Die Multi-Vari-Darstellung ist ein Hilfsmittel zur Veranschaulichung von Variationen. Es handelt sich dabei um einen grafischen Lösungsansatz zur Analyse der Streuungsursachen auf Grundlage des zur Verfügung stehenden Datenmaterials. Dazu werden die Daten (gesamte Variation) in unterschiedliche Segmente – wie zum Beispiel Schichten, Regionen oder Bediener – aufgeteilt [3]. So ist es möglich, Unterschiede in den jeweiligen Segmenten aufzuzeigen. Die Multi-Vari-Analyse bezeichnet man auch als grafische Form der Varianzanalyse [27].

Nutzen
Ziel der Multi-Vari-Analyse ist es, die unterschiedlichen Streuungsursachen einer Zielgröße zu analysieren und so potenzielle Einflussgrößen zu extrahieren. Der Schwerpunkt liegt auf der Untersuchung der Prozessstabilität. Die Methode findet Anwendung zur [27]:
⇨ Analyse laufender Prozesse anhand von Beobachtungsdaten,
⇨ Identifikation von Störungsursachen,
⇨ Bestimmung von Anforderungen an andere Prozessanalysen,
⇨ Analyse von Zusammenhängen zwischen Prozesseingangs- und Prozessausgangsgrößen.

Vorgehen

Für die Multi-Vari-Darstellung wird segmentierbares Datenmaterial benötigt.

1. *Messdaten sortieren:* Im ersten Schritt wird das Datenmaterial anhand der Segmentierungsfaktoren sortiert und in eine analysefähige Form überführt.
2. *Multi-Vari-Darstellung erzeugen:* Anschließend werden die Multi-Vari-Darstellungen erstellt. Dies kann mit Statistiksoftware wie zum Beispiel Minitab, Microsoft Excel-Erweiterungsprogrammen oder manuell mit Tabellenkalkulationsprogrammen geschehen.
3. *Multi-Vari-Darstellung analysieren:* In der Streuungsanalyse werden Einflüsse auf die Zielgröße, deren Ursachen ähnlich sind, in Gruppen zusammengefasst. > Abbildung 7-2 veranschaulicht die Grundtypen von Streuungsmustern. Es wird zwischen lagebedingter, zyklischer und zeitlicher Streuung unterschieden [23].

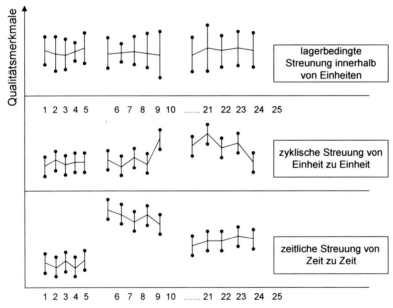

Abb. 7-2: *Hauptstreuungsmuster in Multi-Vari-Darstellungen [23]*

Bei einer lagebedingten Streuung weichen die gemessenen Werte innerhalb einer einzelnen Einheit voneinander ab. Beispiele sind Variationen durch die Lage oder Position einer Charge und Streuungen zwischen Maschinen beziehungsweise Bedienern. Zyklische Streuungen sind Variationen aufeinander folgender Einheiten, die aus einem Prozess entnommen wurden, zum Beispiel Abweichungen zwischen Fertigungslosen. Zeitliche Streuungen sind unter anderem Variationen zwischen Schichten oder Arbeitstagen [23].

7.3.2 Funktionsübergreifendes Flussdiagramm

Definition
Das funktionsorientierte Flussdiagramm ist eine sogenannte Swimlane-Grafik, die eine Kombination von Zuständigkeitsdiagrammen und klassischen Flussdiagrammen darstellt. Der Schwerpunkt liegt in der Beschreibung von bereichsübergreifenden Prozessabfolgen mit den Schnittstellen. Bei der Beschreibung der Prozesse werden bewusst nur wenige Symbole verwendet, um den Blick auf das Wesentliche – eine einfache, klare und übersichtliche Darstellung der Prozesse – zu richten.

Nutzen
Mit der Swimlane-Methode im funktionsorientierten Flussdiagramm (> vgl. Abb. 7-3) besteht die Möglichkeit, Prozesse schnell, einfach und strukturiert abzubilden. Es können die drei wesentlichen Sichtweisen – Organisation, Aktivitäten, Informationen – herauskristallisiert werden. Diese Sichtweisen liefern die Voraussetzung für Prozessanalysen.

Analyze – Datenbasierte Ursachenfindung

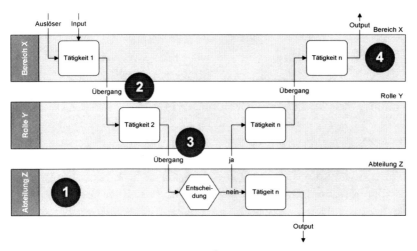

Abb. 7-3: *Funktionsübergreifendes Flussdiagramm*

Vorgehen

1. *Darstellung der organisatorischen Zuständigkeiten:* Die beteiligten Bereiche, Abteilungen und Rollen des Prozesses werden durch Swimlanes dargestellt.
2. *Aufnahme der Prozessschritte:* Anschließend werden die Tätigkeiten innerhalb des Prozesses durch einfache Symbole, wie zum Beispiel Rechtecke, abgebildet.
3. *Visualisierung des Prozessablaufs:* Die logische Verknüpfung (Vorgänger-/Nachfolgerbeziehungen) der Tätigkeiten wird durch Pfeile hergestellt.
4. *Datenelemente hinzufügen:* Benötigte Prozessinputs und -outputs sowie Daten (Dokumente etc.) werden aufgeführt. Eine besondere Bedeutung besitzen diese an den Schnittstellen (Wechsel von Swimlanes), da hier der Verantwortungsbereich wechselt. Bei Prozessanalysen ist dies oft ein Ansatzpunkt zur Optimierung.
5. *Schwachstellen dokumentieren:* Auf Grundlage dieser Darstellung lassen sich anschließend die Schwachstellen im Prozess aufzeigen.

7.3.3 Ursache-Wirkungs-Diagramm

Definition
Das Ishikawa-Diagramm ist ein Werkzeug zur Analyse von Ursache-Wirkungs-Zusammenhängen. Es wird ebenfalls Ursache-Wirkungs-Diagramm oder Fischgräten-Diagramm genannt [32].

Nutzen
Das Ishikawa-Diagramm (> Abb. 7-4) erleichtert durch den strukturierten Aufbau die Diskussion und Analyse von Problemstellungen. Es kann somit das Team beim Brainstorming zu möglichen Ursachen unterstützen. Die Ursachen für einen definierten Fehler werden im Diagramm übersichtlich zusammengetragen und visualisiert [32], die Be-

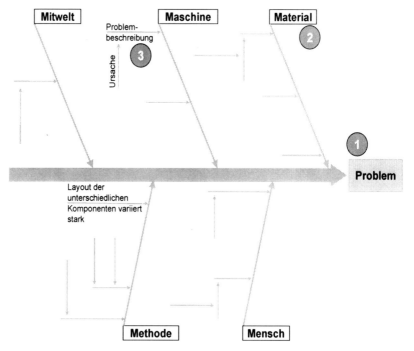

Abb. 7-4: *Ursache-Wirkungs-Diagramm*

ziehungen zwischen möglichen Ursachen dargestellt. Dadurch schafft man im Team ein gemeinsames Verständnis des zugrunde liegenden Problems [26].

Vorgehen [26]
1. *Definition des Problems:* Im ersten Schritt wird das spezifische Problem als Frage nach dem »Warum?« auf der rechten Seite abgetragen (»Fischkopf«).
2. *Auswahl der geeigneten »Fischgrätenstruktur«:* Anschließend werden übergeordnete Ursachenkategorien als »Fischgräten« aufgeführt. Das Diagramm wird dazu nach Prozessschritten oder nach den Streuungsursachen 6M (Methode, Mensch, Maschine, Material, Messung, Mitwelt) gegliedert.
3. *Brainstorming und Einordnen der »Ursachen«:* Die Ursachen des im »Fischkopf« formulierten Problems werden durch Brainstorming ermittelt und festgehalten. Die Ursache-Wirkungs-Zusammenhänge sind dabei durch Pfeile gekennzeichnet. Über weitergehende Fragen nach dem »Warum?« werden die Ursachen, nicht aber die Symptome ermittelt (Fragetechnik: 5 x Warum?). Für diesen Schritt sollte ein Moderator hinzugezogen werden.
4. *Prioritäten festlegen:* Um die wichtigsten Einflussgrößen zu bestimmen, müssen die Ursachen des Ursache-Wirkungs-Diagramms priorisiert werden. Dies kann durch Diskussion, Punktvergabe oder – bei komplexeren Themenstellungen – durch eine FMEA geschehen.

7.3.4 ANOVA

Definition
Die Varianzanalyse (engl.: analysis of variance, oder kurz: ANOVA) ist eine statistische Methode zur Untersuchung des Einflusses einer oder mehrerer diskreter, unabhängiger Einflussvariablen und einer stetigen,

abhängigen Zielgröße [26]. Es existieren unterschiedliche Arten der Varianzanalyse [11]:
⇨ *Einfaktorielle Varianzanalyse:* Der Einfluss einer unabhängigen Variablen auf eine Zielgröße wird untersucht.
⇨ *Mehrfaktorielle Varianzanalysen:* Der Einfluss mehr als einer unabhängigen Variablen auf eine Zielgröße wird untersucht.
⇨ *Mehrdimensionale Varianzanalysen:* Der Einfluss mehr als einer unabhängigen Variablen auf mehrere Zielgrößen wird untersucht.

Voraussetzungen für die ANOVA sind normalverteilte Daten, eine repräsentative Stichprobe und ein stabiler Prozess [32].

Nutzen
Dieser Test vergleicht Mittelwerte oder Varianzen von zwei oder mehr Gruppen [32]. Damit kann ein möglicher Zusammenhang zwischen Einflussvariablen und Zielgröße statistisch bestätigt oder abgelehnt werden. Dazu sind die Hauptwirkungen und die Wechselwirkungen der Einflussvariablen festzustellen.

Vorgehen [27]
1. *Formulieren der Null- und Alternativhypothese:* Für jeden Einflussfaktor (Haupt- und Wechselwirkungen) werden Hypothesen formuliert. Die Nullhypothese H_0 besagt, dass der Faktor keinen Einfluss auf die Zielgröße besitzt. Die Alternativhypothese H_A besagt, dass ein Einfluss besteht.

$H_0 : \tau_i = 0$, mit $i = 1, 2, 3$
$H_A : \tau_i \neq 0$ *(zweiseitige Fragestellung)*

> Tabelle 7-2 zeigt anhand von Hypothesen die Fehlerarten bei der Entscheidung. Bei einem statistischen Test sollten sowohl α als auch β möglichst klein sein. Üblicherweise werden die Risikofaktoren $\alpha = 0{,}05$ und $\beta = 0{,}10$ gewählt. Der α-Wert wird vor dem

Test festgelegt. Er gibt das maximale Risiko an, den Fehler 1. Art zu begehen [26].

Tabelle 7-2: Fehlerrisiken statistischer Tests [in Anlehnung an 27; 33].

		Wirklichkeit	
		H0 wahr (z.B. $\mu = \mu 0$)	H0 falsch (z.B. $\mu \neq \mu 0$)
Entscheidung	H0 nicht abgelehnt	kein Fehler	Typ-II-Fehler (β-Risiko)
	H0 abgelehnt	Typ-I-Fehler (α-Risiko)	kein Fehler

2. *Ermitteln der Prüfgröße:* Die Ermittlung der Prüfgrößen F kann mit Hilfe einer Statistiksoftware oder manuell (vollständige Beschreibung siehe u.a. [27]) in einem Tabellenkalkulationsprogramm durchgeführt werden.
3. *Ermittlung des Ablehnkriteriums:* Die Prüfgrößen F sind bei wahrer Nullhypothese F-verteilt. Anhand der Tabelle der F-Verteilung kann für die vorgegebene Irrtumswahrscheinlichkeit α der entsprechende Grenzwert abgelesen werden.
4. *Entscheidung:* Die Nullhypothese kann abgelehnt werden, wenn die Prüfgröße größer als der Grenzwert der F-Verteilung ist:

Ablehnkriterium: $F > F_\alpha$

5. *Praktische Schlussfolgerung:* Bei wahrer Nullhypothese hat ein Faktor keinen statistisch gesicherten Einfluss auf die Zielgröße. Bei abgelehnter Nullhypothese ist ein Einfluss mit einer Irrtumswahrscheinlichkeit α zu verzeichnen.

7.3.5 FMEA

Definition
Die Fehler-Möglichkeits- und Einfluss-Analyse (engl.: Failure Mode and Effects Analysis, kurz FMEA) ist eine systematische Vorgehensweise zur kontinuierlichen Verbesserung von Produkten und Prozessen sowie zur Risikoanalyse [40].

Es existieren drei Formen der FMEA: Konstruktions-, Prozess- und System-FMEA [21]. In tabellarischer Form werden potenzielle Fehler aufgelistet, analysiert und bewertet. Die Risikobewertung erfolgt durch die sogenannte Risikoprioritätszahl (RPZ). Für Fehlerursachen mit hoher RPZ werden Maßnahmen zur Fehlerbeseitigung ermittelt und deren Wirksamkeit überwacht.

Nutzen
Der Nutzen einer FMEA (> vgl. Abb. 7-5) ist vielfältig. Sie ist in erster Linie ein präventives Werkzeug zur Reduzierung von Störungen und Ausfällen durch Analyse möglicher Fehler, bereits in der Entwicklung von Prozessen und Produkten. Damit kann die Funktionssicherheit und Zuverlässigkeit sowie die Effizienz von Produkten und Prozessen erhöht werden.

Die Risikoanalyse der FMEA kann auch als Werkzeug zur Priorisierung von Problemfeldern eingesetzt werden. Durch die Verwendung von FMEA-Formblättern ist sie zudem ein Kommunikationsinstrument und ein Hilfsmittel zum Wissensmanagement. So kann jederzeit auf Ergebnisse bereits durchgeführter Untersuchungen zurückgegriffen und Erfahrungswissen im Unternehmen weitergegeben werden [21].

Vorgehen
1. *Eindeutige Definition des Themas:* Im ersten Schritt wird aufgeführt, um welche Art der FMEA es sich handelt (Produkt-, System- oder Prozess-FMEA). Anschließend werden die Orientierungsdaten festgelegt, das heißt, die Stammdaten des Produktes oder Prozesses werden in das FMEA-Formblatt übertragen [21].

Abb. 7-5: FMEA-Formblatt [in Anlehnung an 26; 32] (> Toolbox 8 FMEA)

Projekt:	**Prozess-FMEA** ☑	❶	**Produkt-FMEA**		
	Name/Abteilung:	Prozess-/Produktname:	Erstellt durch:	Datum:	Überarbeitet durch / am:

lfd Nr.	Position/ Prozess-schritt	Potenzielle Fehler	Fehler-folge	Fehler-ursache	Derzeitiger Zustand: Kontroll-maßnah-men	A*	B*	E*	RPZ*	Empfoh-lene Maß-nahmen	Verantw.	Verbesserter Zustand: Getroffene Maßnah-men	A*	B*	E*	RPZ*
1.						10	10	10	1000				3	8	6	144
2.						6	6	6	216				3	4	4	48
3.		❷			❸	1	1	1	1	❹		❺	1	1	1	1
n.																

A* ...Auftreten
Wahrscheinlichkeit des Auftretens

unwahrscheinlich	= 1
sehr gering	= 2 - 3
gering	= 4 - 6
mäßig	= 7 - 8
hoch	= 9 -10

B* ... Bedeutung
Auswirkungen auf den Kunden

kaum wahrnehmbar	= 1
unbedeutender Fehler	= 2 - 3
mäßig schwerer Fehler	= 4 - 6
schwerer Fehler	= 7 - 8
äußerst schwerer Fehler	= 8 - 10

E* ... Entdeckung
Wahrscheinlichkeit der Entdeckung

hoch	= 1
mäßig	= 2 - 3
gering	= 4 - 6
sehr gering	= 7 - 8
unwahrscheinlich	= 9 -10

RPZ* ...
Risiko-Prioritätszahl

hoch	≤ 1000
mittel	≤ 250
gering	≤ 125
kein	= 1

Maßnahmenkategorien

V = Vorbeugende Maßnahme

P = Prüfende Maßnahme

2. *Systemanalyse:* Die Systemanalyse beinhaltet eine Struktur-, Funktions- und Fehleranalyse. In der Fehleranalyse werden mögliche Fehler nach Fehlerart und -ort, mögliche Fehlerfolgen und mögliche Ursachen aufgeführt [21].
3. *Risikoanalyse:* In der Risikoanalyse werden die Risikoprioritätszahlen für den Ist-Zustand ermittelt. Dies geschieht über eine Punktbewertung jeder möglichen Fehlerursache nach der Wahrscheinlichkeit des Auftretens (A), der Bedeutung der Folgen eines Fehlers für den Betroffenen (B) sowie der Wahrscheinlichkeit einer Entdeckung des Fehlers (E). Die Punktbewertung basiert meist auf einer Skala von 1 (kein Risiko) bis 10 (hohes Risiko). Durch Multiplikation von A, B und E wird die RPZ ermittelt, die als Instrument zur Priorisierung der Optimierungsreihenfolge dient [21]. Fehler mit einer RPZ > 125 sind als kritisch einzustufen und müssen mit Verbesserungsmaßnahmen belegt werden. Dies gilt ebenso für Fehler, bei denen mindestens eine der Wahrscheinlichkeiten A, B, oder E mit dem Wert 10 bewertet wurde.
4. *Empfohlene Umsetzungsmaßnahmen dokumentieren:* Für Fehler mit kritischer RPZ müssen Verbesserungsmaßnahmen definiert werden. Dies ist Aufgabe in der Improve-Phase [26]. Die Optimierungsmaßnahmen werden anschließend geprüft und gegebenenfalls umgesetzt. Die empfohlenen Verbesserungen werden im Formblatt dokumentiert.
5. *Wirkungsnachweis erbringen:* Abschließend werden die tatsächlich umgesetzten Maßnahmen dokumentiert und alle Fehler im Rahmen der abschließenden Ergebnisbeurteilung erneut bewertet. Es wird ein Vergleich der RPZ zwischen vorherigem und verbessertem Zustand durchgeführt [21; 26].

7.4 Anwendung im Musterprojekt

7.4.1 Ermitteln potenzieller Einflussfaktoren

7.4.1.1 Systematische Beobachtung
Das in der Measure-Phase erhobene Datenmaterial (> Abschnitt 6.4.2) kann anhand der gewählten Segmentierungsfaktoren bezüglich der Einflüsse von Layout und Gestellposition sowie von Bediener und Uhrzeit untersucht werden (> Abb. 7-6). Um Variationen innerhalb der Segmente zu veranschaulichen, werden Multi-Vari-Darstellungen mittels eines Tabellenkalkulationsprogramms erzeugt.

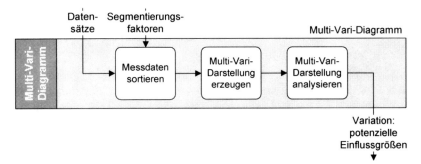

Abb. 7-6: *Ablauf »systematische Beobachtung« im Musterprojekt*

Layout und Gestellposition: Untersucht werden sollen die Einflüsse der Position im Gestell der Galvanisieranlage und des Layouts der Einzelteile auf die Zn-Schichtdicke. Getestet wird die Gleichheit der Erwartungswerte der Zn-Schichtdicke bei unterschiedlicher Lage der Einzelteile im Gestell und unterschiedlichen Layout-Merkmalen – lagebedingte Streuung (> Datentabellen im digitalen Anhang 1). Der > digitale Anhang 4 zeigt die Multi-Vari-Darstellungen über den Einfluss der Gestellposition auf die Schichtdicke.

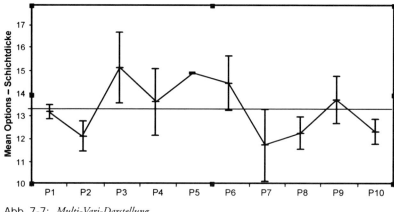

Abb. 7-7: *Multi-Vari-Darstellung*

Interpretation der Multi-Vari-Darstellungen: Die Werte für jeweils eine Gestellposition streuen unterschiedlich. Es lässt sich jedoch keine Tendenz erkennen, dass die Streuung bei einer bestimmten Position über alle drei Layout-Merkmale gleich ist. Weiterhin streuen die Mittelwerte der Gestellpositionen unterschiedlich stark um den jeweiligen Gesamtmittelwert innerhalb eines Layouts. Auch hier lassen sich keine Tendenzen erkennen. Der Gesamtmittelwert über die Gestellpositionen variiert zwischen den Layouts nur minimal.

Im > digitalen Anhang 5 sind die Multi-Vari-Darstellungen über den Einfluss des Layouts auf die Schichtdicke abgebildet. Auch die Werte für jeweils ein Layout-Merkmal streuen unterschiedlich stark. Eine Tendenz bezüglich des Ausmaßes der Streuung für ein bestimmtes Layout-Merkmal ist nicht zu erkennen. Die Mittelwerte der Layout-Merkmale variieren unterschiedlich stark um den jeweiligen Gesamtmittelwert innerhalb einer Gestellposition. Es ist keine einheitliche Tendenz zu erkennen, jedoch eine Variation der Gesamtmittelwerte. Bei Gestellposition 2 beträgt die Schichtdicke 12 µm, bei Position 3 hingegen 14 µm. Da die anderen Gesamtmittelwerte innerhalb dieser beiden Werte variieren, ist hier ebenfalls kein klares Muster zu erkennen.

Aus dieser Multi-Vari-Analyse lassen sich folgende Hypothesen formulieren: Die Position im Gestell, das Layout der Teile und die Wechselwirkung zwischen den beiden Faktoren haben keinen Einfluss auf die Schichtdicke. Die Hypothesen müssen durch eine Varianzanalyse überprüft werden.

Bediener und Uhrzeit: Untersucht werden soll der Einfluss der Bediener und Uhrzeit auf die Zinkschichtdicke. Getestet wird die Gleichheit der Erwartungswerte der Zn-Schichtdicke bei Bediener A, B und C sowie der Uhrzeiten 9, 12 und 15 Uhr (lagebedingte und zyklische Streuung). Der > digitale Anhang 6 zeigt die Multi-Vari-Darstellungen über den Einfluss der Uhrzeit auf die Schichtdicke. Im > digitaler Anhang 7 liefern Box-Plot-Darstellungen ergänzende Informationen.

Interpretation der Multi-Vari-Darstellungen: Es lässt sich eine steigende Tendenz der Schichtdicke bei fortschreitender Uhrzeit erkennen. Diese ist unabhängig vom Bediener. Um 9 Uhr werden die geringsten Schichtdicken erzielt, hingegen um 15 Uhr die höchsten. Weiterhin ist zu erkennen, dass die Gesamtmittelwerte der Schichtdicken bei Bediener B mit 13,2 µm stark von denen der Bediener A und C (15,4 und 15 µm) abweichen. An dieser Stelle bestätigt sich der im Verlaufsdiagramm visualisierte hohe Mittelwert der Schichtdicke (> vgl. Abschnitt 6.4.2).

Weiterhin ist die Streuung der Einzelwerte zu den jeweiligen Uhrzeiten bei Bediener B höher als bei den beiden anderen. Die > digitalen Anhänge 8 und 9 helfen, den Einfluss der Bediener und der Uhrzeit auf die Schichtdicke weiter zu konkretisieren.

Es ist zu erkennen, dass der Gesamtmittelwert zwischen 9 Uhr und 15 Uhr von 12,3 µm auf 16,8 µm ansteigt. Weiterhin wird ersichtlich, dass die produzierten Schichtdicken bei Bediener B, unabhängig von der Uhrzeit, um circa 2 µm geringer sind als bei den anderen beiden Bedienern. Es sind somit eine lagebedingte und eine zyklische Streuung festzuhalten.

Aus der Multi-Vari-Analyse lassen sich folgende Hypothesen formulieren: Sowohl die Uhrzeit als auch der Bediener haben Einfluss auf die Schichtdicke. Diese Hypothesen sind mithilfe statistischer

Verfahren zu überprüfen. Weiterhin müssen diese Erkenntnisse durch Experten und Befragungen der Bediener erklärt werden (> vgl. Abschnitt 7.4.2).

7.4.1.2 Prozessanalyse

Der Ist-Prozess »Galvanisieren« der Röko GmbH ist in einem funktionsübergreifenden Flussdiagramm dokumentiert. Das Vorgehen hierzu ist in > Abbildung 7-8 dargestellt.

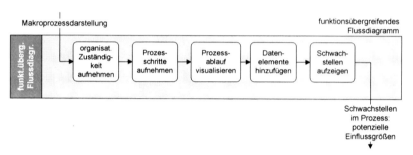

Abb. 7-8: *Ablauf »Prozessanalyse« im Musterprojekt*

Aus der Ist-Prozessdarstellung (> vgl. Abb. 7-9) lassen sich mehrere kritische Stellen identifizieren. Die Einzelteile werden nach dem Entfetten und Spülen in eine Gitterbox eingelegt. Durch die Lagerung in der Box können die gesäuberten Teile mit Schmutz in Berührung kommen. Staub und Schmutz haben Einfluss auf die spätere Oberflächenqualität. Einerseits wird der Elektrolyt dadurch verschmutzt und damit das Oberflächenergebnis beeinflusst, andererseits besteht die Möglichkeit, dass die Beschichtung an der beschmutzten Stelle keinen festen Halt hat.

Im Prozess ist ein Transportvorgang von der Galvanotechnik in das zentrale Lager des Unternehmens für Halbfertigteile vorgesehen. Diese Schnittstelle bedarf einer genaueren Beobachtung, da hier ein Verantwortungsübergang für die Teile erfolgt. Dies erzeugt Koordinationsaufwand und ist ein möglicher Ansatzpunkt für Fehlerquellen. Die Teile werden im Lager bis zum elektrolytischen Verzinken aufbewahrt. Da

Analyze – Datenbasierte Ursachenfindung

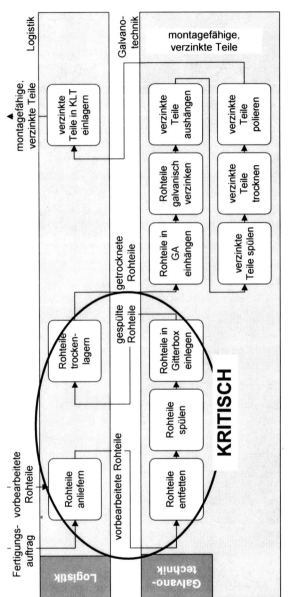

Abb. 7-9: *Ist-Prozess im Musterprojekt*

die Lagerzeiten sehr unterschiedlich sind (keine Mengen- oder Zeitregelungen) und das Lager nicht staubgeschützt ist, besteht auch hier die Gefahr, dass Teile verschmutzen. Generell lässt sich feststellen, dass die Abläufe unkoordiniert verlaufen und viele Ein- und Umpackvorgänge an den Einzelteilen vorgenommen werden. Nach dem Galvanischen Verzinken wird eine Sichtprüfung auf die Oberflächenqualität vorgenommen. Es findet keine abschließende Prüfung der Schichtdicke der Einzelteile statt.

Die Nettoprozessdurchlaufzeit zur Beschichtung der Einzelteile des Druckdurchlauferhitzers beträgt circa eine Stunde. Die Gesamtprozessdauer streut aufgrund der unterschiedlichen Lagerzeiten zwischen wenigen Stunden und einigen Tagen. Eine Ursache hierfür ist, dass der Bereich Galvanotechnik nicht durchgehend besetzt ist. Die Bediener betreuen parallel dazu andere Maschinen der mechanischen Fertigung. Die Streuung der Gesamtdurchlaufzeit ist damit vom Arbeitsaufwand anderer Aufgaben des jeweiligen Bedieners anhängig.

Die Ergebnisse der Prozessanalyse fließen in die Liste potenzieller Einflussgrößen ein. Im nächsten Schritt werden die bisher gesammelten Erkenntnisse im Rahmen eines Workshops vorgestellt und weitere mögliche Einflussgrößen gesammelt.

7.4.1.3 Einflussgrößen durch Expertenwissen

Zu einem Workshop des Six-Sigma-Teams werden die Bediener der Galvanotechnik eingeladen. Gemeinschaftlich werden die bisher gesammelten Erkenntnisse in ein Ursache-Wirkungs-Diagramm überführt, ein Brainstorming ergänzt dieses mit Expertenwissen (> Abb. 7-10).

Als Problem ist die fehlerhafte Zinkbeschichtung aufgeführt. Als Ursachenkategorien dienen Material, Maschine, Mensch, Methode und Mitwelt. Das Ergebnis des Brainstormings ist in > Abbildung 7-11 dargestellt.

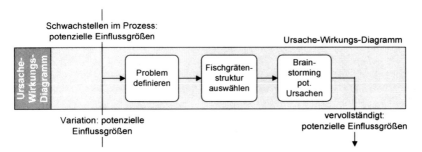

Abb. 7-10: *Ablauf »Einflussgrößen durch Expertenwissen« im Musterprojekt*

Im Folgenden noch einmal die wichtigsten Erkenntnisse in einer Zusammenfassung:
⇨ Der Anstieg der Schichtdicken zwischen 9 Uhr und 15 Uhr kann auf eine Erwärmung der Galvanisieranlage beziehungsweise des Elektrolyten zurückgeführt werden.
⇨ Es existieren keine festen Vorgabewerte für die Parametereinstellung der Anlage (Stromstärke und Galvanisierdauer). Diese liegen im Ermessen der Bediener.
⇨ Die Bediener bestücken die Maschine unterschiedlich, das heißt, die Anzahl der Einzeleile in der Anlage variiert. Damit variiert auch die zu beschichtende Gesamtoberfläche, die entscheidenden Einfluss auf die resultierende Schichtdicke besitzt.
⇨ Durch Nacharbeiten in der Montage – wie das Schleifen der Werkstücke – können die zum Korrosionsschutz benötigten Mindestschichtdicken unterschritten werden

Das Ursache-Wirkungs-Diagramm liefert eine Übersicht aller im Projekt gesammelten potenziellen Einflussgrößen auf die Zinkbeschichtung. Für die weitere Verwendung müssen die Einflussgrößen auf die Grundursachen reduziert werden. Dies geschieht einerseits durch statistische Tests der in der Multi-Vari-Analyse aufgestellten Hypothesen, andererseits durch eine Priorisierung der Einflussgrößen mittels eines geeigneten Werkzeugs.

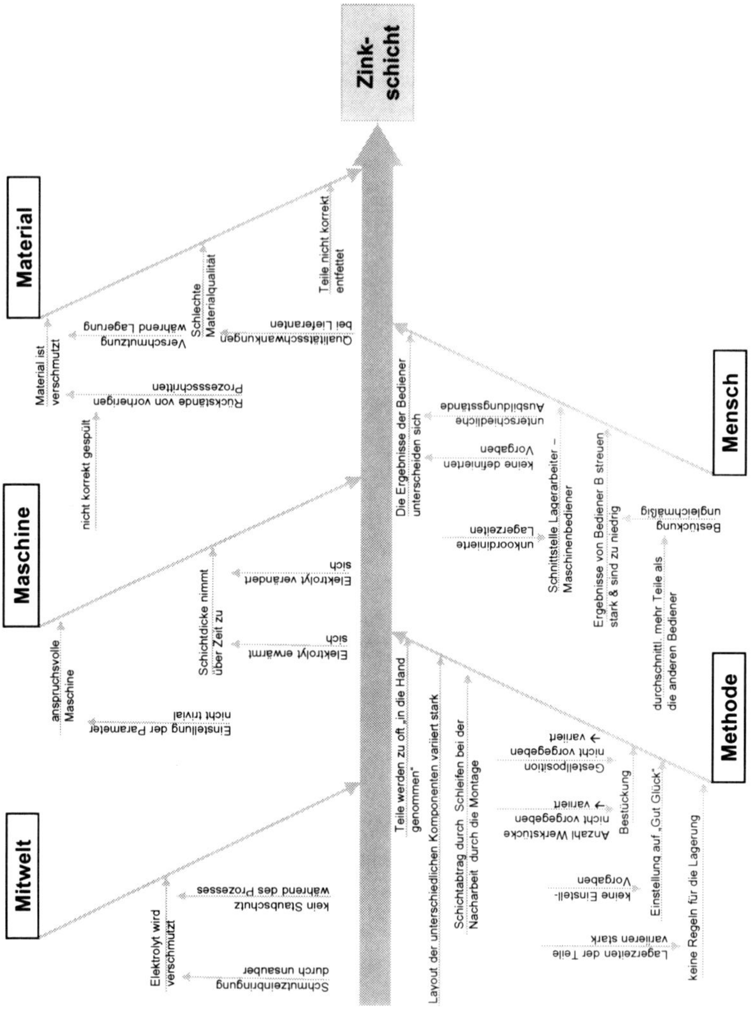

Analyze – Datenbasierte Ursachenfindung

Abb. 7-11: *Ursache-Wirkungs-Diagramm im Musterprojekt*

7.4.2 Ermitteln der Grundursachen

7.4.2.1 Statistische Analysen und Tests

In der Multi-Vari-Analyse sind folgende Hypothesen über den Einfluss von Gestellposition und Layouttyp formuliert worden: Die Position im Gestell, das Layout der Teile und die Wechselwirkung zwischen den beiden Faktoren haben keinen Einfluss auf die Schichtdicke. Um diese Hypothesen statistisch zu überprüfen, wird der R-Commander aus der Statistik-Software R-Project verwendet. Das Grundsätzliche Vorgehen in diesem Phasenschritt ist in > Abbildung 7-12 dargestellt.

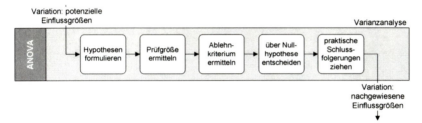

Abb. 7-12: *Ablauf »statistische Analysen und Tests« im Musterprojekt*

Dafür werden zunächst die Datentabellen in das Programm überführt. Da es sich bei dem vorliegenden Datenmaterial um einen Versuchsplan mit Messwiederholung handelt, können durch eine zweifaktorielle ANOVA sowohl die Hauptwirkungen der Gestellposition und des Layouts als auch deren Wechselwirkung überprüft werden.

Die ANOVA wird auf Grundlage eines linearen Modells mit der Zielgröße »Schichtdicke« und den Faktoren »Gestellposition« und »Layout« durchgeführt. Die Nullhypothesen lauten: Die Faktoren haben keinen Einfluss auf die Schichtdicke. Die Alternativhypothesen besagen, dass ein Einfluss besteht. Der Test wird mit einer 95-prozentigen Sicherheit durchgeführt (Irrtumswahrscheinlichkeit: 5 Prozent).

> Abbildung 7-13 zeigt das Ergebnis der ANOVA. Im oberen Teil sind die Prüfgrößen für die Hauptwirkungen der Faktoren sowie der Wechselwirkung abzulesen (F-value). Darunter sind die Grenzwerte

der F-Verteilung aufgeführt. Die Prüfgrößen werden mit dem F-Wert verglichen. Es ist zu erkennen, dass alle Prüfgrößen unterhalb des kritischen Wertes der F-Verteilung liegen. Die Nullhypothese H_0 kann damit nicht verworfen werden, das heißt, mit einer Wahrscheinlichkeit von 5 Prozent kann davon ausgegangen werden, dass kein signifikanter Einfluss der Faktoren und deren Wechselwirkungen vorliegt.

```
> Anova(LinearModel.1, type="II")
Anova Table (Type II tests)

Response: Schichtdicke
                        Sum Sq Df F value Pr(>F)
Layout                   2.894  2  0.6260 0.5416
Gestellposition         27.034  9  1.2993 0.2782
Layout:Gestellposition  61.699 18  1.4827 0.1655
Residuals               69.355 30

> qf(c(0.95), df1=2, df2=30, lower.tail=TRUE)
[1] 3.315830

> qf(c(0.95), df1=9, df2=30, lower.tail=TRUE)
[1] 2.210697

> qf(c(0.95), df1=18, df2=30, lower.tail=TRUE)
[1] 1.960116
```

Abb. 7-13: *Ergebnis der zweifaktoriellen ANOVA im R-Commander*

Aus der Multi-Vari-Analyse in > Abschnitt 7.4.1 sind zwei weitere Hypothesen hervorgegangen: Die Uhrzeit und die Bediener nehmen Einfluss auf die Schichtdicke. Diese Hypothesen gilt es, durch jeweils eine einfaktorielle ANOVA zu überprüfen. Das Vorgehen geschieht analog dem zur Überprüfung des Einflusses der Gestellposition und des Layouts.

Zunächst wird der Einfluss der Uhrzeit untersucht. Die Nullhypothese besagt, dass die Uhrzeit keinen Einfluss auf die Schichtdicke besitzt. Die Alternativhypothese beinhaltet die gegenteilige Behauptung. > Abbildung 7-14 zeigt das Ergebnis der Varianzanalyse im R-Commander.

```
> Anova(LinearModel.14, type="II")
Anova Table (Type II tests)

Response: Schichtdicke
           Sum Sq Df F value    Pr(>F)
Uhrzeit   141.723  2  42.274 8.728e-11 ***
Residuals  70.403 42
---
Signif. codes:  0 '***' 0.001 '**' 0.01 '*' 0.05 '.' 0.1 ' ' 1

> qf(c(0.95), df1=2, df2=42, lower.tail=TRUE)
[1] 3.219942
```

Abb. 7-14: *Ergebnis der einfaktoriellen ANOVA (Uhrzeit) im R-Commander*

Um den Einfluss der Uhrzeit feststellen zu können, vergleicht man die Prüfgröße mit dem Grenzwert der F-Verteilung. Da die Prüfgröße den Grenzwert der F-Verteilung überschreitet, muss die Nullhypothese abgelehnt werden. Die Uhrzeit hat mit einer Irrtumswahrscheinlichkeit von 5 Prozent signifikanten Einfluss auf die Schichtdicke. > Abbildung 7-15 zeigt grafisch den deutlichen Zusammenhang zwischen Uhrzeit und Schichtdicke.

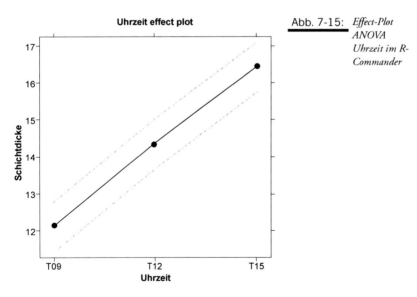

Abb. 7-15: *Effect-Plot ANOVA Uhrzeit im R-Commander*

Durch Brainstorming mit dem Ursache-Wirkungsdiagramm (> vgl. Abschnitt 7.4.1) wird für diesen Zusammenhang eine Temperaturerhöhung vermutet. Um diese Ursache zu bestätigen, müssen neue Daten auf Basis der gemessenen Temperatur gesammelt werden. Dies kann im Rahmen eines Versuchsplanes geschehen, durch den ebenfalls die Möglichkeit besteht, die exakten Maschinenparameter zu bestimmen (> vgl. Abschnitt 8.3.7).

Im Folgenden wird der Einfluss der Bediener untersucht. Die Nullhypothese besagt, dass diese keinen Einfluss auf die Schichtdicke besitzen. Die Alternativhypothese beinhaltet die gegenteilige Behauptung. > Abbildung 7-16 zeigt das Ergebnis der Varianzanalyse im R-Commander.

```
> Anova(LinearModel.13, type="II")
Anova Table (Type II tests)

Response: Schichtdicke
          Sum Sq  Df F value  Pr(>F)
Bediener  40.496   2  4.955  0.01169 *
Residuals 171.629 42
---
Signif. codes:  0 '***' 0.001 '**' 0.01 '*' 0.05 '.' 0.1 ' ' 1

> qf(c(0.95), df1=2, df2=42, lower.tail=TRUE)
[1] 3.219942
```

Abb. 7-16: *Ergebnis der einfaktoriellen ANOVA (Bediener) im R-Commander*

Der Einfluss der Bediener wird durch den Vergleich der Prüfgröße mit dem Grenzwert der F-Verteilung festgestellt. Die Prüfgröße überschreitet den Grenzwert der F-Verteilung. Die Nullhypothese muss somit abgelehnt werden. Die Bediener haben mit einer Irrtumswahrscheinlichkeit von 5 Prozent einen signifikanten Einfluss auf die Schichtdicke. > Abbildung 7-17 zeigt grafisch den deutlichen Zusammenhang von Uhrzeit und Schichtdicke.

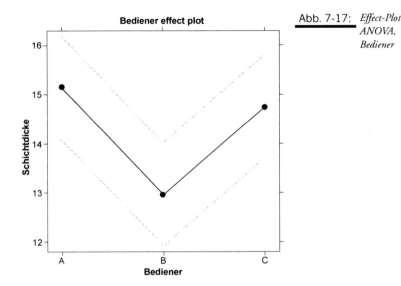

Abb. 7-17: *Effect-Plot ANOVA, Bediener*

Die Variation wird in erster Linie durch Bediener B hervorgerufen. Im Brainstorming mit dem Ursache-Wirkungsdiagramm (> vgl. Abschnitt 7.4.1) wurde bereits festgestellt, dass Bediener B durchschnittlich mehr Einzelteile bei einem Galvanisiervorgang zum Verzinken in die Anlage einhängt. Die damit verbundene größere Oberfläche erklärt die geringeren Schichtdicken.

Durch die statistischen Tests wurden die aufgestellten Hypothesen überprüft. Diese Erkenntnisse fließen in die Bestimmung der Grundursachen ein, die im nächsten Schritt durch eine Priorisierung der potenziellen Einflussgrößen zu ermitteln sind.

7.4.2.2 Einflussgrößenbewertung

Die Bewertung der gesammelten potenziellen Einflussgrößen wird mit einer FMEA (> vgl. Abschnitt 7.3.5) vorgenommen. Dazu werden die in > Abbildung 7-18 dargestellten Schritte durchgeführt.

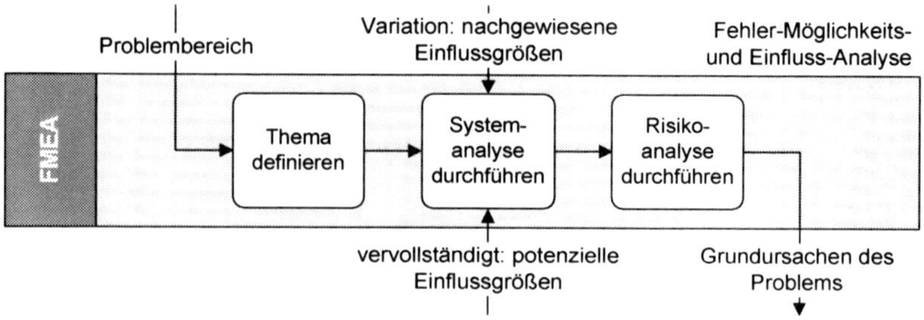

Abb. 7-18: *Ablauf »Einflussgrößenbewertung« im Musterprojekt*

Folgende Fehler und Fehlerfolgen sind festzustellen:
⇨ »zu geringe Schichtdicke« mit der Fehlerfolge »Korrosion«;
⇨ »zu große Schichtdicke« führt zu »nicht montagefähigen Teilen«;
⇨ »Schichtdicke außer Toleranz (nicht kontrollierbar)« mit den Folgen »Korrosion oder Teile nicht montagefähig«;
⇨ »unvollständige/poröse Beschichtung« mit der Fehlerfolge »Korrosion«.

Diesen Fehlern und Fehlerfolgen lassen sich die Fehlerursachen des Ursache-Wirkungs-Diagramms zuordnen. Der jeweilige Prozessschritt, bei dem die Fehlerursache auftritt, kann ebenfalls zugeordnet werden. Anschließend werden die Risikoprioritätszahlen ermittelt. Die > Abbildung 7-19 zeigt die Durchführung einer FMEA.

Analyze – Datenbasierte Ursachenfindung

Abb. 7-19: FMEA im Musterprojekt [in Anlehnung an 32; 26] (> Toolbox 8 FMEA)

FMEA Formblatt

Projekt:		Prozess-FMEA ☑		Produkt-FMEA ☐	
Optimierung Prozess „Galvanisches Verzinken"		Name / Abteilung:	Prozess-/ Produktname:	Erstellt durch:	Datum:	Überarbeitet durch / am:
		Galvanisieranlage	Galvanisches Verzinken	Chr. Röko	3/19/2010	Chr. Röko / 06.04.2010/ 03.05.2010

lfd Nr.	Position/ Prozess-schritt	Potenzielle Fehler	Fehlerfolge	Fehlerursache	Derzeitiger Zustand					Empf. Maßn.	Verantwort.	Verbesserter Zustand			
					Kontroll-maßn.	A*	B*	E*	RPZ*			Getr. Maßn.	A*	B*	E*	RPZ*
1.	Rohteil galvanisch verzinken	Schicht-dicke zu gering	Korrosion	zu viele Werkstücke in Galvani-sieranlage		6	8	7	336							
2.	Rohteil galvanisch verzinken	Schichtdi-cke zu hoch	Teile nicht montagefä-hig (Nach-arbeit)	keine Prozessvor-gaben zur Galvanisier-dauer	keine	6	7	10	420							
3.	Rohteil galvanisch verzinken	Schichtdi-cke außer Toleranz (nicht kont-rollierbar)	Korrosion oder Teile nicht mon-tagefähig	Maschinen-parameter-einstellun-gen nicht vorgegeben		8	8	10	640							
4.	Rohteil galvanisch verzinken	Schicht-dicke außer Toleranz (nicht kon-trollierbar)	Korrosion oder Teile nicht mon-tagefähig	Tempera-turverän-derung des Elektrolyts über die Zeit		7	8	7	392							

Analyze – Datenbasierte Ursachenfindung

Abb. 7-19: FMEA im Musterprojekt [in Anlehnung an 32; 26] (> Toolbox 8 FMEA) (Fortsetzung)

				FMEA Formblatt						
				Derzeitiger Zustand				Verbesserter Zustand		
...	...	...	...	...	...	...	...	...	...	...
11.	Rohteil	Beschichtung unvollständig/ porös	Korrosion	schlechte Rohteilqualität	Wareneingangskontrolle	3	8	2	48	
12.	Schnittstelle Logistik - Galvanisieranlage	Beschichtung unvollständig/ porös	Korrosion	Verschmutzung durch teilweise zu lange Lagerzeiten	Sichtprüfung	4	8	5	160	
13.	Schnittstelle Logistik - Galvanisieranlage	Beschichtung unvollständig/ porös	Korrosion	Verschmutzung durch einlegen in Gitterbox	Sichtprüfung	5	8	6	240	

Legende: siehe Abbildung 7-5

Wie in > Abbildung 7-20 zu erkennen, überschreiten die RPZ von neun Fehlerursachen den kritischen Wert von 125.

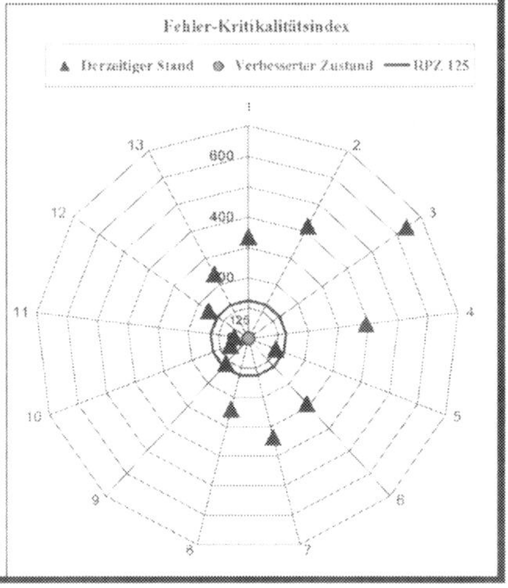

Abb. 7-20: *Kritikalitätsindex FMEA im Musterprojekt [in Anlehnung an 26; 32]*
(>Toolbox 8 FMEA)

Bei genauerer Betrachtung lassen sich diese neun Fehlerursachen in vier Grundursachenbereiche zusammenfassen:
1. unzureichende Beschreibung der Maschinen- und Prozessparameter;
2. fehlende Regelung zur Bestückung der Anlage mit Rohteilen;
3. ungünstige Prozessgestaltung: Verschmutzung zwischen Vorarbeiten zum Galvanisieren (Lagerung sowie viele Ein- und Umpackvorgänge), fehlende Schichtdickenprüfung;
4. Qualifikation der Mitarbeiter.

Nachdem die Grundursachen für die Probleme streuender Schichtdicken und mangelnder Beschichtungsqualität ermittelt wurden, können in der Improve-Phase Lösungen gefunden und umgesetzt werden.

7.4.3 Quantifizieren der Verbesserungsmöglichkeiten

Bevor nach Lösungsansätzen für die ermittelten Grundursachen gesucht wird, muss eine grundsätzliche Beeinflussbarkeit des Problems gegeben sein. Weiterhin kann der zu Projektbeginn kalkulierte erzielbare Nutzen mit den im Projektverlauf zusätzlich gewonnenen Erkenntnissen detailliert werden. Damit wird überprüft, ob sich der Aufwand des Projekts amortisiert (> vgl. Abb. 7-21).

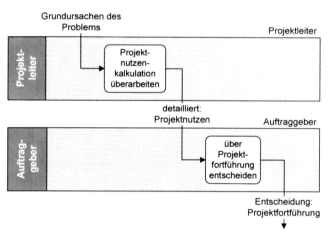

Abb. 7-21: *Ablauf »Quantifizierung Verbesserungsmöglichkeiten« im Musterprojekt*

Die vier Grundursachenbereiche (> Abschnitt 7.4.2.2) sind beeinflussbar. Lösungskonzepte für die ermittelten Problemursachen können die Probleme der Beschichtung des Druckdurchlauferhitzers beseitigen. Projektziel ist die Senkung der Reklamationskosten, hervorgerufen durch die Beschichtung des Druckdurchlauferhitzers um 90 Prozent. Weiterhin soll die Nacharbeitsquote auf 2,5 Prozent reduziert werden.

Bei Betrachtung der in der Measure-Phase erstellten Datentabelle im > digitalen Anhang 3 wird ersichtlich, dass circa 50 Prozent der Schichtdickenwerte die obere Toleranzgrenze überschreiten und somit bei der Montage nachgearbeitet werden müssen. Durch eine Optimierung der Maschinen- und Prozessparameter für das Galvanisieren kann die Streuung der Zielgröße »Schichtdicke« vermindert und der Prozessmittelwert auf 13,5 µm zentriert werden. Damit können die Nacharbeitskosten reduziert werden. Die in der Projektnutzenkalkulation (> vgl. Abschnitt 5.4.1) kalkulierten Einsparungen in Höhe von 55.000 Euro sind somit realistisch.

Weiterhin ist im Rahmen des Projekts festgestellt worden, dass neben prozessbedingten Unterschreitungen der Mindestschichtdicke auch Nacharbeiten zum Verlust des Korrosionsschutzes der Werkstücke führen können. Der fehlende Korrosionsschutz ist wiederum Hauptursache für die Reklamationen (> vgl. Abschnitt 5.4.1). Durch eine Optimierung der Maschinen- und Prozessparameter werden somit Reklamationskosten reduziert.

Weitere Ansatzpunkte zur Reduktion der Reklamationskosten sind die Vereinfachung der Ein- und Umpackvorgänge sowie die Lagerung im Gesamtprozess. Dadurch können Verschmutzungen an Rohteilen verhindert werden, welche zu unvollständigen Zinküberzügen oder fehlender Haftung der Beschichtung führen. Damit sind die kalkulierten Einsparungen bei Reklamationskosten von 189.000 Euro realistisch. Voraussetzungen hierfür sind zusätzliche einheitliche Regelungen zur Bestückung der Galvanisieranlage und eine entsprechende Qualifikation der Mitarbeiter.

Durch eine Prozessumgestaltung ist es möglich, den Logistikaufwand, die Lagerkosten und die Prozessdurchlaufzeit zu senken. Die Herstellungskosten des kombinierten Druckdurchlauferhitzers lassen sich damit um 0,5 Prozent reduzieren.

Der im Projektstartbrief angegebene Projektnutzen von 244.000 Euro kann im Rahmen des Projekts erzielt werden. Somit sollte das Projekt fortgesetzt werden. Im weiteren Verlauf geht es darum, Lösungskonzepte und Umsetzungsstrategien für die aufgeführten Grundursachenbereiche zu finden. Auf Basis dieser Lösungskonzepte lassen sich Kosten-Nutzen-Analysen durchgeführt und geeignete Lösungen generieren.

Zusammenfassung

Im Anschluss an die Erhebung von Daten in der Measure-Phase werden diese in der Analyze-Phase systematisch untersucht. Die relevanten Prozesse werden analysiert. Im ersten Schritt sind möglichst viele potenzielle Einflussfaktoren auf das Problem zu ermitteln, anschließend daraus die Grundursachen zu bestimmen. Nachdem diese bekannt sind, kann der potenzielle Ertrag des Verbesserungsprojekts als finanzielle Grundlage für dessen Fortsetzung ermittelt werden.

Für die Aufgaben in der Analyze-Phase stehen zahlreiche Methoden und Werkzeuge zur Verfügung, deren Auswahl stark von der Themenstellung des Projekts abhängt. Die wichtigsten Werkzeuge sind in diesem Beitrag systematisch beschrieben. Dabei wird der Verwendung kostenfreier Software und Standard-Office-Software ein besonders hoher Stellenwert eingeräumt.

Das Musterprojekt stellt den praktischen Einsatz der vorgestellten Werkzeuge im Phasenmodell der Analyze-Phase dar. Es kann zur Veranschaulichung von Six Sigma in der Lehre und zur Orientierung bei der Durchführung von Six-Sigma-Projekten in der Praxis dienen.

Kapitel 8

Improve – Maßgeschneiderte Lösungen

In der Improve-Phase werden aktiv Veränderungen am Prozess vorgenommen. Dazu sind zunächst Lösungen zu generieren, zu bewerten und auszuwählen, die zur Optimierung des Prozessergebnisses beitragen. Die Lösungssuche konzentriert sich auf die in der Analyze-Phase identifizierten Problemfelder.

In diesem Beitrag erfahren Sie:
- wie die Improve-Phase durch eine allgemeine Phasenstruktur ausgestaltet werden kann,
- wie die typischen Werkzeuge der Improve-Phase aussehen,
- wie Phasenstruktur und ausgewählte Werkzeuge im Musterprojekt angewandt werden.

DANIEL KOHL, GREGOR RÖHRIG

8.1 Überblick

In der Improve-Phase [26; 41; 32] sind Lösungen zur Behebung der Kernursachen des Problems zu entwickeln, zu prüfen und zu realisieren. Damit liegt der Fokus in dieser Phase auf den Verbesserungen der zuvor anhand der gemessenen und analysierten Daten identifizierten und verifizierten Problemfelder.

Um optimale Lösungen für die einzelnen Problemfelder zu erhalten und später umsetzen zu können, werden im ersten Phasenschritt »Generierung von zielorientierten Lösungsideen« (> vgl. Abb. 8-1) zunächst Ideen im Team erarbeitet und genauer dargestellt. Die Anzahl wird zielbezogen reduziert. In der »Ideenbewertung und -auswahl« werden die Lösungsvorschläge einer strengen Bewertung unterzogen und geeignete Lösungen ausgewählt. Anschließend gilt es, für diese Lösungen Maßnahmen zur Umsetzung zu erarbeiten und zu planen,

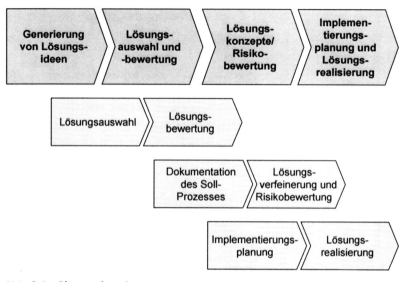

Abb. 8-1: *Phasenstruktur »Improve«*

bevor im abschließenden Phasenschritt die in Lösungskonzepte überführten Ideen zu realisieren sind.

8.2 Phasenstruktur

8.2.1 Generierung zielorientierter Lösungsideen

Das Ziel dieses Phasenschritts ist zum einen das Erzeugen möglichst vieler Lösungen für die zuvor identifizierten Problemfelder und zum anderen die sinnvolle und zielgerichtete Reduzierung der Anzahl der Lösungen mit Blick auf die Problemursachen. Der Nutzen dieser zunächst widersprüchlich erscheinenden Vorgehensweise besteht in der Abfolge. Zunächst sollen alle Ideen gesammelt und in die Betrachtung einbezogen werden, erst im Anschluss daran soll eine Reduzierung auf wenige Lösungsideen erfolgen.

> **Hintergrund**
>
> Der Grund für diese Vorgehensweise liegt in der Erreichung eines Kompromisses. Zum einen entstehen nach langer und intensiver Beschäftigung mit den Problemen und Ursachen oft Barrieren bei den Teammitgliedern, die den »freien Blick« und somit kreative Lösungen versperren. Diese Barrieren gilt es zunächst zu lösen. Gleichzeitig soll aber zweitens die Nähe der Teammitglieder zu den Projektinhalten bestehen bleiben, um fachlich fundierte Vorschläge erarbeiten zu können. Nur so können im Zuge der Lösungsfindung auch die essenziellen Grundlagen der Six-Sigma-Philosophie berücksichtigt werden: das direkte Abzielen der Lösungen auf die Hauptursachen bei gleichzeitiger Beachtung der Kundensicht.

Um diese Forderungen bestmöglich zu erfüllen, ist die genannte Vorgehensweise sinnvoll: Durch bewusstes Verwenden essenzieller Kreativitätstechniken und die Einbindung nicht unmittelbar involvierter Experten (zum Beispiel des Master Black Belt) sollen zunächst möglichst viele Lösungen erzeugt und benannt werden. Erst im Anschluss daran erfolgt ein kritischer Blick auf die einzelnen Lösungsvorschläge in Bezug auf Erfüllung der CTQs, Orientierung am Projektziel und Einfluss auf Problemfelder und Hauptursachen. Diese kritische Betrachtung und Reduzierung wird üblicherweise im Expertenteam, gegebenenfalls unter Einbeziehung des Kunden, durchgeführt [41; 32].

Output dieses Phasenschritts ist eine überschaubare und angemessene Anzahl sinnvoller, zielorientierter und grundsätzlich durchführbarer Lösungen für jedes Kernproblemfeld. Dementsprechend sind die Inputs für diesen Phasenschritt die am Ende der Analyze-Phase benannten Hauptproblemursachen in Verbindung mit den in der Define-Phase definierten CTQs.

Als Werkzeuge werden unterschiedliche Kreativitätstechniken (zum Beispiel Brainstorming) eingesetzt. Zur anschließenden Auswahl der bestgeeigneten Ideen verwendet man Methoden wie das Affinitätsdiagramm und das Platzziffernverfahren (> vgl. Abschnitt 8.3.1 und 8.3.2).

8.2.2 Lösungsauswahl und -bewertung

Nach Verwerfung ungeeigneter Lösungen, sind die verbleibenden Lösungen grundsätzlich praktikabel und zielorientiert. Ziel dieses Phasenschritts ist es, die umzusetzenden Lösungen auszuwählen und zu verifizieren.

8.2.2.1 Lösungsauswahl
Die Auswahl der Lösungen erfolgt in zwei Schritten – über notwendige und hinreichende Bedingungen. Dazu werden die verbleibenden Lösungen im ersten Schritt an den Muss- oder K.O.-Kriterien gemessen, die sicherstellen sollen, dass jede Lösung den Rahmenbedingungen, Geboten, Verboten und Vereinbarungen entspricht. Darunter ist zu verstehen, dass Gesetze, gesetzliche Rahmenbedingungen, Richtlinien oder Auflagen, grundsätzliche Vereinbarungen im Rahmen des Projektes und die zwingend notwendigen Kundenkriterien berücksichtigt werden [41; 32].

»Lösungen, mit denen der Kunde nicht zufrieden sein kann, die keine Verbesserung der wesentlichen Hauptursachen schaffen oder die die Muss-Kriterien nicht erfüllen, sollten nun beseitigt sein. Im (...) (zweiten) Schritt ist die bestmögliche Lösung zu finden« [41, S. 200]. Dazu werden die übrigen Lösungskonzepte im Six-Sigma-Team kriterienbasiert inhaltlich bewertet und die beste(n) Lösung(en) herausgearbeitet. Für diesen Schritt ist in vielen Fällen die Einbindung des Kunden sinnvoll [41].

Zum Abschluss des Auswahlprozesses stehen eine oder mehrere Lösungen für jede Hauptproblemursache fest, die das Expertenteam als optimal betrachtet und die realisiert werden sollen.

8.2.2.2 Lösungsbewertung
Obwohl nach dem ausführlichen Auswahlprozess im Expertenteam Einigkeit über die Realisierung der Lösungsansätze bestehen sollte, ist es möglich, dass die Vorteilhaftigkeit der Lösungen für nicht direkt am Projekt beteiligte Personen noch nicht offensichtlich ist. Dies ist beson-

ders dann problematisch, wenn die oberste Managementebene, welche die Ressourcen bewilligt, zu diesem Personenkreis gehört. Um das Engagement aller Beteiligten zu fördern und entsprechende Zustimmung und Support zu erhalten, müssen die ausgewählten Lösungsansätze einer Kosten-Nutzen-Analyse unterzogen werden [32; 41]. Dabei soll in erster Linie der direkte finanzielle Nutzen dargestellt und gleichzeitig sollen die direkten Kosten der Implementierung berücksichtigt werden. Die Analyse liefert den Nettowert (Net Benefit) der Lösung. Dem Nutzen werden zum Beispiel Qualitätsverbesserungen, Kostenreduzierung, nachweisbare Kostenvermeidung oder Umsatzsteigerungen zugeordnet. Zu den Kosten zählen Projekt- und Lösungskosten wie Ausrüstung und Werkstoffe, Training, Arbeitszeit des Verbesserungsteams, anteilige Aufwendungen für Tests, Forschung und Implementierung sowie Reisekosten und Spesen [41].

> **Tipp**
> Können die Kosten für die Implementierung noch nicht präzise bestimmt werden, so ist eine möglichst realistische Schätzung abzugeben. Die tatsächlichen Implementierungskosten werden spätestens nach der Budget- und Ressourcenplanung ergänzt.

»Der Fokus der Berechnung liegt auf den direkten Erträgen und Kosten, aber auch auf Aktivitäten, die mittelbar von der Implementierung betroffen sind. Der Net Benefit entsteht entweder aus der Steigerung der Erträge oder einer Kostensenkung oder aus beidem« [41, S. 258]. Die Verhinderung vermuteter Umsatzeinbußen oder vermuteter Kostensteigerungen kann nicht dem Net Benefit zugerechnet werden [41]. Im Rahmen der Kosten-Nutzen-Analyse kann die zu Beginn des Projekts durchgeführte Stakeholder-Analyse hilfreichen Input geben.

Anhand dieses Analyseschritts zeigt sich erneut der essenzielle Bezug eines Six-Sigma-Projekts zur Wirtschaftlichkeit bei gleichzeitiger Orientierung am Kunden: »Eine hundertprozentige Fehlerfreiheit ist nicht immer wirtschaftlich, Kundenanforderungen sollen zwar vollständig, aber auf rentable Weise bedient werden. Die Kosten-Nutzen-

Analyse muss vor der Implementierung der Lösung erfolgen, in der Regel ist sie Voraussetzung für die Zustimmung des Managements zur Umsetzung« [41, S. 259].

Nutzen und Output des Phasenschritts ist der Erhalt optimaler zielorientierter Lösungen für die Hauptproblemursachen, welche die notwendigen Bedingungen/Voraussetzungen erfüllen. Zusätzlich sind die Lösungsansätze auf Wirtschaftlichkeit verifiziert worden, so dass die Freigabe durch das Management erfolgen und das Projekt fortgeführt werden kann.

Eingesetzte Werkzeuge sind unter anderem die K.O.-Analyse, die Kriterienbasierte Matrix und die Kosten-Nutzen-Analyse (> vgl. Abschnitte 8.3.3, 8.3.4 und 8.3.5).

8.2.3 Ausgestaltung des Lösungskonzepts und Risikobewertung

Die zuvor erarbeiteten und geprüften Lösungsansätze sind der Input für diesen Phasenschritt, sie stellen die Grundlage für die Verbesserung des Gesamtprozesses dar. Bevor jedoch diese Lösungen im Unternehmen realisiert werden können, müssen sie in eine konzeptionell ausgereifte, implementierungsfähige Form gebracht werden. Daher ist es das Ziel, die Lösungsansätze in den Gesamtprozess einzuordnen, zu verfeinern und eine Risikobewertung durchzuführen.

8.2.3.1 Dokumentation des Soll-Prozesses

Der Soll-Prozess ist die überarbeitete Form des Ist-Prozesses, in den alle wesentlichen Prozessschritte und die vorgesehenen Änderungen durch die Lösungsansätze eingearbeitet sind. Dadurch sollen die Auswirkungen der Verbesserungen auf den Arbeitsablauf allen Mitarbeitern verständlich dargestellt werden [41; 26]. »Er wird zum neuen Ist-Prozess, wenn die Lösung implementiert ist« [41]. Gleichzeitig stellt die zum jetzigen Stand als Soll-Prozess bezeichnete Darstellung die Grundlage für die Dokumentation in der Control-Phase dar. Entscheidend ist, dass der Gesamtprozess dargestellt wird, der auf dem ursprünglichen Prozess und den gewonnenen Erkenntnissen basiert. Die Darstellung selbst wird im Team erarbeitet und erfolgt meist in einem Flussdiagramm. Dabei sind entscheidende Punkte zu beachten, wie zum Beispiel [41; 26]:

⇨ Wo liegen die »wertschöpfenden« und »nicht-wertschöpfenden« Tätigkeiten?
⇨ Wie hoch ist die Gesamtdurchlaufzeit des Prozesses?
⇨ Ist der Prozess effizient?
⇨ Kann eine (vom Kunden) geforderte Taktrate erreicht werden?
⇨ Wo liegen die Engpässe im Prozess und wie kritisch sind diese?
⇨ Wo sind die Schnittstellen zu anderen Prozessen/Bereichen?

8.2.3.2 Lösungsverfeinerung und Risikobewertung

Nachdem die Lösungen im Gesamtprozess eingeordnet und die Zusammenhänge erkennbar sind, müssen die Lösungsansätze in Lösungskonzepte überführt werden. Inhaltlich bedeutet dies, dass durch die Ausgestaltung der Lösungsansätze sichergestellt wird, »(...) dass sie realisierbar sind und die Beziehung zwischen X und Y auch wirklich positiv beeinflussen« [41, S. 202]. Ebenso soll sichergestellt werden, dass die ausgearbeiteten Lösungskonzepte die Kundenanforderungen optimal erfüllen [41].

> **Hinweis**
> Da die verschiedenen Lösungsansätze meist unterschiedlicher Herkunft sind und teilweise unterschiedliche Teilziele verfolgen, gibt es in dieser Phase sehr viele Optionen zu ihrer Verfeinerung. Es existiert somit auch ein sehr unterschiedlicher Bedarf an Verfeinerung oder Tests. So gibt es Lösungsansätze, die klar definierte und nicht modifizierbare Änderungen zum Inhalt haben oder sich auf festgelegte Konzepte beziehen. Diese können unmittelbar in die Planungsphase übergehen. Auf der anderen Seite stehen Lösungsansätze, die zunächst Ideen darstellen und deren Ausgestaltung zum implementierungsfähigen Lösungskonzept eine intensive Bearbeitung bedingt. Daher kann der Zeit- und Arbeitsaufwand für diese Phase von Projekt zu Projekt sehr differieren.

Ein weiteres Element dieses Phasenschritts ist das Identifizieren potenzieller Fehler und die Absicherung vor Risiken im Zusammenhang mit den Verbesserungsansätzen. Dieser Arbeitsschritt betrifft alle geplanten

Maßnahmen, ungeachtet des Aufwands. Er wird parallel zur Lösungsverfeinerung durchgeführt. Der Aufwand der Risikominimierung ist ebenfalls von der Komplexität des Prozesses und der gewählten Lösung abhängig. Mit der Betrachtung des Risikos wird die Konzentration vom zu verbessernden Prozess und den direkten Ergebnissen hin zu dessen Auswirkungen auf andere Unternehmensbereiche und Strukturen verlagert [41]. »Das Risikomanagement ermittelt die Wahrscheinlichkeiten und Auswirkungen der einzelnen Risiken, die mit der Prozessverbesserung verbunden sind. Es werden Maßnahmen zur Reduktion dieser Risiken bestimmt, indem mit jedem Risiko dessen Eintrittswahrscheinlichkeit und Auswirkungen verbunden werden« [41, S. 204]. Es existieren verschiedene Formen von Maßnahmen: [41]

1. Absicherung:
- ⇨ Präventivmaßnahmen; diese beseitigen die Ursache eines Fehlers beziehungsweise verringern die Wahrscheinlichkeit seines Auftretens.
- ⇨ Einschränkende Maßnahmen; diese werden wirksam, wenn ein Fehler bereits aufgetreten ist und beschränken dessen Auswirkungen auf ein möglichst geringes Maß.

2. Inspektion:
- ⇨ Überprüfende Maßnahmen; diese erhöhen die Wahrscheinlichkeit, dass ein Fehler entdeckt wird.

> **Wichtig!**
> Grundsätzlich gilt: Präventive Maßnahmen sind besser als reaktive Maßnahmen. Speziell bei Six Sigma muss jedoch der hohe Effizienz- und Wirtschaftlichkeitsanspruch bedacht werden.

Das Risikomanagement in der Improve-Phase ist eine Maßnahme, die in der Control-Phase weiterverfolgt wird [41].

Der Output des Phasenschritts »Ausgestaltung des Lösungskonzepts und Risikobewertung« besteht in umsetzungsfähigen Lösungskonzepten für die Hauptproblemursachen, deren Auswirkungen auf potenzielle Risiken analysiert wurden. Erste Maßnahmen zur Entdeckung, Vermeidung oder Abschwächung von Fehlern wurden benannt und werden in der Control-Phase weiterverfolgt.

In diesem Phasenschritt eingesetzte Werkzeuge sind die Soll-Prozessdarstellung, die FMEA sowie Methoden, die im Rahmen der Ausgestaltung der Lösungsansätze verwendet werden – wie zum Beispiel die Statistische Versuchsplanung und die Poka-Yoke-Methode. Diese werden in den > Abschnitten 8.3.6, 7.3.5, 8.3.7 und 8.3.8 beschrieben.

8.2.4 Implementierungsplanung und Lösungsrealisierung

Ziel dieses Phasenschritts ist die umfassende und konsistente Planung der Implementierung der einzelnen Lösungskonzepte sowie die nachhaltige Realisierung der Verbesserungsmaßnahmen im Unternehmen. Den Input stellen entsprechend die ausgereiften Lösungskonzepte mit den angedachten Maßnahmen zur Entdeckung oder Eliminierung von Fehlern dar.

8.2.4.1 Implementierungsplanung

Die Planung der Implementierung muss umfassend und vollständig sein: Es müssen wesentliche Punkte – wie die einzelnen Aktivitäten, der zeitliche Ablauf, die Verantwortlichkeiten sowie der Ressourcen- und Budgeteinsatz definiert und geregelt werden [26]. Nach abgeschlossener Planung sind alle die Realisierung der Verbesserungsmaßnahmen betreffenden Details festgelegt. Damit kann die Genehmigung der notwendigen Mittel durch das Management erfolgen. Zusätzlich wird die zuvor gegebenenfalls nur über Schätzungen aufgestellte Kosten-Nutzen-Analyse mit den exakten Zahlen vervollständigt. Ein weiterer wichtiger Punkt ist die Kommunikation innerhalb des Unternehmens und speziell mit allen Beteiligten [41].

8.2.4.1 Lösungsrealisierung

Die Realisierung der einzelnen Lösungskonzepte erfolgt entsprechend der aufgestellten Planung. Die Realisierung ist spezifisch für jedes Unternehmen und sollte grundlegende Prämissen bezüglich Unternehmenskultur, -philosophie, -umfeld und -organisation beachten [41].

Output des Phasenschritts sind die durch die Umsetzungsplanung angeleiteten, eingeführten beziehungsweise auf den Weg gebrachten Lösungskonzepte. Die implementierten Lösungen wirken direkt oder indirekt auf die identifizierten Hauptproblemursachen und stellen eine Verbesserung des betrachteten Prozesses dar.

Zur Implementierungsplanung eingesetzte Werkzeuge sind der Implementierungsplan (> vgl. Abschnitt 8.3.9) – bestehend unter anderem aus dem Aktivitäten- und Zeitplan und dem Budget- und Ressourcenplan – sowie die Kosten-Nutzen-Analyse. Während der Lösungsrealisierung können verschiedene Methoden zum Einsatz kommen, die zur Umsetzung der Verbesserungskonzepte dienen.

8.3 Ausgewählte Werkzeuge

Dieser Abschnitt beschreibt die wesentlichen Merkmale der in der Improve-Phase des Musterprojekts eingesetzten Werkzeuge:

- ⇨ Kreativitätstechniken
- ⇨ Platzzifferverfahren
- ⇨ K.O.-Analyse
- ⇨ Kriterienbasierte Matrix
- ⇨ Kosten-Nutzen-Analyse
- ⇨ Soll-Prozessdarstellung
- ⇨ Statistische Versuchsplanung
- ⇨ Poka Yoke
- ⇨ Implementierungsplan

8.3.1 Kreativitätstechniken

Definition
Kreativitätstechniken im Rahmen von Six Sigma dienen unter anderem der Ermittlung möglicher Problemlösungen. Es existiert eine Vielzahl von Techniken und Methoden, wobei das Brainstorming und seine Varianten die bewährteste in Six-Sigma-Projekten ist. Brainstorming ist speziell für den Einsatz in der Gruppe geeignet und fördert das gemeinsame Entwickeln von Lösungsvorschlägen im Team mit Unterstützung eines Moderators unter bestimmten Regeln [41].

Nutzen
Durch eine bewusst offene und kritikfreie Atmosphäre innerhalb der Gruppe soll das Brainstorming die Kreativität aller Mitglieder fördern. Die vorgeschriebene Zwanglosigkeit bei dieser Methode bringt positive Spannung und Energie ins Team und löst Ideen aus. Das offene Sammeln möglichst vieler, auch zunächst abwegig erscheinender Ideen ohne sofortige Bewertung soll helfen, zu den wirklichen Ursachen des Problems vorzudringen [32]. Der große Vorteil der zunächst ausbleibenden Bewertung liegt darin, dass Ideen, die erst bei zwei- oder dreimaliger Betrachtung zielführend erscheinen, nicht sofort aussortiert werden, sondern mit in den Lösungspool gelangen.

Vorgehen
Zu Beginn des Team-Meetings müssen die Regeln für den nachfolgenden Vorgang festgelegt werden. Grundsätzlich sollten die Regeln folgende Punkte umfassen:
⇨ »Ausreden lassen und dabei zuhören,
⇨ jeder Vorschlag zählt,
⇨ alle Beteiligten werden miteinbezogen,
⇨ keine Killerphrasen,
⇨ Quantität vor Qualität,
⇨ keine inhaltlichen Diskussionen und keine Erläuterungen,
⇨ alles wird aufgeschrieben.« [26, S. 235]

Anschließend muss das Thema festgelegt werden. Thematische Grundlage sind die in der Analyze-Phase identifizierten Hauptproblemursachen. Die Problemfelder werden zentral angeschrieben und in offener Runde Lösungsideen entwickelt und gesammelt (> vgl. Abb. 8-2).

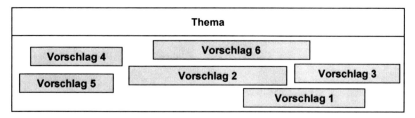

Abb. 8-2: *Beispiel für Brainstorming auf Metaplanwand*

Ist eine ausreichende Anzahl an Ideen dokumentiert, werden diese durch die Gruppe mittels geeigneter Methoden strukturiert und thematisch gruppiert. Eine für diesen Zweck oft verwandte Technik ist das Erstellen eines Affinitätsdiagramms (> vgl. Tabelle 8-1). Innerhalb dieses Diagramms werden die Ideen themenbezogen sortiert und strukturiert vor der Gruppe aufgezeichnet. Im weiteren Verlauf werden prägnante Überschriften für die identifizierten Themengruppierungen vergeben [26] und die durch das Affinitätsdiagramm geclusterten Ideen um redundante Vorschläge reduziert. An dieser Stelle ist das Brainstorming mit dem Ergebnis einer Fülle thematisch zugeordneter Ideen beendet. Wenn zu wenige Ideen zusammengekommen sind oder auf einzelnen Ideen aufgebaut werden soll, kann optional eine erneute Runde durchgeführt werden [26; 41].

Tabelle 8-1: Beispiel Affinitätsdiagramm [in Anlehnung an 26] (> Toolbox 9 Affinitätsdiagramm)			
Thema			
Thema 1	Thema 2	Thema 3	Thema 4
Vorschlag 1	Vorschlag 3	Vorschlag 2	Vorschlag 5
Vorschlag 6	Vorschlag 4		Vorschlag 7

> **Weitere Brainstorming-Varianten**
> Weitere Varianten des Brainstormings sind das Anti-Lösung-Brainstorming, die Analogie oder das Brainwriting. Diese Instrumente zeichnen sich grundsätzlich durch ein ähnliches Vorgehen aus, unterscheiden sich jedoch in den Herangehensweisen der Kreativitätsentfaltung und -förderung bei den Teammitgliedern.

8.3.2 Platzzifferverfahren

Definition
Das Platzzifferverfahren beziehungsweise die Nominalgruppentechnik ist eine Methode zur Priorisierung von Themen, Problemen und Lösungen durch ein Expertenteam (> vgl. Tabelle 8-2).

Nutzen
Der Nutzen liegt in der schnellen und qualitativen Bewertung einer überschaubaren Anzahl von Lösungsalternativen (≤ 12 Alternativen pro Problemkomplex) durch die Gruppe. Durch die Auswahl der favorisierten Vorschläge und das Streichen der vom Team als nicht geeignet betrachteten Lösungen kann die Anzahl in kurzer Zeit zielorientiert reduziert werden. Durch die gleichzeitige Bewertung und die damit erreichte Vergleichbarkeit der aussortierten Lösungsalternativen kann über das Verfahren zusätzlicher Nutzen entstehen [26].

Vorgehen
Zunächst müssen alle Lösungen zu jedem Problemkomplex in je einer Tabelle aufgeführt werden. Dabei ist es wichtig, Formulierungen zu wählen, die auf einem gemeinsamen Verständnis beruhen. Anschließend wird jeder Lösung ein Buchstabe zugeordnet. Nun bewertet jedes Teammitglied die Lösungsalternativen nach seiner persönlichen Reihenfolge. Dabei erhält die favorisierte Alternative die höchste Punktzahl. Diese entspricht der Anzahl der in der Tabelle enthaltenen Lösungsalternativen. So werden absteigend die Punkte verteilt, bis zur am wenigsten favorisierten Lösung mit dem Punktewert eins. Zum Abschluss werden die Punkte der einzelnen Gruppenmitglieder je Lösung

addiert und für jede Alternative ein Gesamtwert erstellt. Die Ideen mit den niedrigsten Bewertungen werden verworfen [26].

Tabelle 8-2: Beispiel Platzzifferverfahren [26]
(> Toolbox 10 Platzzifferverfahren)

	Thema 1	Person 1	Person 2	Person 3	Person 4	Summe	Status
A	Lösung 1	2	1	2	1	6	aussortiert
B	Lösung 6	4	3	5	2	14	behalten
C	Lösung 8	3	4	2	4	13	behalten
D							
E							

> **Hinweis**
> Liegt zu Beginn des Verfahrens eine größere Anzahl (ca. > 12) an Lösungsalternativen pro Problemkomplex vor, so kann vor dem Platzzifferverfahren die N/3-Methode durchgeführt werden, um eine erste Reduzierung vorzunehmen.

8.3.3 K.O.-Analyse

Definition
Die K.O.-Analyse prüft Vorschläge auf sogenannte Muss- oder K.O.-Kriterien. Dies sind notwendige Kriterien oder Eigenschaften, die eine Alternative zwingend aufweisen muss beziehungsweise nicht aufweisen darf. Wird mindestens ein Kriterium negativ ausgewiesen, führt dies zum Ausscheiden der Idee.

Nutzen
Der Nutzen dieser Methode liegt im schnellen und unkomplizierten Ausschluss von Lösungsalternativen, die wesentliche notwendige Eigenschaften oder Vorgaben nicht erfüllen. Zu diesen Kriterien gehören:
⇨ »gesetzliche Vorschriften,

⇨ Sicherheitsvorschriften,
⇨ Erfüllung der Kundenanforderungen,
⇨ Unternehmensstrategie und -philosophie,
⇨ betriebliche Vereinbarungen,
⇨ Normen,
⇨ Umweltauflagen.« [26, S. 243]

Vorgehen [25]
Zunächst werden die K.O.-Kriterien bestimmt und die verbleibenden Lösungsalternativen in einer Tabelle aufgelistet. Die eigentliche Analyse erfolgt durch Prüfung jeder einzelnen Lösung auf jedes Kriterium. Die Bewertung kann nur mit »ja« oder »nein« erfolgen. Erfüllt eine Lösung eines der Kriterien nicht (mindestens eine Bewertung mit »nein«), wird sie verworfen (> vgl. Abb. 8-3).

Abb. 8-3: Formblatt K.O.-Analyse (> Toolbox 11 KO-Analyse)

lfd. Nr.	Lösungs-vorschlag	Thema	K.O.-Kriterium 1	K.O.-Kriterium 2	K.O.-Kriterium 3	Eignung (weitere Prüfung durch Kriterienbasierte Matrix)
1	Lösung 1	Thema 1	+	+	+	OK
2	Lösung 2	Thema 1	+	+	+	OK
3	Lösung 3	Thema 1	+	+	+	OK
4	Lösung 4	Thema 1	-	+	-	K.O.
5	Lösung 5	Thema 2	+	+	+	OK
6	Lösung 6	Thema 2	+	+	+	OK
7	Lösung 7	Thema 2	+	+	+	OK
8	Lösung 8	Thema 2	+	-	+	K.O.

8.3.4 Kriterienbasierte Matrix

Definition
Durch die Kriterienbasierte Matrix werden die Ideen anhand von »Kann-« oder »Wunsch-Kriterien« qualitativ durch das Team bewertet. Es wird versucht, eine vergleichbare und objektive Bewertung durchzuführen, um den unterschiedlichen Nutzen der Alternativen in einem strukturierten Prozess transparent darzustellen [41].

Nutzen
Die Analyse dient dem Finden der besten Lösung für jeden Problemkomplex aus den verbleibenden grundsätzlich geeigneten Alternativen [26; 41]. »Die Vorteile dieser Methode liegen in der Transparenz und Strukturiertheit der Entscheidungsfindung auf Basis von akzeptierten Kriterien. Gleichzeitig wird der Prozess klar dokumentiert und dadurch nachvollziehbar« [41, S. 201].

Vorgehen [25]
Die Vorgehensweise ist simultan zur Nutzwertanalyse. Durch die Bewertung der Eignung eines Lösungsvorschlags anhand gewichteter Kriterien wird ein Gesamtnutzwert berechnet (> vgl. Abb. 8-4). In der Literatur existieren verschiedene Ansätze für die Bewertungspunktevergabe und die Kriteriengewichtung, die jedoch demselben Prinzip folgen [26]:
⇨ *1. Problembezogene Listen erstellen:*
   Es werden Listen mit den endgültig verbleibenden Lösungsalternativen für jeden Problemkomplex erstellt. Die einzelnen Vorschläge werden knapp und klar formuliert und spaltenweise in eine Tabelle eingetragen.
⇨ *2. Bewertungskriterien festlegen:*
   Es wird eine Liste der Kriterien erstellt. Das Team muss sich auf verschiedene relevante Kriterien einigen und diese in die Tabelle zeilenweise, jeweils in die Spalte vor den Lösungsalternativen, eintragen. Gegebenenfalls können die Kriterien in Kategorien zusammengefasst werden.

⇨ 3. *Kriterien gewichten:*
Jedem einzelnen Kriterium wird ein Wert zugewiesen. Dieser drückt dessen Gewicht im Gesamtkontext der Prioritäten aus. Die Werte sollen über alle Kriterien so vergeben werden, dass ihre Summe eins ergibt.

⇨ 4. *Lösungen anhand der Kriterien bewerten:*
Für jede Lösungsalternative wird die Erfüllung der einzelnen Kriterien festgestellt. Die Bewertung erfolgt mit den Beträgen eins bis fünf, wobei fünf für die vollständige Erfüllung des Kriteriums und eins für Nichterfüllung steht.

⇨ 5. *Teilnutzwerte und Gesamtnutzwerte der Lösungen berechnen:*
Wenn die Bewertung abgeschlossen ist, werden die Teilnutzwerte der Lösungen in Bezug auf die einzelnen Kriterien berechnet, indem die Kriteriengewichtung mit der Bewertungspunktzahl multipliziert wird. Der Gesamtnutzwert jeder Lösungsalternative ergibt sich aus der Summe der Teilnutzwerte.

Abb. 8-4: Formblatt Kriterienbasierte Matrix
(> Toolbox 12 Kriterienbasierte Matrix)

Thema 1 ❶		Lösung 1		Lösung 2	
Kriterien	Gewichte	Zielerfüllungsgrad	Teilnutzwert	Zielerfüllungsgrad	Teilnutzwert
Kriterium 1	0,2 ❸	3	0,6	3	0,6
Kriterium 2	0,15	5	0,75	5	0,75
Kriterium 3	0,15	3	0,45	4	0,6
Kriterium 4	0,1	5	0,5	5	0,5
Kriterium 5 ❷	0,1	5	❹ 0,5	1	0,1
Kriterium 6	0,15	5	0,75	3	0,45
Kriterium 7	0,075	3	0,225	3	0,225
Kriterium 8	0,075	5	0,375 ❺	5	0,375
Summe	**1**	**Nutzwert**	**4,15**	**Nutzwert**	**3,6**

Die Lösung mit dem höchsten Gesamtnutzwert ist die für den jeweiligen Problemkomplex am besten geeignete und sollte umgesetzt werden.

> **Tipp**
> Besteht ein komplexerer Themenbereich oder existieren innerhalb der Gruppe Probleme mit der objektiven Bewertung der Erfüllungskriterien, kann optional eine vollständige Nutzwertanalyse durchgeführt werden. Diese ermöglicht zusätzlich die Erstellung einer Transformationsmatrix, wodurch die Erfüllungsgrade jedes Kriteriums definiert sind.

8.3.5 Kosten-Nutzen-Analyse

Definition
Die Kosten-Nutzen-Analyse ist ein Instrument zur wirtschaftlichen Bewertung von Lösungsansätzen. Sie bezieht sich auf den messbaren Teil der Lösung und stellt die finanzielle »Lebensfähigkeit« der Lösungsidee dar. Dabei zählen zum Nutzen beispielsweise Qualitätsverbesserung, Kostenreduzierung, Kostenvermeidung oder Umsatzsteigerung. Die Kosten setzen sich zum Beispiel aus Projekt- und Lösungskosten, Training, Arbeitszeit des Teams sowie Aufwendungen für Tests, Forschung und Implementierung zusammen [41].

Nutzen
Das Ergebnis der Kosten-Nutzen-Analyse ist der Net Benefit eines Lösungsvorschlags. Dieser drückt den finanziellen Nutzen aus und ist somit ein Kriterium für die Entscheidungsträger im Unternehmen, der Implementierung einer Lösung zuzustimmen oder diese abzulehnen. Auch wenn im Expertenteam die Vorteilhaftigkeit einer Lösung erkannt ist, muss der obersten Leitungsebene deren finanzieller Vorteil bewiesen werden, um die notwendige Zustimmung und Unterstützung zu erhalten [32]. Alternativ kann die Kosten-Nutzen-Analyse bereits vorher im Auswahlprozess zum Einsatz gebracht werden, um Lösungen miteinander zu vergleichen [26].

Vorgehen

Die Kosten-Nutzen-Analyse (> vgl. Abb. 8-5) besteht aus einer direkten Gegenüberstellung der zwölf Monate vor dem Projektstart als Basis für die Berechnung und den zwölf Monaten nach der Implementierung der Verbesserung als Beobachtungszeitraum.

Abb. 8-5: Formblatt Kosten-Nutzen-Analyse [26]
(> Toolbox 13 Kosten-Nutzen-Analyse)

	Thema 1 Umsetzungsmaßnahme 1 (+ Umsetzungsmaßnahme 2)	Jahr 0 (12 Monate vor Projekt)	Jahr 1 (12 Monate nach Projekt)	Erläuterungen
1	Umsatz			
2	Kosten			
2.1	Personalkosten (inkl. Nebenkosten)			
2.2	Fertigungsmaterialausgaben			
2.3	Ausschuss- und Nacharbeitskosten			
2.4	Reklamationskosten			
2.5	Instandhaltungsausgaben			
2.6	Lagerkosten			
3	Implementierungskosten			
3.1	Anlagen/Geräte/Material			
3.2	Personaleinsatz			
3.3	Sonstige Implementierungskosten			
4	Ergebnis			

Im Bereich Kosten werden die gesamten für die Sparte/den Geschäftsbereich anfallenden Kosten aufgeführt. Die Implementierungskosten für die Realisierung der Lösung müssen, wenn diese noch nicht exakt bestimmbar sind, abgeschätzt und nach Erstellung des Implementierungsplans (Budget- und Ressourcenplan) (> vgl. Abschnitt 8.3.9) ergänzt werden.

In Bezug auf den Nutzen erfolgt die Betrachtung in erweiterter Form. Neben der Umsatzwirksamkeit der Maßnahme (zum Beispiel Produktivitätssteigerung, Absatzsteigerung) berechnet sich der Nutzen über die Reduzierung von Kosten. Grundsätzlich sollte die Berechnung in der unternehmensüblichen Form geschehen und mit der Ermittlung des Net Benefit der ausgewählten Lösung abschließen [26].

8.3.6 Soll-Prozessdarstellung

Definition
Mit der Soll-Prozessdarstellung wird der optimierte Gesamtprozess implementierungsfähig visualisiert [26; 41].

Nutzen
Der erstellte Prozess soll die Basis für die weiteren Maßnahmen in Bezug auf die Implementierung der Verbesserungen, die Dokumentation sowie die visuelle Prozesskontrolle sein. Am visualisierten Soll-Prozess können alle Mitarbeiter die Auswirkungen der Verbesserungen auf den Arbeitsablauf verstehen und nachvollziehen. Zusätzlich dient er dem Projektteam zur Kontrolle und Übersicht aller geplanten Maßnahmen [26].

Vorgehen
Zur Erstellung des Soll-Prozesses wird üblicherweise, analog der Ist-Prozess-Erstellung, ein Flussdiagramm verwendet (> vgl. Abb. 7-3). Grundlage dafür ist der aktuelle Ist-Prozess, der durch die zusätzlichen Prozessschritte und Änderungen umgestaltet wird. Im Ergebnis sind alle geplanten Maßnahmen berücksichtigt. Nach deren Implementierung wird der Soll-Prozess zum neuen Ist-Prozess [41].

8.3.7 Statistische Versuchsplanung

Definition
Die statistische Versuchsplanung (auch DoE) untersucht und modelliert die Ursache-Wirkungs-Beziehungen zwischen den Einflussfaktoren X und dem Prozessergebnis Y [41]. Das Ergebnis ist ein empirisches Modell, das den Zusammenhang zwischen den untersuchten Faktoren und den Zielgrößen quantitativ beschreibt [24].

Nutzen
Die Versuchsplanung ermöglicht einen Vergleich von Resultaten mehrerer möglicher Lösungsansätze und die Ermittlung des optimalen »Mischungsverhältnisses« der Einflussfaktoren X zur Erreichung der Kundenanforderungen. Es kann die signifikante Beeinflussung des Prozessergebnisses durch einen Einflussfaktor sowie das Zusammenspiel mehrere Einflussfaktoren festgestellt werden [41].

Vorgehen
⇨ *1. Ausgangssituation beschreiben:*
Zunächst wird die Ausgangssituation der Untersuchung beschrieben und das Umfeld analysiert. Die in > Tabelle 8-3 aufgeführten Leitfragen sollten dazu beantwortet werden [24].

Tabelle 8-3: Leitfragen zur Analyse der Ausgangssituation [24]

Leitfrage	Erläuterung
Wer ist der Kunde?	Für wen wird die Untersuchung gemacht? Was stört ihn? Was ist ihm die Verbesserung wert?
Was ist die langfristige Zielsetzung?	Nutzen der Untersuchung und Einordnung in Gesamtstrategie
Welches (Teil-)Problem soll durch die jetzt geplante Untersuchung gelöst werden?	bei komplexeren Problemen ist es sinnvoll in mehreren Schritten vorzugehen
Wie viel Zeit und Geld stehen maximal zur Verfügung?	quantitative Erfassung der Ausgangssituation
Wer ist von der Untersuchung betroffen – und: Sind alle eingebunden?	Einbindung aller Stakeholder der Untersuchung
Wer ist für das Projektmanagement verantwortlich?	Überwachung des Gesamtprojekts
Was ist über das zu untersuchende Problem bereits bekannt?	Erfahrungen aus der Vergangenheit berücksichtigen Fachliteratur hinzuziehen Prozessablauf modellieren Systematische Beobachtung

⇨ *2. Untersuchungsziel festlegen:*
Das Ziel der Untersuchung wird festgelegt und kommuniziert. Untersuchungsziele sind beispielsweise die Optimierung der Lage des Mittelwerts, die Reduzierung der Streuung und das Erkennen der wichtigsten Störgrößen. Die Einigkeit aller Betroffenen über das Untersuchungsziel ist von hoher Bedeutung.

⇨ *3. Zielgrößen und Faktoren festlegen:*
Die Zielgrößen der Untersuchung werden ausgewählt. Wichtige Aspekte hierfür sind Kundenorientierung, Quantifizierbarkeit, Vollständigkeit und Verschiedenheit. Anschließend werden Einflussgrößen gesammelt, die Faktoren für den Versuch ausgewählt und die Faktorstufen festgelegt. »Die geeignete Auswahl dieser Größen ist von entscheidender Bedeutung für den Erfolg der Versuchsplanung« [24, S. 19].

⇨ 4. *Versuchsplan auswählen und aufstellen:*
Die Bestimmung des korrekten Versuchsumfangs ist ein wesentlicher Aspekt der Versuchsplanung. Versuche beanspruchen finanzielle Mittel, daher soll die Anzahl der Einzelversuche möglichst gering sein. Ist der Versuchsumfang zu klein, besteht die Gefahr, dass relevante Unterschiede nicht erkannt werden. Nach der Auswahl eines geeigneten Plans werden die Faktorstufenkombinationen und die Anzahl der Realisierungen festgelegt. Anschließend findet eine Randomisierung statt, das heißt, die Einzelversuche werden in eine zufällige Reihenfolge gebracht. Dadurch wird verhindert, dass ein Trend oder eine unbekannte Änderung der Ergebnisse die Effekte der Faktoren verfälscht.

⇨ 5. *Versuche durchführen:*
Vor der Durchführung der Versuche nach dem Versuchsplan ist es notwendig, diese vorzubereiten. Dabei müssen Ressourcen geplant, der Versuchs- beziehungsweise Messablauf festgelegt und Messgeräte und -verfahren überprüft werden. Weiterhin findet eine Auswahl, Kennzeichnung und Zuordnung der Teile und eine Zuordnung und Einweisung des Personals statt. Durch einen Pilotversuch kann die Realisierbarkeit der Faktorstufenkombinationen überprüft werden. Damit wird ein reibungsloser und fehlerfreier Ablauf gewährleistet. Anschließend werden die Versuche durchgeführt und die Ergebnisse im Versuchsplan dokumentiert.

⇨ 6. *Versuchsergebnisse auswerten:*
Durch eine Varianz- beziehungsweise Regressionsanalyse werden die Versuchsergebnisse statistisch ausgewertet. Das Ergebnis sind »(…) Zahlenwerte für die Größe der Effekte, die optimale Breite der Vertrauensbereiche und – daraus abgeleitet – Aussagen über Signifikanz der Effekte« [24, S. 36].

⇨ 7. *Ergebnisse interpretieren und Maßnahmen ableiten:*
Die signifikanten Haupt- und Wechselwirkungen werden interpretiert, das heißt, die Auswirkung auf den untersuchten Sachverhalt werden bestimmt. Auf dieser Grundlage lassen sich Maßnahmen

ableiten und man kann einen Katalog konkreter Prozess- beziehungsweise Produktverbesserungen erstellen.

⇨ *8. Absicherung und Dokumentation:*
Nach dem Ableiten der Maßnahmen ist zu gewährleisten, dass die Verbesserungen tatsächlich und dauerhaft erreicht werden. Eine Absicherung der Verbesserung kann durch Bestätigungsversuche oder Probeumstellung erfolgen. Eine Dokumentation des Versuchs dient als Erfolgsnachweis und Ausgangspunkt für weitere Verbesserungen.

8.3.8 Poka Yoke

Definition
Poka Yoke ist eine systematische Methode zur Fehlervermeidung mit dem Ziel: »Null Fehler«. Durch fehlhandlungssichere Abläufe und Prozesse soll das Ausführen von Fehlhandlungen erschwert werden [26].

Nutzen
Durch die Anwendung von Poka Yoke werden unbeabsichtigte Fehler, die Menschen bei ihrer Mitwirkung in Fertigungsprozessen unterlaufen können, verhindert. Somit wird der Entstehung von Fehlern am Produkt vorgebeugt. Potenziell auftretende Fehler sind leicht erkennbar und behebbar [21].

Vorgehen [26]
Es existieren präventive und reaktive Ansätze von Poka Yoke. Der präventive Ansatz der Vermeidung zielt auf eine Implementierung von Methoden ab, die es nicht erlauben, dass ein Fehler auftritt (zum Beispiel konstruktive Maßnahmen an Produkten und Betriebsmitteln). Im reaktiven Ansatz der Kontrolle/Warnung wird der Prozess beim Auftreten eines Fehlers gestoppt beziehungsweise dem Mitarbeiter der Fehler signalisiert. Fehler im Prozess sollen so früh wie möglich

erkennbar sein, da die Kosten der Fehlerbeseitigung zu einem frühen Zeitpunkt geringer sind als zu einem späteren.

8.3.9 Implementierungsplan

Definition
Der Implementierungsplan ist ein detaillierter und umfassender Plan, der alle Punkte der Umsetzung von Verbesserungsmaßnahmen regelt. Er umfasst die Aufgaben-, Zeit-, Budget- und Ressourcenplanung. Ebenfalls regelt er die Bedingungen und Abläufe eines Piloten, bevor die Maßnahmen im gesamten Unternehmen umgesetzt werden [26; 32].

Nutzen
Der Plan stellt für alle Beteiligten eine Übersicht und Richtlinie zur Um- und Durchsetzung der Lösungskonzepte dar. Er stellt sicher, dass die Implementierung definiert, vollständig und zielorientiert durchgeführt werden kann. Zusätzlich beschreibt er die tatsächlich notwendigen Mittel für die Realisierung der Maßnahmen. Diese Informationen sind besonders für eine Budgetfreigabe durch das Management von Bedeutung. Elemente des Implementierungsplans sind der Aktivitäten- und Zeitplan und der Budget- und Ressourcenplan [26].

Vorgehen
⇨ *Aktivitäten- und Zeitplan:*
   Mit diesem Teilplan werden »(...) alle für die Umsetzung relevanten Aktivitäten, Verantwortlichkeiten und Termine festgelegt und abgebildet« [26, S. 256].
   Zunächst müssen die Arbeitspakete heruntergebrochen und die Aktivitäten im Detail festgelegt werden. Dabei ist für jede Aktivität ein Anfangs- und Enddatum sowie die Verantwortlichkeit zu definieren (> vgl. Abb. 8-6). Zusätzlich können weitere Angaben – wie der Umsetzungsstatus oder der Aufwand/Nutzen – angegeben wer-

den. Wichtig für diesen Plan ist die kontinuierliche Aktualisierung, um die Kontrolle über die Umsetzung nicht zu verlieren [26].

Verbes-serung	Aktivität	Arbeits-tage	Beginn	Abschluss	Verant-wortlich	April	Mai
Aktivitäten- und Zeitplan							
						KW x - KW x+n	
1. Umsetzungsmaßnahme								
1.1	Aktivität 1						
1.2	Aktivität 2						
1.3	Aktivität 3						
1.4	Aktivität 4						
2. Umsetzungsmaßnahme								
2.1	Aktivität 1						
2.2	Aktivität 2						
2.3	Aktivität 3						

Abb. 8-6: *Formblatt Aktivitäten- und Zeitplan [in Anlehnung an 27] (> Toolbox 14 Aktivitäten- und Zeitplan)*

⇨ *Budget- und Ressourcenplanung:*
Mittels dieser Planung wird der erforderliche Budget- und Ressourcenbedarf bestimmt, dessen Verfügbarkeit sichergestellt sowie dessen effizienter Einsatz geplant und »controllt«. Für jede Verbesserungsmaßnahme werden die einzelnen Posten aufgelistet und die Bedarfe festgestellt (> vgl. Abb. 8-7). Hierbei wird zwischen Personal- und Sachressourcen unterschieden. Erstere erzeugen oft keine direkten Kosten, da die einzusetzenden Mitarbeiter fest angestellt sind und unabhängig vom Projekt beziehungsweise den Implementierungsmaßnahmen Personalkosten verursachen. Für die abschließende Erfolgsbewertung des Projekts ist es jedoch entscheidend, dass alle eingesetzten Personalressourcen der Implementierung zugeordnet werden, auch wenn diese bereits über die Projektkostenkalkulation dem Six-Sigma-Projekt zugeordnet sind.

Interne Sachressourcen werden analog den Personalkosten der Implementierung zugeordnet, extern zu beschaffende Sachressourcen können direkt angesetzt werden [26].

Budget- und Ressourcenplan				
Verbesserung	Posten	Ressourcen [Manntage]	≈ Ressourcen [€]	Budget
1. Umsetzungsmaßnahme				
	1.1	Posten 1		
	1.2	Posten 2		
	1.3	Posten 3		
	1.4	Posten 4		
	1.5	Posten 5		
2. Umsetzungsmaßnahme				
	2.1	Posten 1		
	2.2	Posten 2		
	2.6	Posten 3		
	2.7	Posten 4		

Abb. 8-7: *Formblatt Budget- und Ressourcenplan [in Anlehnung an 26]*
(> Toolbox 15 Budget- und Ressourcenplan)

Hinweis

Durch die präzise Ermittlung der Kosten für die Umsetzung einer Verbesserungsmaßnahme wird nachträglich die Kosten-Nutzen-Analyse vervollständigt beziehungsweise ergänzt (> vgl. Abschnitt 8.3.5). Diese dient, zusammen mit den ergänzten Daten in der Control-Phase, zur Ermittlung des Gesamt-Net-Benefits (> vgl. Abschnitt 9.2.3).

8.4 Anwendung im Musterprojekt

8.4.1 Generierung zielorientierter Lösungsideen

Nachdem das Projektteam zum Ende der Analyze-Phase die vier Grundursachen für die Probleme im Prozess »Galvanisches Verzinken« identifizieren konnte, besteht in der Improve-Phase die Aufgabe, Lösungen zu entwickeln.

Die Grundursachen sind:
1. Maschinen- und Prozessparameter unzureichend beschrieben;
2. fehlende Regelung zur Bestückung der Anlage mit Rohteilen;
3. ungünstige Prozessgestaltung: Verschmutzung zwischen Vorarbeiten zum Galvanisieren (Lagerung sowie viele Ein- und Umpackvorgänge); fehlende Schichtdickenprüfung;
4. Qualifikation der Mitarbeiter.

Der Ablauf zur »Generierung zielorientierter Lösungsideen« ist in > Abbildung 8-8 dargestellt.

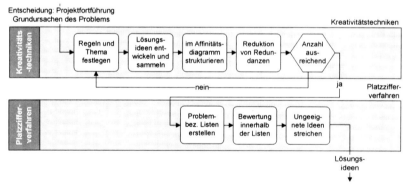

Abb. 8-8: *Ablauf »Generierung zielorientierter Lösungsideen« im Musterprojekt*

Zu Beginn müssen mit Hilfe von Kreativitätstechniken Lösungsvorschläge generiert werden. Dazu trifft sich das gesamte Projektteam. Christian Röko entscheidet sich für die Technik des einfachen Brainstormings, da ihm diese in Anbetracht des kleinen Teams und der offenen und konstruktiven Umgangsweise der Mitglieder als besonders geeignet erscheint. Als erfahrener Moderator wird Richard Miller benannt. Nachdem Herr Miller dem Projektteam die Regeln für die Brainstorming-Runde erläutert hat, beginnt die kreative Phase. In den festgelegten 15 Minuten schreibt jede Person Lösungsideen auf Metaplankarten – je eine Idee pro Karte – und befestigt diese an der Metaplanwand (> vgl. Abb. 8-9).

Um die Ideen zu strukturieren, erstellt der Moderator zusammen mit der Gruppe ein Affinitätsdiagramm. Dabei diskutiert das Team über die Bedeutung der einzelnen Lösungsvorschläge, um ein gemeinsames Verständnis zu erlangen. Parallel dazu sortiert der Moderator die Ideen in logische Themengruppen. Den Gruppen werden geeignete Überschriften zugeordnet. Im vorliegenden Fall lassen sich alle Ideen in vier Themengebiete einordnen, die den Hauptproblemfeldern entsprechen (> vgl. Abb. 8-10). Bei der Clusterung wird festgestellt, dass verschiedene Ideen die gleiche inhaltliche Aussage haben (> Nummerierung in Abb. 8-9). Diese Vorschläge werden durch Abstimmung in der Gruppe kombiniert und die Karten mit den redundanten Aussagen entfernt.

Improve – Maßgeschneiderte Lösungen

- Teile einzeln galvanisieren
- Neuen fehlerresistenten Warenträger konstruieren (Poka Yoke)
- Strafen/Lohnabzug bei Fehler der Mitarbeiter
- Zeitarbeiter mit Qualifikation einstellen
- Kooperation mit Unternehmen aus Galvanikbranche (Know-How-Austausch)
- Regelwerk zur Bestückung der Anlage erstellen
- Ingenieur einstellen
- Keine Änderung im Verfahren, dafür 100% Schichtdickenprüfung
- Direktlagerung an Galvanisieranlage
- Heizung zur Regulierung und Thermometer zur Kontrolle
- Sichtprüfung durch 2 Personen
- Interne Schulung der Galvanisiermitarbeiter
- Externe Schulung der Galvanisiermitarbeiter
- »Vier-Augen«-Prinzip bei Bestückung (Kontrolle)
- Selbstständige Temperaturkontrolle
- Auszubildenden anlernen
- Neues Logistikkonzept für gesamtes Unternehmen
- Versuchsplan zur Optimierung der Parameter aufstellen
- Expertenwissen einkaufen
- Erneute Säuberung der Rohteile nach Auslagerung
- Sicherheitsfaktor bei Galvanisierdauer, um zu dünne Schichten/Reklamationen zu verhindern
- Fachwissen von extern
- Keine Lagerung: Just In Time
- Tests »Auf gut Glück«
- Neuregelung der Lagerung (inkl. Warenträger während des gesamten Prozesses)
- Neue Facharbeiter einstellen
- Kooperation mit Unternehmen aus Galvanikbranche (Know-how-Austausch)
- Neues Logistikkonzept für Galvanisieranlage
- Automatische Temperaturregelung

Abb. 8-9: *Brainstorming an Metaplanwand im Musterprojekt*

Abb. 8-10: Affinitätsdiagramm im Musterprojekt [in Anlehnung an 26] (> Toolbox 9 Affinitätsdiagramm)				
Optimierung Galvanisieranlage				
Bestückung der Anlage	Einstellparameter	Qualifikation	Prozessgestaltung	
Teile einzeln galvanisieren	Expertenwissen einkaufen	Neue Facharbeiter einstellen	Neues Logistikkonzept für Galvanisieranlage	
Regelwerk zur Bestückung der Anlage erstellen	Versuchsplan zur Optimierung der Parameter aufstellen	Ingenieur einstellen		
		Interne Schulung der Galvanisiermitarbeiter	Neues Logistikkonzept für gesamtes Unternehmen	
Neuen fehlerresistenten Warenträger konstruieren (Poka Yoke)	Tests »Auf gut Glück«			
	Automatische Temperaturregelung	Externe Schulung der Galvanisiermitarbeiter	Neuregelung der Lagerung (inkl. Warenträger während des gesamten Prozesses)	
»Vier-Augen«-Prinzip bei Bestückung (Kontrolle)	Heizung zur Regulierung und Thermometer zur Kontrolle	Auszubildenden anlernen	Erneute Säuberung der Rohteile nach Auslagerung	
Strafen/Lohnabzug bei Fehler der Mitarbeiter	Kooperation mit Unternehmen aus Galvanikbranche (Know-how-Austausch)	Zeitarbeiter mit Qualifikation einstellen	Direktlagerung an Galvanisieranlage	
	Sicherheitsfaktor bei Galvanisierdauer, um zu dünne Schichten/ Reklamationen zu verhindern	Kooperation mit Unternehmen aus Galvanikbranche (Know-how-Austausch)	Keine Lagerung; Just In Time	
	Keine Änderung im Verfahren, dafür 100% Schichtdickenprüfung			

Abschließend bemerkt der Moderator, dass eine ausreichende Anzahl an Ideen erarbeitet wurde und eine zweite Brainstormingrunde nicht erforderlich ist.

Um die Anzahl der Lösungsalternativen zielorientiert zu reduzieren und eine erste Bewertungsreihenfolge zu erhalten, wird für jeden Themenblock das Platzzifferverfahren angewandt. Bei dieser Technik bewertet jedes Teammitglied jeweils die einzelnen Vorschläge nach seiner persönlichen Einschätzung durch einfache Punktevergabe. Ziel ist die Reduzierung der Lösungsalternativenanzahl auf vier Vorschläge je Thema.

Da im ersten Themenblock »Bestückung der Anlage« fünf Lösungsmöglichkeiten aufgeführt sind, vergibt jedes Teammitglied Punkte von eins für den am wenigsten geeignet erscheinenden Vorschlag bis fünf für den bestgeeigneten Vorschlag. Das Ergebnis in > Abbildung 8-11 zeigt, dass der Vorschlag A »Teile einzeln galvanisieren« in Summe die wenigsten Punkte erreicht und somit verworfen wird.

Abb. 8-11: Platzzifferverfahren 1/4 im Musterprojekt [in Anlehnung an 26] (> Toolbox 10 Platzzifferverfahren)

	Bestückung der Anlage	Hr. Röko	Hr. Zink	Hr. Zoll	Hr. Campus	Summe	Status
A	Teile einzeln galvanisieren	2	1	2	1	6	aussortiert
B	Regelwerk zur Bestückung der Anlage erstellen	4	3	5	2	14	behalten
C	Neuen fehlerresistenten Warenträger konstruieren (Poka Yoke)	5	4	4	5	18	behalten
D	»Vier-Augen«-Prinzip bei Bestückung (Kontrolle)	3	5	1	4	13	behalten
E	Strafen/Lohnabzug bei Fehler der Mitarbeiter	1	2	3	3	9	behalten

Analog diesem Themenblock werden die anderen drei Listen mit den Themen »Einstellparameter«, »Qualifikation« und »Prozessgestaltung« bewertet und auf jeweils vier Alternativen reduziert (> vgl. Toolbox 10 Platzzifferverfahren)

8.4.2 Lösungsauswahl und -bewertung

Nachdem das Team für jedes Problemursachenfeld die bevorzugten Lösungsansätze bestimmt hat, beginnt der eigentliche Auswahlprozess. Im Anschluss daran wird eine finanzielle Bewertung der ausgewählten Lösungen vorgenommen.

8.4.2.1 Lösungsauswahl
Die »Lösungsauswahl« erfolgt, wie in > Abbildung 8-12 dargestellt, in zwei Schritten.

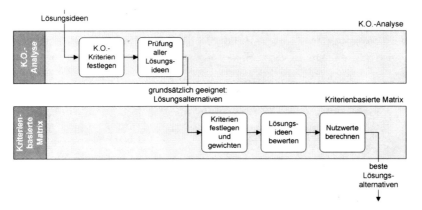

Abb. 8-12:   *Ablauf »Lösungsauswahl«*

Erster Schritt ist das Verwerfen der Lösungsalternativen, die gegen zwingend notwendige Bedingungen verstoßen, mittels K.O.-Analyse. Das Team entscheidet sich, alle übrigen 16 Lösungsalternativen in einer Tabelle zu bewerten, da die Einhaltung der notwendigen Kriterien unabhängig von der Themenzugehörigkeit für alle Vorschläge gelten muss. Auf dieser Grundlage bestimmt das Team in einer Gruppenentscheidung drei Kriterien. Dementsprechend muss jede Lösung:
⇨ konform mit den geltenden Gesetzen und Normen sein,
⇨ alle CTQs beachten und
⇨ konform mit der Unternehmensphilosophie sein.

Das Ergebnis der Kriterienprüfung wird in Abbildung 8-13 deutlich. Dementsprechend müssen zwei Lösungsvorschläge verworfen werden: Der Vorschlag »Strafen/Lohnabzug bei Fehlern der Mitarbeiter« verstößt durch Nichtkonformität mit Gesetzen und Normen sowie durch Nichtkonformität mit der Unternehmensphilosophie aus Sicht des Teams gegen zwei Kriterien. Der Vorschlag »Sicherheitsfaktor bei Galvanisierdauer, um zu dünne Schichten/Reklamationen zu verhindern«, verstößt gegen das CTQ »montagefähige Schichtdicke«.

Zweiter Schritt ist das Finden der optimalen Lösung für jede Hauptproblemursache. Um diese Aufgabe zu erfüllen, entscheidet sich das Projektteam für das Anfertigen von Prioritätsmatrizen. Grundlage für die Bewertung der Alternativen durch diese Technik ist das Aufstellen von Kriterien. Durch eine offene Diskussion in der Gruppe einigt sich das Team gemeinsam auf folgende Kriterien, anhand derer die Lösungsvorschläge qualitativ bewertet werden sollen:

- ⇨ »Nachhaltigkeit der Verbesserungswirkung« beschreibt die Fähigkeit der Lösung, auf lange Sicht eine zielorientierte positive Wirkung zu erreichen.
- ⇨ Durch die »Umsetzbarkeit innerhalb des Projektzeitraums« soll die Bedeutung einer schnellen kompletten Realisierung der Verbesserungsmaßnahme mit in die Bewertung einfließen.
- ⇨ »Fehlervermeidende Wirkung (möglichst Prüfungen überflüssig machen)« soll garantieren, dass die umgesetzte Lösung einen präventiven Charakter hat, der Fehler verhindert. Diese Lösungen werden denen mit einer nachträglichen Fehlerbeseitigungswirkung vorgezogen.
- ⇨ Mit den Kriterien »Kosten und Aufwand für die Umsetzung« und »Laufende Kosten« wird ein Gewicht auf günstige Alternativen gelegt.
- ⇨ Mit dem Punkt »Keine negativen Auswirkungen auf andere Unternehmensbereiche« wird die kontrollierte Wirkung der Lösung auf den Zielbereich sichergestellt.

Improve – Maßgeschneiderte Lösungen

Abb. 8-13: K.O.-Analyse im Musterprojekt (> Toolbox 11 K.O.-Analyse)

lfd. Nr.	Lösungsvorschlag	Thema	Konform mit Gesetzen und Normen	Kein Verstoß gegen CTQs	Konform mit Unternehmensphilosophie	Eignung (weitere Prüfung durch Kriterienbasierte Matrix)
1	Regelwerk zur Bestückung der Anlage erstellen	Bestückung der Anlage	+	+	+	OK
2	Neuen fehlerresistenten Warenträger konstruieren (Poka Yoke)		+	+	+	OK
3	»Vier-Augen«-Prinzip bei Bestückung (Kontrolle)		+	+	+	OK
4	Strafen/Lohnabzug bei Fehlern der Mitarbeiter		-	+	-	K.O.
5	Versuchsplan zur Optimierung der Parameter aufstellen	Einstellparameter	+	+	+	OK
6	Automatische Temperaturregelung		+	+	+	OK
7	Heizung zur Regulierung und Thermometer zur Kontrolle		+	+	+	OK
8	Sicherheitsfaktor bei Galvanisierdauer, um zu dünne Schichten/Reklamationen zu verhindern		+	-	+	K.O.
9	Neue Facharbeiter einstellen	Qualifikation	+	+	+	OK
10	Interne Schulung der Galvanisiermitarbeiter		+	+	+	OK
11	Externe Schulung der Galvanisiermitarbeiter		+	+	+	OK
12	Auszubildenden anlernen		+	+	+	OK
13	Neues Logistikkonzept für Galvanisieranlage	Prozessgestaltung	+	+	+	OK
14	Neuregelung der Lagerung (inkl. Warenträger während des gesamten Prozesses)		+	+	+	OK
15	Erneute Säuberung der Rohteile nach Auslagerung		+	+	+	OK
16	Keine Lagerung, Just In Time		+	+	+	OK

239

⇨ Das Kriterium »Risiko der Verschlechterung des Prozesses« soll die positive Wirkung der Maßnahme garantieren.
⇨ Das Kriterium über die »Reversibilität der Maßnahme« soll dafür sorgen, dass rückbildungsfähige Maßnahmen besser bewertet werden.

Um diese Kriterien zu gewichten, entscheidet sich Christian Röko, den Geschäftsführer Oskar Röko um Unterstützung zu bitten, da dieser im Sinne des Six-Sigma-Projekts eine neutrale Person darstellt, gleichzeitig jedoch fachlich versiert ist.

Es wird bewusst auf die umfangreiche Form der Nutzwertanalyse mit Transformationsmatrix verzichtet, da das Team mit den einzelnen Lösungsalternativen in dem Maße vertraut ist, dass ein einheitliches Verständnis in Bezug auf die Erfüllungsgrade besteht. Für den Themenblock »Bestückung der Anlage« wird eine Bewertung wie in > Abbildung 8-14 vorgenommen.

Das Team gelangt somit zu dem Ergebnis, dass die Lösung »Neuen fehlerresistenten Warenträger konstruieren (Poka Yoke)« die optimale Lösung für die Problemursache »Fehlende Regelung zur Bestückung der Anlage mit Rohteilen« darstellt.

Für den Themenblock »Einstellparameter« wird die Bewertung wie in > Toolbox 12 Kriterienbasierte Matrix vorgenommen. Das Team gelangt nach kurzer Diskussion zu dem Ergebnis, dass die Kombination der Lösungen »Versuchsplan zur Optimierung der Parameter aufstellen« und »Automatische Temperaturregelung« eine gute Gesamtlösung für die Problemursache »Maschinen- und Prozessparameter unzureichend beschrieben« darstellt.

Für den Themenblock »Qualifikation« wird die Bewertung wie in > Toolbox 12 Kriterienbasierte Matrix vorgenommen. Das Team gelangt zu dem Ergebnis, dass die Lösung über eine interne Schulung der Mitarbeiter die optimale Lösung für die Problemursache »Qualifikation der Mitarbeiter« darstellt.

Abb. 8-14: Kriterienbasierte Matrix 1/4 im Musterprojekt
(> Toolbox 12 Kriterienbasierte Matrix)

Bestückung der Anlage	Gewichte	Regelwerk zur Bestückung der Anlage		Neuen fehlerresistenten Warenträger konstruieren (Poka Yoke)		»Vier-Augen«-Prinzip bei Bestückung (Kontrolle)	
Kriterien		Zielerfüllungsgrad	Teilnutzwert	Zielerfüllungsgrad	Teilnutzwert	Zielerfüllungsgrad	Teilnutzwert
Nachhaltigkeit der Verbesserungswirkung	0,2	3	0,6	5	1	3	0,6
Umsetzbarkeit innerhalb des Projektzeitraums	0,15	5	0,75	5	0,75	5	0,75
Fehlervermeidende Wirkung (möglichst Prüfungen überflüssig machen)	0,15	3	0,45	5	0,75	4	0,6
Kosten und Aufwand für die Umsetzung	0,1	5	0,5	3	0,3	5	0,5
Laufende Kosten	0,1	5	0,5	5	0,5	1	0,1
Keine negative Auswirkung auf andere Unternehmensbereiche	0,15	5	0,75	5	0,75	3	0,45
Risiko der Verschlechterung des Prozesses	0,075	3	0,225	3	0,225	3	0,225
Reversibilität der Maßnahme	0,075	5	0,375	4	0,3	5	0,375
Summe	1	Nutzwert	4,15	Nutzwert	4,575	Nutzwert	3,6

Für den Themenblock »Prozessgestaltung« wird die Bewertung wie in > Toolbox 12 Kriterienbasierte Matrix vorgenommen. Das Team gelangt somit zu dem Ergebnis, dass die Lösung »Neuregelung der Lagerung (inklusive Warenträger während des gesamten Prozesses)« die optimale Lösung für die Problemursache »Ungünstige Prozessgestaltung: Verschmutzung zwischen Vorarbeiten zum Galvanisieren (Lagerung sowie viele Ein- und Umpackvorgänge); fehlende Schichtdickenprüfung« darstellt.

8.4.2.2 Lösungsbewertung

Im Anschluss an die Auswahl der optimalen Lösungen für die Beseitigung der identifizierten Hauptproblemursachen durch das Expertenteam ist es erforderlich, die Geschäftsleitung von der Vorteilhaftigkeit der Maßnahmen zu überzeugen. Dafür werden die Lösungen finanziell bewertet. > Abbildung 8-15 zeigt den Ablauf der »Lösungsbewertung«.

Auf dieser Bewertungsgrundlage muss der Geschäftsführer Oskar Röko das erforderliche Budget und die Ressourcen für die Umsetzung der Verbesserungsmaßnahmen freigeben. Teilweise sind die erforderlichen Mittel bereits in den Projektkosten enthalten. Jedoch konnte zum damaligen Zeitpunkt nur eine grobe Schätzung der eventuell benötigten Mittel erfolgen. Dementsprechend müssen weitere, nicht in das Projektbudget eingestellte Mittel zusätzlich genehmigt werden. Der genaue Bedarf an Mitteln kann erst nach Aufstellung der detaillierten Lösungskonzepte und des Budget- und Ressourcenplans ermittelt werden. Daher entscheidet sich der Projektleiter Christian Röko zum aktuellen Projektzeitpunkt für die Erstellung einer *vorläufigen* Kosten-Nutzen-Analyse auf der Basis geschätzter Werte für die Implementierungskosten. Um realistische Werte schätzen zu können, wird ein Fachmann aus dem Controlling hinzugezogen. Die aufgestellte Kosten-Nutzen-Analyse soll die Vorteilhaftigkeit und Notwendigkeit der Maßnahmen mit finanziellen Zahlen belegen und somit die Zustimmung der Geschäftsleitung zur Weiterverfolgung der gewählten Verbesserungsmaßnahmen sicherstellen.

Improve – Maßgeschneiderte Lösungen

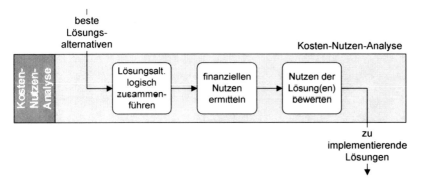

Abb. 8-15:   *Ablauf »Lösungsbewertung«*

Auf dieser Basis werden drei vorläufige Kosten-Nutzen-Analysen erstellt, die den geschätzten Mehrwert der einzelnen – teils kombinierten – Lösungsansätze in Zahlen ausdrücken. Aus logischen und technischen Gründen ist es sinnvoll, verschiedene Lösungsansätze zusammenzufassen und den Nutzen einer gemeinsamen Umsetzung zu betrachten.

Die erste vorläufige Kosten-Nutzen-Analyse (> vgl. Abb. 8-16) betrachtet die Geschäftssituation vor und nach der Umsetzung der Verbesserungsmaßnahmen »Neuen fehlerresistenten Warenträger konstruieren (Poka Yoke)« und »Neuregelung der Lagerung (inklusive Warenträger während des gesamten Prozesses)«.

Der Analyse zufolge bedeutet die gemeinsame Realisierung dieser Maßnahmen eine Steigerung des Geschäftsergebnisses im Geschäftsbereich Kaffeevollautomaten um 107.950 Euro für das Jahr nach der Implementierung. Diese ergibt sich aus Einsparungen in den Bereichen Fertigungsmaterialausgaben, Ausschuss- und Nacharbeitskosten, Reklamationskosten sowie Lagerkosten.

Die zweite vorläufige Kosten-Nutzen-Analyse (> Toolbox 13 Kosten-Nutzen-Analyse) betrachtet die Geschäftssituation vor und nach der Umsetzung der Verbesserungsmaßnahme »Interne Schulung der Mitarbeiter«.

Abb. 8-16: Vorläufige Kosten-Nutzen-Analyse 1/3 im Musterprojekt [in Anlehnung an 26] (> Toolbox 13 Kosten-Nutzen-Analyse)

	Lösungsansatz Neuen fehlerresistenten Warenträger konstruieren (Poka Yoke) + Neuregelung der Lagerung (inkl. Warenträger während des gesamten Prozesses)	Jahr 0 (12 Monate vor Projekt)	Jahr 1 (12 Monate nach Projekt)	Erläuterungen
1	**Umsatz**	€ 7.000.000,00	€ 7.000.000,00	
2	**Kosten**	€ 5.902.000,00	€ 5.789.850,00	
2.1	Personalkosten (inkl. Nebenkosten)	€ 2.750.000,00	€ 2.750.000,00	Personalkosten für Mitarbeiter direkt Geschäftsbereich Kaffeevollautomaten + anteilig Personalgemeinkosten
2.2	Fertigungsmaterialausgaben	€ 2.072.000,00	€ 2.072.000,00	
2.3	Ausschuss- und Nacharbeitskosten	€ 80.000,00	€ 66.250,00	
2.4	Reklamationskosten	€ 350.000,00	€ 274.400,00	
2.5	Instandhaltungsausgaben	€ 150.000,00	€ 150.000,00	
2.6	Lagerkosten	€ 500.000,00	€ 477.200,00	
3	**Implementierungskosten**	€ -	**€ 4.200,00**	
3.1	Anlagen/Geräte/Material	€ -	€ 1.000,00	Material, Galvanisieranlage
3.2	Personaleinsatz	€ -	€ 3.200,00	Konstruktion, Fertigung, Montage, Einsatztest, Soll-Prozess umsetzten
3.3	Sonstige Implementierungskosten	€ -		
4	**Ergebnis**	€ 1.098.000,00	€ 1.205.950,00	

Der Analyse zufolge bedeutet die Realisierung dieser Maßnahme eine Steigerung des Geschäftsergebnisses im Geschäftsbereich Kaffeevollautomaten um 40.600 Euro für das Jahr nach der Implementierung. Diese ergibt sich aus Einsparungen in den Bereichen Fertigungsmaterialausgaben, Ausschuss- und Nacharbeitskosten sowie Reklamationskosten.

Die dritte vorläufige Kosten-Nutzen-Analyse (> Toolbox 13 Kosten-Nutzen-Analyse) betrachtet die Geschäftssituation vor und nach der Umsetzung der Verbesserungsmaßnahmen »Versuchsplan zur Optimierung der Parameter aufstellen« und »Automatische Temperaturregelung«.

Der Analyse zufolge bedeutet die gemeinsame Realisierung dieser Maßnahmen eine Steigerung des Geschäftsergebnisses im Geschäftsbereich Kaffeevollautomaten um 97.050 Euro für das Jahr nach der Implementierung. Diese ergibt sich aus Einsparungen in den Bereichen Fertigungsmaterialausgaben, Ausschuss- und Nacharbeitskosten sowie Reklamationskosten.

Zusammengefasst ergibt sich für die gleichzeitige Realisierung aller fünf Verbesserungsmaßnahmen eine geschätzte Steigerung des Geschäftsbereich-Ergebnisses in Höhe von 245.600 Euro für das Jahr nach der Implementierung. Diesem Mehrwert stehen die Kosten des Six-Sigma-Projekts in kalkulierter Höhe von 84.930 Euro gegenüber. Die exakten Zahlen stehen nach durchgeführter Budget- und Ressourcenplanung (> vgl. Abschnitt 8.4.4.1) beziehungsweise nach dem Net Benefit Sign Off (> vgl. Abschnitt 9.4.3.1) fest.

Auf Grundlage dieser Daten zeigt sich die Geschäftsleitung sehr zufrieden mit der voraussichtlichen Wirkung des Six-Sigma-Projekts, so dass die Weiterverfolgung der Maßnahmen befürwortet und die Unterstützung zugesichert wird.

8.4.3 Ausgestaltung des Lösungskonzepts und Risikobewertung

Nachdem die konkreten Verbesserungsansätze ausgewählt und von der Geschäftsleitung »genehmigt« wurden, besteht die Aufgabe des Projektteams darin, detaillierte Lösungskonzepte zu erarbeiten.

8.4.3.1 Dokumentation des Soll-Prozesses
Erster Schritt zur Konzeptausarbeitung ist die Darstellung und Dokumentation des Soll-Prozesses, der alle geplanten Änderungen und Verbesserungsmaßnahmen enthalten soll (> vgl. Abb. 8-17).

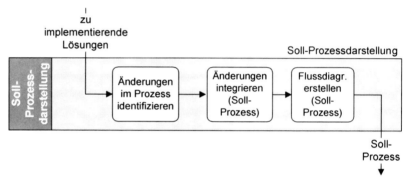

Abb. 8-17:   *Ablauf »Soll-Prozess dokumentieren«*

Der Projektleiter Christian Röko entscheidet sich zur Darstellung für die Anfertigung eines Flussdiagramms. Die Erstellung des Prozesses erfolgt auf Basis des aktuellen Ist-Prozesses, wobei die angestrebten Verbesserungen im Prozess verankert und visualisiert werden (> Abb. 8-18).

Nur prozessbezogene Lösungsansätze können in der Darstellung visualisiert werden. So ist die geplante Schulung der Mitarbeiter ein einmaliger Vorgang, der nicht im Prozess abgebildet wird. Dies gilt ebenfalls für das Aufstellen eines Versuchsplans für optimale Einstellparameter und für den Einbau der automatischen Temperaturregelung. Die Einführung eines Warenträgers hingegen ist zu erkennen. Größten

Improve – Maßgeschneiderte Lösungen

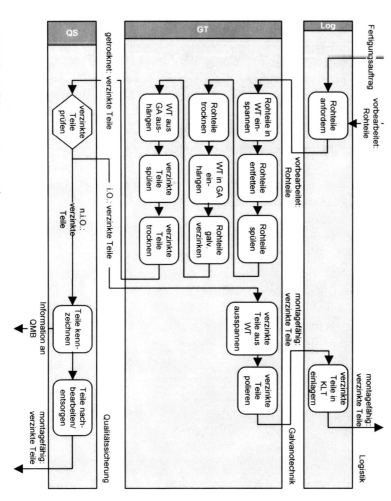

Abb. 8.18: *Soll-Prozess im Musterprojekt*

Einfluss auf den Soll-Prozess hat die Maßnahme »Neuregelung der Lagerung (inklusive Warenträger während des gesamten Prozesses)«. Für diesen Verbesserungsansatz stellt die Soll-Prozess-Gestaltung gleichzeitig die weitere detaillierte Konzeptausarbeitung dar. Im Einzelnen entsteht somit folgendes Verbesserungskonzept:

⇨ *Reduktion der Schnittstelle Logistik-Galvanotechnik:*
Die Logistik übernimmt nur noch die Anlieferung der Rohteile und die Verpackung der Fertigteile, nicht die Zwischenlagerung der gespülten Teile.

⇨ *Warenträger über weite Teile des Prozesses verwenden:*
Der neu eingeführte Warenträger ist ab sofort Träger der Einzelteile über die Prozessschritte Entfetten, Spülen, Trocknen und Verzinken. Somit werden überflüssige Handgriffe eliminiert, der fachgerechte Transport sichergestellt und die definierte Bestückung der Galvanisieranlage gewährleistet.

⇨ *Keine undefinierte langfristige Lagerung:*
Der Prozessschritt der Lagerung nach dem Entfetten und Spülen wird eliminiert. Die Teile durchlaufen in einem Durchgang den Gesamtprozess. Nur unter bestimmten Umständen (Schichtende, Maschinenstillstand) ist eine temporäre Zwischenlagerung mit zeitnaher Weiterverarbeitung zulässig.

⇨ *Zwischenlagerung an speziellem Ort:*
Für den Fall der Zwischenlagerung wird eine spezielle logistische Nutzfläche zwischen Entfettungsstation und Galvanisieranlage ausgewiesen. Diese Fläche wird durch ein Staubschutzzelt überdacht, so dass während der Lagerung keine Verschmutzung stattfinden kann.

⇨ *Prüfschritt einführen:*
Nach dem elektrolytischen Verzinken wird ein Prüfschritt in den Prozess integriert. Gemessen werden dabei die Schichtdicke und die Schichtqualität. Für die Prüfung und Überwachung der Schichtdicke werden zwei Abschnitte angestrebt. Im ersten Abschnitt ist während der Control-Phase über fünf Tage hinweg der Einsatz einer Regelkarte denkbar. Im zweiten Abschnitt soll die Precontrol-

Methode zur dauerhaften Überwachung des Prozesses eingeführt werden. Für beide Methoden sind Stichprobenstrategien und Strategien zum Umgang mit fehlerhaften Teilen zu definieren. Zur Dokumentation sollte eine Fehlersammelliste eingeführt werden. Für die Prüfung der Schichtqualität ist ebenfalls eine Stichprobenstrategie und eine Strategie zum Umgang mit fehlerhaften Teilen zu definieren. Zur Dokumentation sollte dieselbe Fehlersammelliste verwendet werden.

8.4.3.2 Lösungsverfeinerung und Risikobewertung

Um die weiteren Lösungsvorschläge umsetzen zu können, müssen detaillierte Konzepte erarbeitet werden. Anschließend muss auf Grundlage der genauen Informationen eine erneute Risikoanalyse durch das Vervollständigen der FMEA erfolgen. Der Ablauf des Phasenschritts »Lösung verfeinern und Risikobewertung« ist in > Abbildung 8-19 dargestellt.

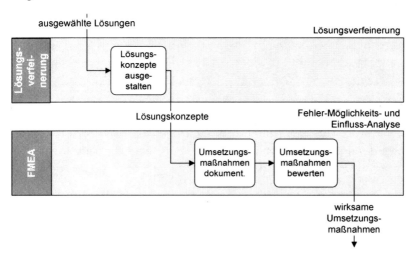

Abb. 8-19: *Ablauf »Lösung verfeinern und Risikobewertung«*

Für den besonderen Fall der lagerungsbedingten Prozessumgestaltung konnte das Lösungskonzept bereits mit dem Soll-Prozess erstellt werden. Nun muss das Six-Sigma-Team für die weiteren vier Verbesserungsansätze konsistente, nachhaltige und umsetzungsfähige Konzepte erarbeiten.

Interne Schulung der Mitarbeiter
Dieser Lösungsansatz ist ein Beispiel für eine Maßnahme, der in Bezug auf die Ausgestaltung und Umsetzung im Sinne des Projekts keiner tieferen Konzeptbildung bedarf. Es muss festgelegt werden, wie, wo und wann die Schulung stattfinden soll und wer dafür verantwortlich ist. Die inhaltliche Ausgestaltung der Schulung ist Aufgabe des Dozenten während der realisierten Schulungsmaßnahme.

Das Projektteam hält es für angebracht, dass die Schulung sowohl für die Mitarbeiter der Galvanotechnik als auch für die Mitarbeiter der Qualitätssicherung durchgeführt werden soll. Dozent wird Teammitglied und Ingenieur (FH) Herr Zink sein. Dieser ist zusammen mit Frau Schöngeist auch für die Erstellung der Inhalte und Unterlagen zuständig. Die Schulung findet am 22.04.2010 für die Mitarbeiter der Galvanotechnik und am 23.04.2010 für die Mitarbeiter der Qualitätssicherung statt.

Neuen fehlerresistenten Warenträger konstruieren (Poka Yoke):
Das Konzept für die Neukonstruktion eines fehlerresistenten Warenträgers soll laut Vorschlag auf einem präventiven Poka-Yoke-Ansatz basieren. Durch die konstruktive Ausgestaltung des Trägers werden Fehler beim Einsatz ausgeschlossen. Auf Basis dieser Vorgaben erarbeiten Christian Röko und Herr Campus folgende Bedingungen und Vorlagen für die Konstruktion:
⇨ Definierte Anzahl der Steckplätze am Warenträger:
   Der Warenträger soll genau zehn Steckplätze vorweisen; es handelt sich dabei um die Anzahl der Einzelteile, die für einen kompletten Druckdurchlauferhitzer notwendig sind.

⇨ Definierte Ausgestaltung der Steckplätze:
Jeder der zehn Steckplätze ist durch konstruktive Maßnahmen (Haken, Dimension, Ort) speziell für ein bestimmtes der zehn Bauteile gestaltet.

Diese Vorgaben für die Konstruktion ergeben nachhaltige Vorteile beim Einsatz. Durch die definierte Anzahl und Ausgestaltung der Steckplätze ist es nun nur noch möglich, genau einen kompletten Teilesatz pro Prozessdurchgang zu galvanisieren. Weiterhin passt jedes Teil jeweils nur an einen Steckplatz des Trägers. Dies ist zum einen eine Garantie dafür, dass bei vollständiger Bestückung automatisch ein kompletter Satz vorliegt, zum anderen ist ein Standard für Ort und Art des Werkstücks gesetzt. Für die Prozessparameter ergibt sich durch die Sicherstellung der einheitlichen Bestückung jeweils die gleiche definierte Werkstückoberfläche. Durch diese konstruktiven Vorgaben sind bei Benutzung des Warenträgers Unterschiede bei der Bestückung nicht mehr möglich. Eine einfache Sichtprüfung auf Vollständigkeit nach der Bestückung reicht dadurch aus.

Versuchsplan zur Optimierung der Parameter aufstellen:
Zur Optimierung der Maschinen- und Prozessparameter beim Galvanisieren wird die statistische Versuchsplanung angewendet. Um den Versuchsplan realisieren zu können, wird ein Konzept erarbeitet, welches die Vorbetrachtungen beinhaltet und den Ablauf der praktischen Durchführung bestimmt:
Die Ausgangssituation für die statistische Versuchsplanung beinhaltet die in der Define-Phase beschriebene Situation zum Projektstart, ergänzt um die Erkenntnisse der Phasen Measure und Analyze. Betrachtungsgegenstand des Versuchsplans ist der Prozessschritt »Elektrolytisches Verzinken«. Die langfristige Zielsetzung besteht in der Stabilität und Wirtschaftlichkeit des Prozesses »Galvanisches Verzinken«. Dafür sollen die Maschinen- und Prozessparameter optimiert werden.
Für die Versuchsplanung werden circa vier Tage benötigt (ein Tag Vorbereitung, zwei Tage Versuche, ein Tag Auswertung). Als Eingangs-

größen fließen die bisher gewonnenen Erkenntnisse über die Ziel- und Einflussfaktoren ein. Die theoretischen Grundlagen zum Galvanisieren verdeutlichen einen nichtlinearen Zusammenhang zwischen den Einflussfaktoren und der Zielgröße.

Das exakte Untersuchungsziel besteht in einer Reduzierung der Streuung des Prozesses »Galvanisches Verzinken«, das heißt im Einhalten der Toleranzgrenzen der Zinkschichtdicke von 12 μm und 15 μm sowie in der Optimierung der Lage des Mittelwerts auf 13,5 μm.

Die Betrachtungen der Analyze-Phase können in das vorbereitende Screening eingebracht werden, welches einen bedeutenden nächsten Schritt der Versuchsplanung darstellt. Die direkte Vorbereitung, die Versuchsdurchführung und die Auswertung finden in der Phase »Lösungsrealisierung« statt.

Automatische Temperaturregelung:
Grund für diese Maßnahme ist die Änderung der Elektrolysebadtemperatur bei mehreren Prozessdurchläufen. Ziel der Verbesserung ist es, eine konstante Badtemperatur zu erzeugen und zu erhalten. Zur Umsetzung dieser Verbesserungswirkung ist kein umfangreiches Konzept notwendig. Über den Fachhandel wird eine individuell einstellbare Temperaturregelungsanlage für das Elektrolysebecken beschafft. Die exakte Einstellung der Werte ergibt sich über die Erkenntnisse aus dem Versuchsplan.

Um den Bezug der Verbesserungskonzepte zu den identifizierten Problemursachen systematisch herzustellen und die Nachhaltigkeit der Verbesserungswirkung zu kontrollieren, ist nach Erstellung der detaillierten Konzepte eine Risikoanalyse notwendig. Dazu wird die begonnene FMEA aus > Abschnitt 7.4.2.2 aufgegriffen.

Das Team vervollständigt entsprechend der ausgearbeiteten Lösungskonzepte das FMEA-Formblatt, indem die potenziellen Fehler unter Berücksichtigung der getroffenen Maßnahmen (die sich in fester Planung befinden) erneut bewertet werden (> vgl. Abb. 7-19). Dazu wird für jeden Fehler erneut die Wahrscheinlichkeit des Auftretens und

Improve – Maßgeschneiderte Lösungen

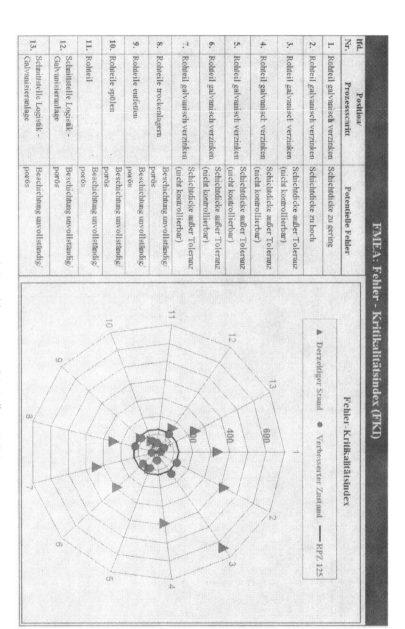

Abb. 8-20: *FMEA nach Verbesserung im Musterprojekt [in Anlehnung an 32: 26] (> Toolbox 8 FMEA)*

Abb. 8-21: Kritikalitätsindex FMEA nach Verbesserung im Musterprojekt [in Anlehnung an 32; 26] (> Toolbox 8 FMEA)

Projekt: Optimierung Prozess »Galvanisches Verzinken«		Prozess-FMEA			FMEA-Formblatt				Produkt-FMEA						
		Name / Abteilung: Galvanisieranlage		Prozess-/ Produktname: Galvanisches Verzinken					Erstellt durch: Chr. Röko		Datum: 3/19/ 2010	Überarbeitet durch / am: Chr. Röko / 06.04.2010 / 03.05.2010			
					Derzeitiger Zustand							Verbesserter Zustand			
lfd Nr.	Position/ Prozess-schritt	Poten-zielle Fehler	Fehler-folge	Fehler-ursache	Kontroll-maßn.	A*	B*	E*	RPZ*	Empf. Maßn.	Ver-antw.	Getr. Maßn.	A*	B*	E*	RPZ*
1.	Rohteil galvanisch verzinken	Schicht-dicke zu gering	Korrosion	zu viele Werkstü-cke in Galvani-sieranlage		6	8	7	336	Warenträger mit definierter Bestückung (V); Sicht-prüfung auf korrekte Be-stückung (P)	Campus	Warenträ-ger mit definierter Bestückung (V); Sicht-prüfung auf korrekte Bestückung (P)	1	8	3	24
2.	Rohteil galvanisch verzinken	Schicht-dicke zu hoch	Teile nicht monta-gefähig (Nachar-beit)	keine Pro-zessvor-gaben zur Galvani-sierdauer	keine	6	7	10	420	Versuchsplan und Tabelle für Einstellung (V), Kontrolle der Einstellpa-rameter (P)	Röko/ Zink/ Zoll/ Miller	Versuchs-plan und Tabelle für Einstellung (V), Kon-trolle mit Regelkarte (P)	3	7	6	126
3.	Rohteil galvanisch verzinken	Schicht-dicke außer Toleranz (nicht kontrollier-bar)	Korrosion oder Teile nicht montage-fähig	Maschi-nenpara-meterein-stellungen nicht vor-gegeben		8	8	10	640	Versuchsplan und Tabelle für Einstellung (V), Kontrolle der Einstellpa-rameter (P)	Röko/ Zink/ Zoll/ Miller	Versuchs-plan und Tabelle für Einstellung (V), Kon-trolle mit Regelkarte (P)	3	8	6	144

Abb. 8-21: Kritikalitätsindex FMEA nach Verbesserung im Musterprojekt [in Anlehnung an 32: 26] (> Toolbox 8 FMEA) (Fortsetzung)

4.	Rohteil galvanisch verzinken	Schichtdicke außer Toleranz (nicht kontrollierbar)	Korrosion oder Teile nicht montagefähig	Temperaturveränderung des Elektrolyts über die Zeit	Temperaturveränderung des Elektrolyts über die Zeit	7	8	7	392	Versuchsplan (V) und ggf. Temperaturregelung (V, P)	Röko/ Zink/ Zoll/ Miller	Versuchsplan (V) und ggf. Temperaturregelung und -prüfung (V, P)	3	8	2	48
...	...	...	...	...	...	...	...	...	...	...	...
11.	Rohteil	Beschichtung unvollständig/porös	Korrosion	schlechte Rohteilqualität	Wareneingangskontrolle	3	8	2	48			Wareneingangskontrolle	3	8	2	48
12.	Schnittstelle Logistik-Galvanisieranlage	Beschichtung unvollständig/porös	Korrosion	Verschmutzung durch teilweise zu lange Lagerzeiten	Sichtprüfung	4	8	5	160	Prozessumgestaltung, 5S, Lagerplatzgestaltung und -regeln (V)	Röko/ Campus	Prozessumgestaltung, 5S, Lagerplatzgestaltung und -regeln (V)	3	8	5	120
13.	Schnittstelle Logistik-Galvanisieranlage	Beschichtung unvollständig/porös	Korrosion	Verschmutzung durch einlegen in Gitterbox	Sichtprüfung	5	8	6	240	Prozessumgestaltung, Warenträger über Gesamtprozess einführen (V)	Röko/ Campus	Prozessumgestaltung, Warenträger über Gesamtprozess einführen (V)	1	8	6	48

Legende: siehe Abbildung 7-5

der Entdeckung ermittelt. Die Bedeutung eines Fehlers hingegen bleibt unverändert.

Das Ergebnis der FMEA (> Abb. 8-20 und 8-21) zeigt, dass für alle potenziellen Fehler die Risikoprioritätszahlen durch die Verbesserungsmaßnahmen deutlich verringert wurden. Sieben der neun zuvor kritischen RPZ können unter die kritische Grenze 125 gesenkt werden. Die Risikowerte der beiden potenziellen Fehler »Schichtdicke zu hoch« (Ursache: keine Prozessvorgaben zur Galvanisierdauer) und »Schichtdicke außer Toleranz (nicht kontrollierbar)« (Ursache: Maschinenparametereinstellung nicht vorgegeben) können nicht auf Werte unter 125 verringert werden. Auch wenn diese kritische Grenze zunächst nicht unterschritten wird, so können die Werte durch die Verbesserungsmaßnahmen deutlich (von 420 auf 126 und von 640 auf 144) gesenkt und damit erhebliche Verbesserungswirkungen erzielt werden. Diese stellen mittelfristig Ansatzpunkte für weitere Optimierungsmaßnahmen dar.

8.4.4 Implementierungsplanung und Lösungsrealisierung

Nach Erstellung der Konzepte für die fünf Verbesserungsmaßnahmen und nach Durchführung der Risikoanalyse muss im nächsten Schritt die Umsetzung geplant und durchgeführt werden.

8.4.4.1 Implementierungsplanung
Um die Implementierung der Verbesserungen zu planen, werden der Aktivitäten- und Zeitplan sowie der Budget- und Ressourcenplan verwendet (> vgl. Abb. 8-22). Im Aktivitäten- und Zeitplan (> vgl. Abb. 8-23) werden die fünf Maßnahmen inklusive Einzelaktivitäten aufgeführt und festgelegt, in welchem Zeitraum die Aufgaben zu erfüllen sind. Gleichzeitig werden Verantwortliche für die Gesamtmaßnahme und Bearbeiter der einzelnen Arbeitspakete benannt. Dabei greift man unter anderem auf vorher festgelegte Daten aus der FMEA zurück.

Der Plan ergibt, dass die Umsetzung aller Arbeitspakete innerhalb von zwei Wochen vollzogen werden soll. Damit können alle Verbes-

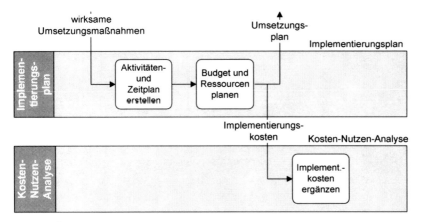

Abb. 8-22: *Ablauf »Implementierungsplanung«*

serungsmaßnahmen innerhalb des Six-Sigma-Projektzeitraums implementiert werden.

Um die finanziellen Daten für die Umsetzung der Lösungskonzepte vollständig zu erfassen und die entsprechenden Mittel durch die Geschäftsführung bereitzustellen, wird ein Budget- und Ressourcenplan erstellt. Dieser beinhaltet die benötigten Ressourcen und Mittel für die Einzelaktivitäten der fünf Verbesserungsmaßnahmen (> vgl. Abb. 8-24).

Aktivitäten- und Zeitplan

Verbesserung	Aktivität	Arbeitstage	Beginn	Abschluss	Verantwort.
1. Warenträger		**4 Tage**	**Mo, 12.04.2010**	**Do, 15.04.2010**	**Hr. Campus**
	1.1 Konstruktion	1 Tag	Mo, 12.04.2010	Mo, 12.04.2010	Werkstatt
	1.2 Fertigung der Einzelteile	1 Tag	Di, 13.04.2010	Di, 13.04.2010	Werkstatt
	1.3 Fügen der Einzelteile	1 Tag	Mi, 14.04.2010	Mi, 14.04.2010	Werkstatt
	1.4 Einsatztest	1 Tag	Do, 15.04.2010	Do, 15.04.2010	Hrn. Campus, Zink
2. Versuchsplan		**4 Tage**	**Mo, 12.04.2010**	**Do, 15.04.2010**	**Hrn. Röko**
	Plan identifizieren, aufstellen	1 Tag	Mo, 12.04.2010	Mo, 12.04.2010	Hrn. Röko, Miller
	2.2 Versuche durchführen	2 Tage	Di, 13.04.2010	Mi, 14.04.2010	Hrn. Zink
	2.3 Auswertung und Regressionsanalyse	1 Tag	Do, 15.04.2010	Do, 15.04.2010	Hrn. Röko, Miller
3. Temperaturregelung		**1 1/2 Tage**	**Do, 15.04.2010**	**Fr, 16.04.2010**	**Hr. Zoll**
	Produktsuche	1/2 Tag	Do, 15.04.2010	Do, 15.04.2010	Fr. Schöngeist
	3.1 Thermoanlage	1 Tag	Fr, 16.04.2010	Fr, 16.04.2010	Hr. Zoll
	3.2 Einbau der Anlage				
4. Schulung	Vorbereitung,	**5 Tage**	**Mo, 19.04.2010**	**Fr, 23.04.2010**	**Hr. Zink**
	4.1 Unterlagen erstellen	3 Tage	Mo, 19.04.2010	Mi, 21.04.2010	Fr. Schöngeist
	4.2 Schulung durchführen	2 Tage	Do, 22.04.2010	Fr, 23.04.2010	Hr. Zink
5. Prozessumgestaltung		**4 1/2 Tage**	**Fr, 16.04.2010**	**Do, 22.04.2010**	**Hr. Röko**
	Soll-Prozess umsetzen 5.1 (inkl. Prüfschritt)	2 Tage	Fr, 16.04.2010	Mo, 19.04.2010	Hrn. Röko, Zink, Zoll, QS
	Neue Lagerplätze 5.2 ausweisen	1 Tag	Di, 20.04.2010	Di, 20.04.2010	Hr. Röko, Logistik
	5.3 Produktsuche Staubschutz	1/2 Tag	Mi, 21.04.2010	Mi, 21.04.2010	Fr. Schöngeist
	Staubschutz am 5.4 Lagerplatz errichten	1 Tag	Do, 22.04.2010	Do, 22.04.2010	Hr. Zoll

Abb. 8-23: *Aktivitäten- und Zeitplan im Musterprojekt [in Anlehnung an 27] (> Toolbox 14 Aktivitäten- und Zeitplan)*

Abb. 8-24: Budget- und Ressourcenplan im Musterprojekt [in Anlehnung an 26]
(> Toolbox 15 Budget- und Ressourcenplan)

Verbes-serung	Posten	Ressourcen [Manntage] (MT)	≈ Ressourcen [€]	Budget
1. Warenträger				
1.1	Konstruktion	1 * 1 MT	€ 250,00	
1.2	Fertigung der Einzelteile	1 * 1 MT	€ 250,00	
1.3	Material			€ 500,00
1.4	Montage der Einzelteile	1 * 1 MT	€ 250,00	
1.5	Einsatztest	2 * 1 MT	€ 500,00	
2. Versuchsplan				
2.1	Plan identifizieren, aufstellen	1 * 1 MT	€ 250,00	
2.2	Externer Berater	1 * 1 MT	€ 1.000,00	
2.3	Versuche durchführen	2 * 1 MT	€ 500,00	
2.4	Material			€ 5.000,00
2.5	Galvanisieranlage			€ 240,00
2.6	Auswertung und Regressionsanalyse	1 * 1 MT	€ 250,00	
2.7	Externer Berater	1 * 1 MT	€ 1.000,00	
3. Temperaturregelung				
3.1	Produktsuche	1 * 1/2 MT	€ 125,00	
3.2	Thermoanlage			€ 2.000,00
3.3	Einbau der Anlage	1 * 1 MT	€ 250,00	
4. Schulung				
4.1	Vorbereitung, Unterlagen erstellen	1 * 1 MT + 1 * 2 MT	€ 750,00	
4.2	Schulung durchführen	1 * 2 MT	€ 500,00	
4.3	2 Teilnehmer QS	2 * 1 MT	€ 500,00	
4.4	3 Teilnehmer Galvanisieren	3 * 1 MT	€ 750,00	

Abb. 8-24: Budget- und Ressourcenplan im Musterprojekt [in Anlehnung an 26] (> Toolbox 15 Budget- und Ressourcenplan) (Fortsetzung)				
Verbes-serung	Posten	Ressourcen [Manntage] (MT)	≈ Ressourcen [€]	Budget
5. Prozessumgestaltung				
5.1	Soll-Prozess umsetzen	1 * 2 MT + 1 * 1 MT + 1 * 2 MT	€ 1.250,00	
5.2	Galvanisieranlage			€ 240,00
5.3	Prüfschritt einrichten (QS)	2 * 1 MT	€ 500,00	
5.4	Neue Lagerplätze ausweisen	2 * 1/2 MT	€ 250,00	
5.5	Produktsuche Staubschutzzelt	1 * 1/2 MT	€ 125,00	
5.6	Staubschutzzelt			€ 300,00
5.7	Staubschutz am Lagerblatz errichten	1 * 1/2 MT + 1 * 1 MT	€ 375,00	

Aus dem Plan ergeben sich die jeweiligen präzisen Implementierungskosten für die einzelnen Verbesserungsmaßnahmen. Die Aufstellung ist unterteilt in Personal- und Sachressourcen.
Mit Hilfe dieser Daten lassen sich die vorläufigen Kosten-Nutzen-Analysen ergänzen (> vgl. Abb. 8-25).

Abb. 8-25: Vollständige Kosten-Nutzen-Analyse 1/3 im Musterprojekt [in Anlehnung an 26]
(> Toolbox 13 Kosten-Nutzen-Analyse)

	Lösungsansatz Neuen fehlerresistenten Warenträger konstruieren (Poka Yoke) + Neuregelung der Lagerung (inkl. Warenträger während des gesamten Prozesses)	Jahr 0 (12 Monate vor Projekt)	Jahr 1 (12 Monate nach Projekt)	Erläuterungen
1	Umsatz	€ 7.000.000,00	€ 7.000.000,00	
2	Kosten	€ 5.902.000,00	€ 5.789.850,00	
2.1	Personalkosten (inkl. Nebenkosten)	€ 2.750.000,00	€ 2.750.000,00	Personalkosten für Mitarbeiter direkt, Geschäftsbereich Kaffeevollautomaten + anteilig Personalgemeinkosten
2.2	Fertigungsmaterialausgaben	€ 2.072.000,00	€ 2.072.000,00	
2.3	Ausschuss- und Nacharbeitskosten	€ 80.000,00	€ 66.250,00	
2.4	Reklamationskosten	€ 350.000,00	€ 274.400,00	
2.5	Instandhaltungsausgaben	€ 150.000,00	€ 150.000,00	
2.6	Lagerkosten	€ 500.000,00	€ 477.200,00	
3	Implementierungskosten	€ -	€ 4.517,50	
3.1	Anlagen/Geräte/Material	€ -	€ 1.440,00	Material 900 € + Galvanisieranlage 240 € + Staubschutzzelt 300 €
3.2	Personaleinsatz	€ -	€ 3.077,50	Konstruktion 200 € + Fertigung 200 € + Montage 200 € + Einsatztest 250 € + Soll-Prozess umsetzten (inkl. Prüfschritt einrichten) 1590 € + Lagerplätze ausweisen 360 € + Produktsuche Staubschutzzelt 72,50 € + Staubschutzzelt einrichten 205 €
3.3	Sonstige Implementierungskosten	€ -		
4	Ergebnis	€ 1.098.000,00	€ 1.205.632,50	

Somit ergibt sich jeweils der Net Benefit für die drei Verbesserungspakete:
- ➩ »Neuen fehlerresistenten Warenträger konstruieren (Poka Yoke)« und »Neuregelung der Lagerung (inklusive Warenträger während des gesamten Prozesses)« → 107.632,50 Euro (> vgl. Toolbox 13 Kosten-Nutzen-Analyse)
- ➩ »Interne Schulung der Mitarbeiter« → 40.585 Euro (> vgl. Toolbox 13 Kosten-Nutzen-Analyse)
- ➩ »Versuchsplan zur Optimierung der Parameter aufstellen« und »Automatische Temperaturregelung« → 98.102,50 Euro (> vgl. Toolbox 13 Kosten-Nutzen-Analyse)

Insgesamt ergibt sich somit für alle Verbesserungsmaßnahmen im Rahmen des Six-Sigma-Projekts ein gemeinsamer tatsächlicher Net Benefit von 246.320 Euro.

Dem stehen abschließend die tatsächlichen Projektkosten exklusive der Kosten für die Maßnahmenrealisierung gegenüber. Dieses Gesamtergebnis in Bezug auf das abgeschlossene Six-Sigma-Projekt wird beim Projektabschluss (> vgl. Abschnitt 9.4.3) berechnet.

8.4.4.2 Lösungsrealisierung

Die Realisierung und Implementierung der Lösungen erfolgt auf Grundlage der ausgearbeiteten Konzepte und entlang des Implementierungsplans (> vgl. Abb. 8-26).

Neuen fehlerresistenten Warenträger konstruieren (Poka Yoke):
Der neue Warenträger wird entsprechend der Konstruktionsvorgaben von der unternehmenseigenen Werkstatt entworfen und gebaut. Der Einsatz im laufenden Prozess erfolgt unmittelbar.

Neuregelung der Lagerung (inklusive Warenträger während des gesamten Prozesses):
Der Soll-Prozess wird entsprechend dem Flussdiagramm optimiert und bildet mit der Übergabe an den Prozesseigner den neuen Ist-Prozess.

Improve – Maßgeschneiderte Lösungen

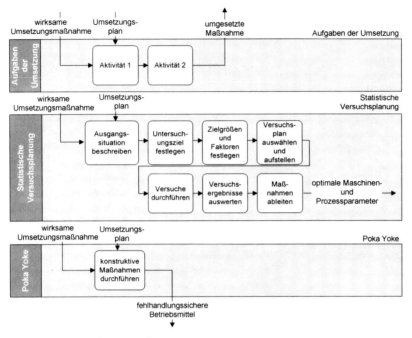

Abb. 8-26: *Ablauf »Lösungsrealisierung«*

Der neue Zwischenlagerplatz wird durch Christian Röko und einen Mitarbeiter der Logistik ausgewiesen, und das neue Staubschutzzelt wird errichtet.

Interne Schulung der Mitarbeiter:
Die durch Herrn Zink und Frau Schöngeist erstellten Unterlagen dienen bei den Schulungen der Mitarbeiter der Galvanotechnik und der Qualitätssicherung als Grundlage. Die vermittelten Inhalte werden zum Abschluss des jeweiligen Schulungstags in der Gruppendiskussion gefestigt.

Tabelle 8-4: Zentral zusammengesetzter Versuchsplan im Musterprojekt [in Anlehnung an 24]

	Versuchs-nr.	Faktor A	Faktor B	Faktor C	c(A)	c(B)	c(C)
vollständiger faktorieller Versuchsplan	1	1,5	15	40	1	1	1
	2	1,5	15	20	1	1	-1
	3	1,5	5	40	1	-1	1
	4	1,5	5	20	1	-1	-1
	5	0,5	15	40	-1	1	1
	6	0,5	15	20	-1	1	-1
	7	0,5	5	40	-1	-1	1
	8	0,5	5	20	-1	-1	-1
Sternpunkte (rotierbar)	1	1,840896415	10	30	1,681792831	0	0
	2	0,159103585	10	30	-1,681792831	0	0
	3	1	18,40896415	30	0	1,681792831	0
	4	1	1,591035847	30	0	-1,681792831	0
	5	1	10	46,81792831	0	0	1,681792831
	6	1	10	13,18207169	0	0	-1,681792831
zentraler Punkt (5x)	1	1	10	30	0	0	0
	2	1	10	30	0	0	0
	3	1	10	30	0	0	0
	4	1	10	30	0	0	0
	5	1	10	30	0	0	0

Versuchsplan zur Optimierung der Parameter aufstellen:
Nachdem das Konzept erstellt wurde (> vgl. Abschnitt 7.3.3.2), beginnt die praktische Durchführung der Versuchsplanung mit dem Screening. Dabei werden die relevanten von den irrelevanten Faktoren getrennt. Daraus ergeben sich als Zielgröße die »Zinkschichtdicke [μm]« und als Einflussfaktoren die »Stromstärke [A]«, die »Dauer des Galvanisiervorgangs [min]« und die »Temperatur [°C]«. Die Faktorstufen für den Versuchsplan ergeben sich aus technischen Bedingungen und theoretischen Kenntnissen: Stromstärke (0,5 A; 1,5 A), Temperatur (20 °C; 40 °C), Dauer (5 min; 15 min).

Aufgrund des nichtlinearen Zusammenhangs zwischen Einflussfaktoren und Zielgröße wird ein zentral zusammengesetzter Versuchsplan verwendet. > Tabelle 8-4 zeigt den vollständigen Versuchsplan mit der Kodierung der Faktor-Wert-Kombinationen (c(i)).

Zur Durchführung der Versuche und zur Messung der Zielgröße »Zinkschichtdicke« kann die in der Measure-Phase entwickelte operationale Definition verwendet werden.

Die umfangreiche Auswertung der Versuche geschieht durch eine nichtlineare Regressionsanalyse. Grund dafür ist die Datenart der Zielgröße und der Einflussfaktoren:

⇨ Zielgröße »Zinkschichtdicke [μm]« = stetig
⇨ Einflussfaktoren »Stromstärke [A]«, »Dauer des Galvanisiervorgangs [min]« und »Temperatur [°C]« = stetig

Das allgemeine Regressionsmodell für die Antwortfläche lautet:

$$y = \beta + \beta_a \cdot x^{(a)} + \beta_b \cdot x^{(b)} + \beta_c \cdot x^{(c)} + \beta_{ab} \cdot x^{(a)} \cdot x^{(b)} + \beta_{bc} \cdot x^{(b)} \cdot x^{(c)} + \beta_{ac} \cdot x^{(a)} \cdot x^{(c)} + \beta_{aa} \cdot x^{(a)^2} + \beta_{bb} \cdot x^{(b)^2} + \beta_{cc} \cdot x^{(c)^2} + \beta_{abc} \cdot x^{(a)} \cdot x^{(b)} \cdot x^{(c)}$$

x(a) = Wert des Faktors a
x(b) = Wert des Faktors b
x(c) = Wert des Faktors c
βi = Koeffizienten der Regression

Durch eine Regressionsanalyse kann die Antwortfläche und können somit die Haupt- und Wechselwirkungseffekte ermittelt werden. Das sich ergebende Modell kann zur Bestimmung der optimalen Maschinen- und Prozessparameter und damit zur Erzeugung einer Zinkschichtdicke von 13,5 µm genutzt werden.

Die optimierten Einstellungen der Maschinen und Prozessparameter werden getestet und zur Anwendung gebracht. Diese müssen bei jedem Galvanisiervorgang vorgenommen werden.

Die Absicherung und die Dokumentation der Ergebnisse und der Maßnahmen des Versuchsplans geschehen im weiteren Verlauf der Phase Control.

Automatische Temperaturregelung:
Für die Beschaffung der Anlage zur Temperaturregelung wird eine Recherche bei Fachhändlern durchgeführt. Ein geeignetes Modell wird bestellt und von Herrn Zoll im Elektrolysebecken montiert. Die Einstellung der Temperatur erfolgt durch den jeweiligen Mitarbeiter der Galvanotechnik, entsprechend der optimierten Einstellparametervorgaben.

Zusammenfassung
Die Improve-Phase ist die Verbesserungsphase eines jeden Six-Sigma-Projekts. In dieser Phase werden alle zuvor erarbeiteten und analysierten Erkenntnisse in Maßnahmen umgesetzt, die die Problemfelder des Prozesses direkt angehen und somit den Prozess zielgerichtet optimieren.

Dieser Beitrag stellt eine Struktur für die Improve-Phase vor, die die Lücke zwischen allgemeinem und grobem Phasenziel und konkreter Problemsituation schließt. Dies geschieht, indem sie die Aufgaben und Ziele präzisiert und inhaltlich ausformuliert, gleichzeitig jedoch so allgemein bleibt, dass sie auf nahezu alle Projekte anwendbar ist.

Weiterhin werden die klassischen Werkzeuge benannt und systematisiert vorgestellt.
Abschließend werden die vorgestellten Werkzeuge in Verbindung mit dem erweiterten Phasenmodell am konkreten Beispiel eingesetzt. Dies stellt den vierten Teil des durchgängigen Musterprojekts dar.

Kapitel 9
Control – Nachhaltigkeit als oberstes Ziel

Die Control-Phase des Six-Sigma-Projekts legt den Grundstein für eine nachhaltige Verbesserung und Problembehebung. Der optimierte Prozess ist zu standardisieren, zu überwachen und zu steuern. Ist dieses Ziel erreicht, kann das Projekt formal abgeschlossen werden.

In diesem Beitrag erfahren Sie:
- wie man die Control-Phase durch eine allgemeine Phasenstruktur ausgestaltet,
- wie die typischen Werkzeuge der Control-Phase aussehen,
- wie Phasenstruktur und ausgewählte Werkzeuge im Musterprojekt zur Anwendung kommen.

DANIEL KOHL, GREGOR RÖHRIG

9.1 Überblick

Die Control-Phase ist die letzte Phase eines Six-Sigma-Projekts. Durch die eingesetzten Methoden können sich zusätzlich Datengrundlagen für weitere Projekte ergeben und damit kann gegebenenfalls ein Verbesserungsprozess angestoßen werden [41].

Nachdem in der Improve-Phase Lösungen für die Hauptproblemfelder aus der Analyze-Phase generiert und zur Umsetzung gebracht wurden, besteht die Aufgabe in der Control-Phase darin, die Verbesserungswirkung und Problembehebung nachhaltig aufrechtzuerhalten [32].

Ein grundsätzliches Problem bei Verbesserungsprojekten ist das rapide Nachlassen der Aufmerksamkeit nach Projektende. Damit verbunden ist die Gefahr, dass der »alte« Prozess nach und nach wieder aktiv wird und die Veränderungen des Projekts wieder verschwinden.

In der Control-Phase sollen daher Maßnahmen ergriffen werden, um dies zu verhindern. Durch methodische Absicherung und Überwachung der Prozessleistung über den Zeitverlauf hinweg soll die Möglichkeit entstehen, frühzeitig steuernd einzugreifen. Dabei steht nicht der Zusammenhang von »X« und »Y«, sondern der Unterschied von »Y« vor und »Y« nach dem Six-Sigma-Projekt im Vordergrund. Weiterhin muss dafür Sorge getragen werden, dass der »neue« optimierte Prozess aus dem Verbesserungsprozess heraus ins Tagesgeschäft überführt werden kann [41]. Der Ablauf der Control-Phase [26; 32; 41] ist in > Abbildung 9-1 dargestellt.

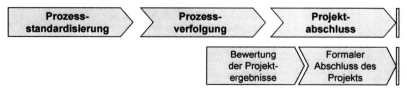

Abb. 9-1: *Phasenstruktur »Control«*

9.2 Phasensstruktur

9.2.1 Prozessstandardisierung

Zentraler Gegenstand dieses Phasenschritts ist der »neue« verbesserte Prozess. Dieser ist im Rahmen des Projekts bereits vom Soll-Prozess zum neuen Ist-Prozess geworden beziehungsweise befindet sich in der Implementierung. Aufgaben der Prozessstandardisierung sind die Erstellung [41]:

⇨ einer eindeutigen formalen Dokumentation des neuen Prozesses,
⇨ verständlicher Anleitungen für die auszuführenden Tätigkeiten,
⇨ von Informations- und Kontrollmechanismen für die Steuerung und Kontrolle des Prozesses,
⇨ von Kriterien und Maßnahmen zur Reaktion auf Abweichungen vom neuen Prozessverlauf.

Ziel der Standardisierungsbemühungen ist zum einen die Erhaltung des im Six-Sigma-Projekt erarbeiteten Nutzens. Zum zweiten wird ein einheitliches Verständnis des Prozesses aufgebaut. Dies ist besonders wichtig, da der neue Prozess im Wesentlichen vom Projektteam entwickelt wurde, dieses nach Projektende jedoch nicht mehr für den Prozess zuständig ist. Es muss ein gemeinsames Prozessverständnis zwischen Projektteam und Prozesseigner vorliegen, um den Prozess ins Tagesgeschäft zu übergeben [41]. Weitere Vorteile einer Standardisierung sind [32]:
⇨ eine Steigerung der Prozesskonsistenz,
⇨ eine weitere Prozessoptimierung,
⇨ eine erleichterte Überwachung,
⇨ eine größere Sicherheit in Bezug auf Personal und Ergebnis.

Werkzeuge für eine Standardisierung des neuen Prozesses sind unter anderem Verfahrens- und Arbeitsanweisungen sowie der Prozessmanagement- und Reaktionsplan (> vgl. Abschnitt 9.3.1 und 9.3.2).

9.2.2 Prozessverfolgung

Im Phasenschritt »Prozessverfolgung« oder auch »Monitoring« wird der verbesserte Prozess in Bezug auf die festgelegten Kriterien gemessen, überwacht und dargestellt. Eingangsgrößen hierfür sind die über die Prozessstandardisierung definierten Regeln sowie die zu messenden Werte des neuen Prozesses. Ziel ist die definierte Überwachung der kritischen Zielwerte auf Basis der qualitätsrelevanten Schlüsselkriterien, die in der Analyze-Phase als Grundursachen ermittelt wurden. Es sollen ebenfalls die relevanten Ergebnisse der verbesserten Prozessergebnisse dargestellt und kommuniziert werden [26; 41].

Ergebnis der Prozessverfolgung ist der kontinuierliche Blick auf den Prozessverlauf. Bei nichtplanmäßiger Abweichung erfolgt eine Warnung. So können mit Hilfe des Projektmanagement- und des Reaktionsplans entsprechende Korrekturmaßnahmen eingeleitet werden. Damit strebt man einen dauerhaft stabilen Prozessverlauf an [41].

Werkzeuge hierfür sind unter anderem Regelkarten (SPC) und die Precontrol-Methode (> vgl. Abschnitt 9.3.3 und 9.3.4).

9.2.3 Projektabschluss

Ist das Ziel des Projektes erreicht und hat das Team seine Arbeit erfolgreich beendet, wird das Projekt abgeschlossen. Dies geschieht, nachdem alle Verbesserungen umgesetzt wurden. Bei größeren Umsetzungsprojekten kann dies schon vor der vollständigen Implementierung erfolgen. In diesem Fall muss jedoch der neue Prozess vollständig definiert und dokumentiert sein sowie ein leistungsfähiges Überwachungssystem sicherstellen, dass der verbesserte Prozess beständig bleibt [32; 41]. Ziel des Phasenschritts »Projektabschluss« ist das klar definierte Ende des Projekts.

9.2.3.1 Bewertung der Projektergebnisse
Um ein Projekt abschließen zu können, ist es erforderlich, die Ergebnisse zusammenzufassen, zu bewerten und festzustellen, ob die zu Beginn festgelegten Ziele erreicht wurden. Dies geschieht im Wesentlichen durch die Berechungen des neuen Sigma-Werts (> vgl. Abschnitt 6.3.7) und des Gesamt-Net-Benefits [26; 32; 41]. Durch die Bestimmung dieser objektiven Größen erfolgt auch die abschließende Bewertung des Six-Sigma-Projekts auf Grundlage von Zahlen, Daten und Fakten.

Zusätzlich sollte im Team reflektiert und dokumentiert werden, worin die »Lessons Learned« für weitere Projekte liegen können. Darunter fällt zum einen die Feststellung der positiven Aspekte, zum zweiten aber auch das Nachdenken über Verbesserungspotenziale. Zum dritten soll ermittelt werden, wo Ansätze für zukünftige Projektschwerpunkte liegen und welche Schlüsse in dieser Hinsicht gezogen werden können. In diesem Zusammenhang sollte ein möglicher Transfer der Erfahrung auf andere Bereiche überdacht werden [32; 41].

9.2.3.2 Formaler Abschluss des Projekts

Die Übergabe des Prozesses an den Prozesseigner ist der formale Akt, bei dem die Verantwortung für den Prozess vom Projektleiter wieder auf den Prozesseigner übergeht. Da sich der Prozess während des Projekts verändert hat und der Prozesseigner in der Regel nicht Teil des Verbesserungsteams war, ist die Übergabe eine kritische Phase. An dieser Stelle zeigt sich, welche Qualität die Arbeitsergebnisse aus dem Phasenschritt Prozessstandardisierung haben. Auf Grundlage der Dokumentation muss der Prozesseigner den veränderten Prozess verstehen und akzeptieren. Ebenso besteht dessen Aufgabe ab diesem Zeitpunkt in einer Sicherstellung der Nachhaltigkeit der Verbesserungen [26; 41]. Dafür stehen ihm durch den Prozessmanagementplan und den Reaktionsplan »(...) Handlungsempfehlungen zur Verfügung, falls der Prozess aufgrund spezieller Ursachen variiert.« [41, S. 275]

Nach Möglichkeit sollten die formalen Aktivitäten beim Projektabschluss während persönlicher Treffen durchgeführt werden. Die Übergabe des Prozesses findet symbolisch zwischen dem Projektleiter und dem Prozesseigner statt, jedoch sollte auch der Champion anwesend sein. Die abschließende Präsentation des Projektes und der Ergebnisse findet im Rahmen einer letzten Teamsitzung statt, zu der neben dem Sponsor die involvierten Mitglieder der Geschäftsleitung eingeladen sind. Bei erfolgreichem Abschluss eines Six-Sigma-Projekts ist es der Philosophie nach üblich, dass das Projektteam Incentives erhält [26; 41].

9.3 Ausgewählte Werkzeuge

Dieser Abschnitt beschreibt die wesentlichen Merkmale der in der Control-Phase des Musterprojekts eingesetzten Werkzeuge:
⇨ Prozessdokumentation
⇨ Prozessmanagement- und Reaktionsplan
⇨ Regelkarten
⇨ Precontrol
⇨ Projekterfolgsberechnung

9.3.1 Prozessdokumentation

Definition
Die Prozessdokumentation ist die formale Darstellung des neuen, verbesserten Prozesses. Damit wird das konkrete Wissen der Projektmitarbeiter über die Verbesserungsschritte allgemein zugänglich dokumentiert. Durch den normativen Charakter der Dokumentation wird der Standard für alle Prozessbeteiligten gesetzt [41].

Nutzen
Die Dokumentation dient in erster Linie dem Prozesseigner und den Prozessmitarbeitern, um sich mit allen Details, Daten und durch das Six-Sigma-Projekt erzielten Ergebnissen der Prozessveränderung vertraut machen zu können. Somit ist die Dokumentation ein Kommunikationsmittel zur Optimierung der Abläufe, Verantwortlichkeiten, Arbeitsmittel und Schnittstellen [26; 41].

Vorgehen
Die Erstellung der Prozessdokumentation besteht im Wesentlichen im Verfassen der Verfahrensanweisung und der Arbeitsanweisungen für den veränderten Prozess. Als Grundlagen können die existierenden Anweisungen dienen [26].

9.3.2 Prozessmanagement- und Reaktionsplan

Definition
Der Prozessmanagement- und Reaktionsplan unterstützt das Prozessmanagement, indem er die Schlüsselprozesse dokumentiert, die Überwachung definiert und Handlungsmaßnahmen bei Soll-Abweichungen festlegt. Des Weiteren werden Ansätze zur weiteren Optimierung benannt [32]. Zentrale Intention ist, die Nachhaltigkeit der Verbesserung und somit die Erfüllung der CTQs nach Abschluss des Projektes sicherzustellen.

Nutzen
Durch die grafische Dokumentation des Prozesses und die Festlegung der kritischen Größen für die Überwachung wird das Prozessmanagement vom Verbesserungsteam definiert und dem Prozesseigner zugänglich gemacht. Der Prozesseigner erhält zusätzlich zur Prozessdokumentation Informationen über den durch das Projekt veränderten Prozess [41].

Zusätzlich regelt der Reaktionsplan notwendige Aktivitäten bei Verletzung eines CTQ, um somit schnell, effektiv sowie im Sinne des Verbesserungsteams reagieren zu können. Damit soll die richtige Reaktion zur richtigen Zeit sichergestellt und das Risiko des Kontrollverlustes minimiert werden [26; 41].

Vorgehen
Der Prozessmanagement- und Reaktionsplan besteht aus drei Bereichen (> vgl. Abb. 9-2). Der Bereich *Dokumentation* visualisiert und beschreibt den neuen Prozess. Hier kann man einsehen, welche Prozessschritte von welcher Abteilung übernommen werden und wie der Prozessfluss gestaltet ist. Das *Monitoring* stellt die Input- und Output-Messgrößen der Prozessschritte beziehungsweise der Prozessschrittgruppen dar. Für die jeweiligen Messgrößen werden Standards definiert sowie die Art und der Umfang der Messung und Überwachung festgelegt. Im dritten Bereich, dem *Reaktionsplan,* werden Maßnahmen benannt, die bei Verletzung oder Änderung der Standardwerte einzuleiten sind. Ebenso werden Handlungsmöglichkeiten für eine mittel- bis langfristige Prozess-/Systemverbesserung aufgezeigt [26].

Die Erstellung des Plans erfolgt durch die Schritte [26]:
1. *Bereichs-/Prozessschritt-Dokumentation erstellen:*
   Mit Hilfe der Prozessdokumentation und mit dem Flussdiagramm des verbesserten Prozesses wird eine für die Messgrößenzuordnung geeignete Darstellung erstellt.
2. *Parameter für das Monitoring festlegen:*
   Mit Hilfe der VOC-CTQ-Analyse des Soll-Prozesses und mit dem

Abb. 9-2: Formblatt Prozessmanagement- und Reaktionsplan [in Anlehnung an 26] (> Toolbox 16 Prozessmanagementplan)

Prozessmanagementdiagramm

Prozess				Prozesseigner			Datum		
Zweck							Rev.		

Dokumentation ❶			Monitoring ❷				Reaktionsplan ❸	
Abteilung 1	Abteilung 2	Abteilung 3	Prozessschrittgruppierung	Output-Messgrößen	Input-Messgrößen	Standard/Spezifikationen	Methode zur Stichprobenerhebung/Aufzeichnung der Daten	Sofortige Lösung	Prozess-/Systemverbesserung

Project Charter werden die Messgrößen bestimmt und deren Standardwerte beziehungsweise Spezifikationen festgelegt. Die Festlegung der Methode für die Messung erfolgt auf der Grundlage der Überlegungen innerhalb der FMEA.
3. *Maßnahmen zur Reaktion auf Abweichungen festlegen:*
Die sofortigen Maßnahmen beruhen zum größten Teil auf den Überlegungen innerhalb der FMEA. Die Vorschläge für eine mittel- und langfristige Verbesserung müssen an die individuellen Möglichkeiten und Pläne des Unternehmens angepasst werden.

9.3.3 Regelkarten

Definition
Regelkarten – oder auch Control Charts – sind Verlaufsdiagramme aus der Statistischen Prozesskontrolle (SPC). Diese visualisieren den Prozessverlauf und geben Auskunft darüber, ob ein Prozess stabil oder instabil verläuft, indem sie Informationen zum Verlauf der Prozessparameter über die Zeit hinweg liefern [41].

Nutzen
Mit Hilfe von Regelkarten kann der (veränderte) Prozess über die Zeit hinweg überwacht werden, indem die Prozessstreuung beziehungsweise die Streuung von Parametern erkannt und verfolgt wird. Damit sind Regelkarten ein Werkzeug zur fortlaufenden Prozesslenkung [26]. Sie werden zur Identifikation von systematischen und zufälligen Abweichungen und deren Ursachenfindung verwendet. Mit diesen Informationen können rechtzeitig geeignete Maßnahmen eingeleitet und somit kann die Nachhaltigkeit der Prozessverbesserung sichergestellt werden. Durch das Wissen über Art und Ausmaß der Abweichung lassen sich überflüssige Anpassungen verhindern [26; 32; 41]. Des Weiteren kann man mit Hilfe von Regelkarten feststellen, ob ein Prozess fähig ist beziehungsweise beherrscht wird [26].

Vorgehen

Es existieren verschiedene Typen von Regelkarten, deren Auswahl und inhaltliche Gestaltung/Berechnung sich stark unterscheidet und direkt von den Ausgangsbedingungen (zum Beispiel Art der Daten, Stichprobengröße) [27] abhängt. Im Folgenden soll das allgemeingültige Vorgehen übersichtsartig beschrieben werden (vollständige Beschreibung des Vorgehens siehe unter anderem [26]):

1. *Bestimmung der Stichprobestrategie und -größe:*
   Grundlage der Erstellung von Regelkarten ist die Erhebung von Stichproben nach der richtigen Strategie. Diese beinhaltet die Stichprobengröße und die Häufigkeit der Entnahme. Ziel ist es, die Strategie so zu wählen, dass die Stichprobe eine möglichst gute Aussage über die Prozessentwicklung liefert.
2. *Wahl der geeigneten Regelkarte:*
   Die Wahl der Regelkarte richtet sich in erster Linie nach der Art der Daten, hängt also davon ab, ob stetige oder diskrete Daten vorliegen. Über die Größe der Stichprobe entscheidet sich anschließend, welche Regelkarte einzusetzen ist.
3. *Sammlung der Daten*
4. *Berechnung der Kontrollgrenzen:*
   Die Berechnung ist abhängig von der eingesetzten Regelkarte und folgt festen Berechnungstabellen.
5. *Erstellung der Regelkarte:*
   Auf der X-Achse werden das Zeitintervall beziehungsweise die Stichprobennummern in chronologischer Reihenfolge abgetragen. Anschließend werden die Datenpunkte, die Mittellinien und die Kontrollgrenzen abgetragen.
6. *Interpretation der Regelkarte:*
   Bei der Interpretation liegt das Augenmerk auf der Betrachtung der Mittellinie und der Lage der Datenpunkte in Bezug auf die Kontrollgrenzen. Zusätzlich kann festgestellt werden, ob der Prozess beherrscht wird.

Ist eine Regelkarte für den Prozess erstellt, so entwickelt sich diese fortlaufend, indem sie stets durch die aktuellen Daten ergänzt wird.

9.3.4 Precontrol

Definition
Precontrol ist eine Methode der Prozessüberwachung, die im Gegensatz zu den Regelkarten weniger Aufwand für Training und Anwendung erfordert. Es werden durch Festlegen von sogenannten Precontrol-Linien (PCL) Toleranzbereiche für die Merkmalsausprägung bestimmt, mit Hilfe derer sich die Stabilität über den Prozessverlauf hinweg überwachen lässt [27].

Nutzen
Der Nutzen von Precontrol liegt im einfachen Prinzip der Überwachung und der guten Visualisierung des Prozessverlaufs durch Ampelkarten. Durch die Lage der Datenpunkte (roter, gelber oder grüner Bereich) kann erkannt werden, ob eine gemessene Merkmalsausprägung kritisch ist. Dementsprechend kann nach festgelegten Maßnahmen reagiert werden, um eine kritische Prozessentwicklung zu verhindern [27].

Vorgehen
Die Erstellung der Precontrol-Karte erfolgt durch Festlegung des Zielwerts und der Toleranzgrenzen. Der Bereich zwischen den Toleranzgrenzen (bei zweiseitigen Toleranzen) wird in vier gleich große Bereiche unterteilt und entsprechend eingefärbt (> vgl. Abb. 9-3).

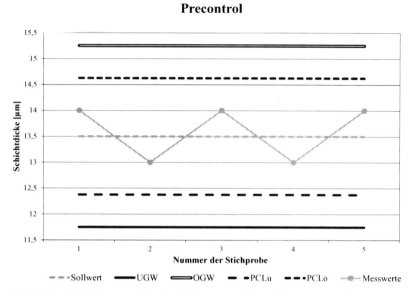

Abb. 9-3: *Beispiel Precontrol-Karte [in Anlehnung an 27] (> Toolbox 18 Precontrol)*

Dabei werden der Bereich (2*1/4) um den Mittelwert grün, die Bereiche zwischen grünem Bereich und Toleranzgrenzen gelb und die Bereiche außerhalb der Toleranzgrenzen rot gekennzeichnet. Die Precontrol-Linien sind die Schnittstellen des grünen und der gelben Bereiche.

Bevor eine Prozessregelung durch Precontrol erfolgen kann, muss festgestellt werden, ob der Prozess fähig ist. Dies geschieht durch Ziehung einer Stichprobe des Umfangs fünf. Die fünf Teile werden vermessen und in die Precontrol-Karte eingetragen. Die Bewertung und Feststellung der Prozessfähigkeit erfolgt anhand von > Tabelle 9-1. Für die Anwendung von Precontrol ist ein C_{pk}-Wert ≥ 1 sinnvoll [27].

Tabelle 9-1: Stichprobenergebnis und Maßnahmen bei der PFU [27]

Stichprobenergebnis	Maßnahme
alle Messwerte im grünen Bereich	Fertigung fortsetzen
ein Messwert im gelben Bereich	erneut fünf Teile entnehmen
mindestens zwei Messwerte im gelben Bereich oder ein Wert im roten Bereich	Fehler analysieren und ggf. Prozess nachstellen

Für die Prozessregelung kann zwischen zwei Verfahrensweisen gewählt werden. Entweder werden bei jeder Stichprobenentnahme zwei Teile gleichzeitig entnommen oder zunächst ein Teil und erst bei Lage des Messwerts im mindestens gelben Bereich ein zweiter Teil. Die Bewertung der Messwerte und die durchzuführenden Maßnahmen ergeben sich aus > Tabelle 9-2.

Tabelle 9-2: Maßnahmen bei der Prozessregelung (n = 2) [27]

Stichprobenergebnis	Maßnahme	
beide Messwerte im grünen Bereich	Fertigung fortsetzen	
ein Messwert im grünen und einer im gelben Bereich	Fertigung fortsetzen	
beide Messwerte im gleichen gelben Bereich	Analyse der Verschiebung des Mittelwerts und Nachstellen	Eingriff
beide Messwerte in unterschiedlichen gelben Bereichen	Analyse der Streuungszunahme und Nachstellen	Eingriff
mindestens ein Messwert im roten Bereich	Fehler analysieren und ggf. Prozess nachstellen	Eingriff

9.3.5 Projekterfolgsberechnung

Definition

Ein erwartungsgemäßer und signifikanter Projekterfolg ist das grundlegende Ziel eines Six-Sigma-Projekts. Auch wenn die Ziele des Projekts vielfältig sind, gibt es zwei Größen, die den Erfolg oder Misserfolg in objektiven Zahlen ausdrücken – der neue Sigma-Wert und der Net Benefit. Der Sigma-Wert beschreibt die Ausbeute des verbesserten Prozesses. Der Net Benefit stellt den Projekt- und Implementierungskosten den finanziellen Nutzen des Projekts gegenüber und stellt somit den finanziellen Erfolg für das Unternehmen dar.

Nutzen
Sowohl durch den Net Benefit als auch den Sigma-Wert kann der Erfolg des Projekts und damit dessen Zielerreichung gemessen werden. Durch einen Vergleich der Sigma-Werte vor und nach den Verbesserungsmaßnahmen können die direkte inhaltliche Prozessverbesserung gemessen, der aktuelle Prozessbeherrschungsgrad bestimmt und eventuelle Ziele für die Zukunft formuliert werden. Der Net Benefit gibt zusätzlich Auskunft über zukünftige Kostenvorteile der Verbesserungen [26].

Vorgehen
Die Berechnung des neuen Sigma-Werts erfolgt analog zu > Abschnitt 6.3.7. Der Net Benefit berechnet sich aus den Projekt- und Implementierungskosten und dem finanziellen Nutzen der realisierten Verbesserungsmaßnahmen. Die Projektkosten setzen sich aus den Kosten für die über den Projektverlauf eingesetzten Personal-, Sach-, Beratungs- und Schulungsressourcen zusammen. Analog berechnen sich die Implementierungskosten für die Realisierung aller Verbesserungsmaßnahmen. Der finanzielle Projektnutzen kann oft nur anhand der für die Verbesserungsmaßnahmen erstellten Kosten-Nutzen-Analysen geschätzt werden. Gegebenenfalls können Werte ergänzt, korrigiert beziehungsweise verifiziert werden.

9.4 Anwendung im Musterprojekt

9.4.1 Prozessstandardisierung

Nachdem die Prozessdokumentation mit der Erstellung einer Verfahrensanweisung und der Arbeitsanweisungen eine eindeutige Grundlage für den neuen Prozess definiert hat, besteht der nächste Schritt im Erarbeiten der Überwachungs- und Reaktionsmaßnahmen. Zu diesem Zweck ist das zentrale Werkzeug des Phasenschritts der Prozessmanagement- und Reaktionsplan (> vgl. Abb. 9-4).

In diesem Diagramm gliedert das Projektteam zunächst den Ablauf des erstellten Prozesses in sinnvolle Gruppierungen, um so Messgrößen festlegen zu können. Durch die Unterscheidung in Input- und Outputmessgrößen entsteht für den Prozesseigner eine übersichtliche Aufstellung der zu überwachenden Prozessgrößen. Für die einzelnen Messgrößen müssen Standard- beziehungsweise Soll-Werte festgelegt werden. Diese ergeben sich aus verschiedenen Phasen des Projekts und sind teils technische Forderungen (zum Beispiel Zielwert der Schichtdicke), teils Projektvorgaben (zum Beispiel Nacharbeitsquote) oder Ergebnisse der Verbesserungsmaßnahmen (zum Beispiel Temperatureinstellung aus dem Versuchsplan). Der folgende Schritt – die Festlegung der Messmodalitäten und der Art der Aufzeichnung – ist essentiell für die Sicherung der Nachhaltigkeit der Verbesserungen. Dadurch wird festgelegt, wann und wie die relevanten Größen gemessen werden und damit, welche Qualität die Überwachung und Regelung des Prozesses haben kann. Entsprechend der Messung und Aufzeichnung werden im Reaktionsplan Lösungen beziehungsweise Maßnahmen benannt, die bei Abweichung der Messgrößen vom Soll sofort eingeleitet werden. Die Strategie zur Sicherstellung des Soll-Zustands und zum Umgang mit fehlerhaften Teilen stellt sich für den optimierten Prozess wie folgt dar:

Abb. 9-4: Prozessmanagement- und Reaktionsplan im Musterprojekt [in Anlehnung an 26] (> Toolbox 16 Prozessmanagementplan)

Prozess	Galvanisches Verzinken			Prozess-eigner	Hr. Robusta		Datum	4/28/2010
Zweck	Optimierung						Rev.	
Dokumentation				**Monitoring**			**Reaktionsplan**	
Logistik	Galvano-technik	Qualitäts-sicherung	Prozess-schritt-gruppie-rung	Input-Mess-größen	Output-Mess-größen	Standard/ Spezifikationen	Methode zur Stichproben-erhebung/Aufzei-chung der Daten	Sofortige Lösung	Prozess-/ Systemver-besserung
Rohteile anliefern			Rohteil anliefern	Rohteil Verfüg-barkeit		100% Verfügbar-keit der Teile nach Produktion			
	Rohteil in WT ein-spannen		Vor-bereiten		Vollstän-dige Be-stückung des WT	richtige Bestückung durch Besetzung jedes Steckplatzes (Konstruktion WT)			
	Rohteile entfetten				voll-ständig entfet-tete und saubere Rohteile	100% galvanisier-fähige Teile durch direkte Weiterver-arbeitung/bzw. kurzfristige saubere Laugerung	100% Sicht-prüfung	Rückfrage an Logistik und Beschaffung der fehlenden Teile	
	Rohteile spülen								
	Rohteile trocknen								
	WT in GA einhän-gen		Verzinken	Tempe-ratur		optimale Tempe-ratur	Temperaturprü-fung bei Maschi-neneinstellung	Neueinstellung der automa-tischen Tempera-turregelung	

Control – Nachhaltigkeit als oberstes Ziel

Abb. 9-4: Prozessmanagement- und Reaktionsplan im Musterprojekt [in Anlehnung an 26] (> Toolbox 16 Prozessmanagementplan) (Fortsetzung)

Prozessschritt		Merkmal		Zielwert	Überwachung	Reaktion	Nachbereitung
Rohteile galvanisch verzinken	Verzinken	Schichtdicke		Zielwert 13,5 µm ± 1,5 µm	Stichprobe: 3 zufällige Teile je Galvanisiervorgang; Regelkarte, Pre-control, Fehlersammelliste (stetige Daten diskret interpretieren: <12 µm; >15 µm) und Pareto-diagramm	Teile Kennzeichnen, Information an Projektleiter (Produktionsstopp), Prüfung auf Möglichkeit zur Nacharbeit (ggf. Entsorgung)	Ursachenfindung und Lösungsgenerierung durch QMB, Anpassung Stichprobenerhebung
		Schichtqualität		Glanz des Überzugs, vollständiger Überzug und nicht-poröser Überzug (Grenzmuster)	Stichprobe: 3 zufällige Teile je Galvanisiervorgang: Fehlersammelliste und Paretodiagramm	Teile Kennzeichnen, Information an Projektleiter (Produktionsstopp), Prüfung auf Möglichkeit zur Nacharbeit (ggf. Entsorgung)	
WT aus GA aushängen			qualifizierte Mitarbeiter	geschulte/ausgebildete Mitarbeiter	Audit der Mitarbeiter 4 x pro Jahr	Hilfestellung für den Mitarbeiter durch Hrn. Zink	Nachschulung; erneutes Einzelaudit nach einer Woche
verzinkte Teile spülen	Verzinken	Anteil interner Nacharbeit		Nacharbeitsquote maximal 2,5 %	Verfolgung monatlicher Geschäftszahlen durch Hrn. Röko		Bestandteil des QM-Reviews
verzinkte Teile trocknen			Elektrolyt-pH-Wert	pH-Wert zwischen 5 und 6	Messung des pH-Werts jeden Tag vor Schichtbeginn	Austausch des Elektrolyts	
verzinkte Teile prüfen							

Control

Abb. 9-4: Prozessmanagement- und Reaktionsplan im Musterprojekt [in Anlehnung an 26] (> Toolbox 16 Prozessmanagementplan) (Fortsetzung)

		Finish	optisch saubere Teile	keine Rückstände	100% Sichtprüfung	erneutes Polieren, ggf. mit feuchtem Tuch	Ursachenfindung und Lösungsgenerierung durch QMB
	verzinkte Teile aus WT ausspannen						
	verzinkte Teile polieren						
verzinkte Teile in KLT einlagern		verzinkte Teile in KLT einlagern		vollständige Teilesätze für DDE	jedes Bauteil für jeweils eine Baugruppe DDE vorhanden (durch Einteilung der KLTs vorgegeben)	Kontrolle auf vollständige Füllung der KLTs	Rückfrage an Galvanotechnik und Beschaffung der fehlenden Teile

Bestückung des Warenträgers und Sauberkeit der Rohteile
Messung: Die Kontrolle der vollständigen Bestückung des Warenträgers sowie der Entfettung und Spülung werden per 100-Prozent-Sichtprüfung erreicht. Der Aufwand einer 100-Prozent-Prüfung ist gering, da durch die konstruktive Gestaltung des Warenträgers eine Fehlbestückung nicht mehr möglich ist und ein Blick ausreicht, um die Vollständigkeit der Bestückung zu kontrollieren. In diesem Zuge kann durch einfachen Blick auch die Sauberkeit der Teile kontrolliert werden, da durch die Prozessumgestaltung die Verschmutzung durch Lagerung nicht mehr möglich ist.

Reaktion: Als Maßnahme bei Fehlen oder Unsauberkeit eines Bauteils wird eine Rückfrage an die Logistik gerichtet und das unbrauchbare Teil ersetzt beziehungsweise ergänzt.

Temperatur
Messung: Die Temperatur wird anhand der Ergebnisse des Versuchsplans eingestellt und automatisch vom Klimagerät geregelt. Die Prüfung auf korrekte Einstellung und einwandfreie Funktion des Geräts erfolgt jeweils vor Prozessanlauf durch optische Kontrolle.

Reaktion: Eine fehlerhafte Einstellung wird am Gerät durch Neueinstellung korrigiert.

Schichtdicke
Messung (Control-Phase): Die Messung erfolgt in Form einer Stichprobe per Mittelwert-Spannweiten-Regelkarte über fünf Tage während der Control-Phase. Die Stichprobengröße wird auf drei zufällig gezogene Teile pro Galvanisiervorgang (mit jeweils zehn Teilen) festgelegt, dies entspricht einer Prüfmenge von 33 Prozent. Die Datenpunkte werden in die Regelkarte eingetragen und der Prozessverlauf überwacht.

Reaktion (Control-Phase): Wird mindestens ein Teil als n.i.O. identifiziert, hat dies einen sofortigen Produktionsstopp sowie parallel die Markierung der gesamten zehn Teile und die Einleitung weiterer Maßnahmen durch den Projektleiter zur Folge. Die Maßnahmen bestehen im Wesentlichen aus der Verschiebung der markierten Teile ins Sperrlager, der Analyse der Fehlerursache, der erneuten Prüfung der Teile sowie den individuell nötigen Entscheidungen durch den Projektleiter. Die fehlerhaften Teile werden nachbearbeitet beziehungsweise entsorgt.

Messung (anschließend): Ist der Prozess in der Control-Phase angelaufen, wird anschließend eine Precontrol-Karte eingesetzt. Geprüft werden zunächst Stichproben von jeweils zwei zufällig gezogenen Teilen pro Galvanisiervorgang. Treten keine kritischen Fehler auf, wird die Stichprobenziehung nach einer Woche auf jeden zweiten Galvanisierdurchgang reduziert. Die Reduzierung erfolgt, bis nur noch eine Stichprobe von je zwei Teilen am Tag gezogen wird. Zusätzlich wird eine Fehlersammelliste geführt und am Ende eines Monats in einem Pareto-Diagramm ausgewertet. Für die stetigen Daten der Schichtdicke werden die diskreten Fehlerarten »Schichtdicke zu gering« (< 12 µm) und »Schichtdicke zu hoch« (> 15 µm) ausgewiesen.

Reaktion (anschließend): Eine Reaktion erfolgt auf Grundlage von > Abbildung 9-4. Bei einem Eingriff wird parallel der QMB informiert und über weitere individuelle Maßnahmen entschieden. Die fehlerhaften Teile werden nachbearbeitet beziehungsweise entsorgt. Die ausgewertete Fehlersammelliste und das Pareto-Diagramm fließen in Überlegungen zur mittelfristigen Optimierung des Prozesses ein. Stellen sich Fehler ein, wird individuell vom QMB die Stichprobenstrategie angepasst.

Schichtqualität

Messung (Control-Phase): Während der Control-Phase erfolgt die Messung über eine Stichprobe per Sichtprüfung am Grenzmuster über einen Zeitraum von fünf Tagen. Die Stichprobengröße wird auf drei zufällig gezogene Teile pro Galvanisiervorgang (jeweils zehn Teile) festgelegt, dies entspricht einer Prüfmenge von 33 Prozent.

Reaktion (Control-Phase): Wird mindestens ein Teil als n.i.O. identifiziert, hat dies einen sofortigen Produktionsstopp sowie parallel die Markierung der gesamten zehn Teile und die Einleitung weiterer Maßnahmen zur Folge. Diese bestehen im Wesentlichen aus der Verschiebung der markierten Teile ins Sperrlager, der Analyse der Fehlerursache, der erneuten Prüfung der Teile sowie den individuell nötigen Entscheidungen durch den Projektleiter. Die fehlerhaften Teile werden nachbearbeitet beziehungsweise entsorgt.

Messung (anschließend): Ist der Prozess in der Control-Phase angelaufen, wird anschließend mit dem gleichen Verfahren, jedoch mit geänderter Stichprobe weitergearbeitet. Geprüft werden zunächst Stichproben von jeweils zwei zufällig gezogenen Teilen pro Galvanisiervorgang (analog der Schichtdickenprüfung). Sollten keine kritischen Fehler auftreten, so wird die Stichprobenziehung nach einer Woche auf jeden zweiten Galvanisierdurchgang reduziert. Die Reduzierung erfolgt, bis nur noch eine Stichprobe von je zwei Teilen am Tag gezogen wird. Die Fehler werden zusammen mit den Fehlern über die Schichtdicke in die Fehlersammelliste und das Pareto-Diagramm aufgenommen. Dort sind die Fehlerarten »Glanz des Überzugs n.i.O.«, »Unvollständiger Überzug« und »Poröser Überzug« ausgewiesen.

Reaktion (anschließend): Bei einem Fehler wird der QMB informiert und über weitere individuelle Maßnahmen entschieden. Die fehlerhaften Teile werden nachbearbeitet beziehungsweise entsorgt. Die ausgewertete Fehlersammelliste und das Pareto-Diagramm fließen in Überlegungen zur mittelfristigen Optimierung des Prozesses ein. Stellen sich Fehler ein, passt der QMB die Stichprobenstrategie individuell an.

Qualifizierte Mitarbeiter

Messung: Die Qualifikation der Mitarbeiter wird einmal im Quartal durch ein internes Audit überprüft.

Reaktion: Sollte ein Mitarbeiter im Audit unzureichend abschneiden, so wird ihm für den Moment Hilfestellung im Tagesgeschäft gegeben. Zur dauerhaften Behebung der Defizite wird eine Nachschulung angesetzt, deren Ergebnis nach einer Woche erneut im Audit zu überprüfen ist.

Nacharbeitsquote

Messung: Das Erreichen der vorgegebenen maximalen Nacharbeitsquote wird von Christian Röko anhand der monatlichen Geschäftszahlen überwacht.

Reaktion: Bei Überschreitung der vorgegebenen Quote wird die Problematik im Qualitätsmanagement-Review aufgegriffen und individuell untersucht.

pH-Wert des Elektrolyts

Messung: Der pH-Wert wird jeden Tag zu Schichtbeginn per Indikatormessstreifen bestimmt.

Reaktion: Sollte der pH-Wert nicht im Bereich von 5 - 6 liegen, so wird der Elektrolyt sofort ausgetauscht.

Sauberkeit der Fertigteile

Messung: Die Kontrolle auf Sauberkeit der Fertigteile wird durch eine 100-Prozent-Sichtprüfung erreicht.

Reaktion: Da es sich bei Unsauberkeit nur um Wasserflecken handeln kann, werden solche Teile erneut poliert und gegebenenfalls mit einem feuchten Tuch gereinigt. Sollte das Problem häufiger auftreten, liegt es im Ermessen des Mitarbeiters, den QMB zu informieren. Dieser entscheidet individuell über den weiteren Verlauf.

Vollständigkeit der Teilesätze

Messung: Die Kontrolle auf Vollständigkeit erfolgt bei der Befüllung der KLTs durch Prüfung auf Leerstellen in den KLTs.

Reaktion: Da ein fehlendes Bauteil, bedingt durch die vorherigen Prüfschritte, nur im Verzinkungsprozess abhanden gekommen sein kann, richtet die Logistik eine Rückfrage an die Produktion. Das fehlende Teil wird wieder- oder nachbeschafft.

Mit dem vollständigen Prozessmanagementdiagramm bestehen genaue Anweisungen für den Ablauf des standardisierten Prozesses »Galvanisches Verzinken«.

9.4.2 Prozessverfolgung

Die Prozessverfolgung soll, wie in > Abschnitt 9.4.1 beschrieben, per Mittelwert-Spannweiten-Regelkarte und anschließend per Precontrol-Karte erfolgen.

Prozessverfolgung über Regelkarte
Die Wahl der Regelkarte ergibt sich durch das Vorliegen von stetigen Daten und einer Stichprobengröße von n = 3 [26]. Zur Erstellung der Regelkarte werden während der Control-Phase Stichproben aus jedem Galvanisiervorgang über einen Zeitraum von fünf Tagen gezogen. Die gemessenen Schichtdicken werden in die Karte eingetragen und die Mittelwerte und Spannweiten für jede Stichprobe berechnet.

Abb. 9-5: Berechnungsformeln x(quer)-R-Karte [in Anlehnung an 26; 32]				
	Mittellinie	Kontrollgrenzen	Standard-abweichung	Prozessfähigkeit
x(quer)-Karte	$\bar{x} = \dfrac{(\bar{x}_1 + \bar{x}_2 + \bar{x}_n)}{n}$	$OEG(x) = \bar{\bar{x}} + A_2 \cdot \bar{R}$ $UFG(x) = \bar{\bar{x}} + A_2 \cdot \bar{R}$	$\sigma = \dfrac{\bar{R}}{d_2}$	$c_p = \dfrac{OGW - UGW}{6 \cdot \sigma}$
R-Karte	$\bar{R} = \dfrac{(R_1 + R_2 + R_n)}{n}$	$OEG(R) = D_4 \cdot \bar{R}$ $UEG(R) = D_3 \cdot \bar{R}$		$c_{pk} = \dfrac{\lfloor \bar{\bar{x}} - GW \rfloor_{min}}{3 \cdot \sigma}$

Anschließend werden über die Berechnungsformeln in > Abbildung 9-5 der Gesamtmittelwert $X_{querquer}$ und die mittlere Spannweite R_{quer} über die 40 Stichproben bestimmt, die Kontrollgrenzen anhand der Konstanten aus dem > digitalen Anhang 10 berechnet sowie die Prozessfähigkeitsindizes C_p und C_{pk} ermittelt. Nachdem alle erforderlichen Informationen zur Erstellung der Karte vorliegen, werden die Datenpunkte, die Kontrollgrenzen und die mittleren Werte abgetragen. > Abbildung 9-6 zeigt die vollständige Regelkarte.

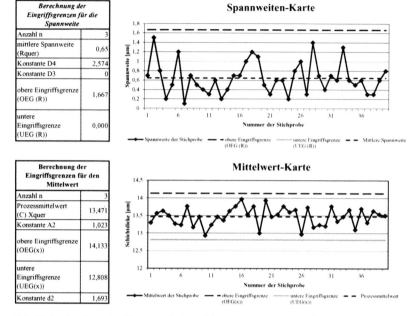

Abb. 9-6: *Regelkarte im Musterprojekt [in Anlehnung an 26; 32] (> Toolbox 17 Regelkarte)*

Interpretation:
Mittelwertkarte: Alle Werte sind innerhalb der Eingriffsgrenzen und um den zentrierten Mittelwert gestreut. Die Werte sind innerhalb der Stichproben normalverteilt.

Spannweitenkarte: Alle Werte liegen innerhalb der Eingriffsgrenzen. Die mittlere Spannweite liegt bei 0,65 µm. Die Werte sind innerhalb der Stichproben normalverteilt.

Der errechnete C_p-Wert liegt bei 1,31 und der C_{pk}-Wert bei 1,28. Damit kann der Prozess als beherrscht angesehen werden und die weitere Regelung durch die Precontrol-Methode erfolgen.

Prozessverfolgung über Precontrol

Fähigkeitsuntersuchung:
Um die Precontrol-Karte nutzen zu können, ist die zusätzliche, formale Bestimmung der Prozessfähigkeit über > Tabelle 9-1 notwendig. Dazu werden am 13. Mai 2010 aus einem Prozessdurchlauf fünf Teile gezogen (> vgl. Tabelle 9-3) und in der Karte abgetragen.

Tabelle 9-3: Messwerte Precontrol-Fähigkeitsuntersuchung		
Nummer der Stichprobe	**Zeitpunkt**	**Xi1**
1	5/13/2010	14
2	5/13/2010	13
3	5/13/2010	14
4	5/13/2010	13
5	5/13/2010	14

Dabei zeigt sich, dass alle Werte im grünen Bereich liegen. Entsprechend gilt der Prozess auch über die Precontrol-Prüfung als beherrscht und die Karte kann verwendet werden.

Prozessregelung:
Das Führen der Precontrol-Karte erfolgt anhand der festgelegten Stichprobenstrategie. Dazu werden jeweils zwei Teile eines Durchgangs vermessen, deren Werte (> vgl. Tabelle 9-4) im Diagramm abgetragen und nach > Tabelle 9-2 bewertet.

Control – Nachhaltigkeit als oberstes Ziel

Tabelle 9-4: Messwerte Precontrol-Regelung

Nummer der Stichprobe	Zeitpunkt	Xi1	Xi2
1	5/14/2010	13,4	12,9
2	5/14/2010	13,5	13,5
3	5/14/2010	13,1	13,2
4	5/14/2010	13,6	13,4
5	5/14/2010	13,3	14,1
6	5/14/2010	13,4	13,2
7	5/14/2010	14,2	14,2
8	5/14/2010	13	13,9
9	5/15/2010	13,7	13,7
10	5/15/2010	13,9	13,4

Abb. 9-7: *Precontrol-Karte (Regelung) im Musterprojekt [in Anlehnung an 27]*
(> Toolbox 18 Precontrol)

Die Precontrol-Karte (> vgl. Abb. 9-7) zeigt, dass keiner der Werte des bis dahin überwachten Zeitraums außerhalb des grünen Bereichs liegt. Somit besteht bis zum aktuellen Zeitpunkt keine Notwendigkeit zum Eingriff in den Prozess.

9.4.3 Projektabschluss

Da bereits während der Control-Phase alle Implementierungsmaßnahmen realisiert und abgeschlossen werden konnten und es keine Probleme während der Prozessverfolgung gibt, kann das Projekt abgeschlossen werden.

9.4.3.1 Bewertung der Projektergebnisse

Um das Projekt abschließen zu können, muss das Projektteam die Ergebnisse bewerten und feststellen, ob das Projektziel erreicht wurde. Dies geschieht durch die Berechnungen des Prozess-Sigma-Werts nach Implementierung aller Verbesserungsmaßnahmen und des Net Benefits für das Projekt.

Sigma-Wert:
Die Berechnung des Prozess-Sigma-Werts erfolgt analog des in > Abschnitt 6.3.7 beschriebenen Vorgehens. Die notwendigen Informationen werden den Daten der Qualitätsregelkarte entnommen: Der Mittelwert der erhobenen Daten liegt bei 13,471 μm, die Standardabweichung beträgt 0,382 μm. Mit den beiden Toleranzgrenzen von USL = 15 μm und LSL = 12 μm können die beiden z-Werte errechnet werden:

$$z_2 = \frac{12-13{,}471}{0{,}382} = -3{,}85$$

Mit diesen z-Werten lassen sich die Wahrscheinlichkeiten aus der Tabelle der Standardnormalverteilung (> digitaler Anhang 11) ermitteln. Diese betragen 0,00003 und 0,00006. Durch Addition ergibt sich der Gesamtbereich von 0,00009. Das Ergebnis stellt sich wie folgt dar:

Ertrag = (1 − 0,00003 − 0,00006) x 100 = 99,991 %

Mit dem Ertragswert kann aus der Sigma-Umwandlungstabelle (> digitaler Anhang 12) der kurzfristige Sigma-Wert des Prozesses von ≈ 5,2 entnommen werden. Der Vergleich mit dem Sigma-Wert vor der Verbesserung (≈ 1,6) (> vgl. Abschnitt 6.4.3) zeigt eine Verbesserung von 3,6 σ. Dies entspricht einer Steigerung der Prozessausbeute von 54 auf 99,99 Prozent.

Net Benefit Sign Off:
Zu Berechnung des Projekt-Net-Benefits erfolgt eine detaillierte Aufstellung über die Projektkosten exklusive Implementierungskosten, außerdem über die Implementierungskosten und den Projektnutzen (> vgl. Abb. 9-8).

Der Projektnutzen ergibt sich aus den Abschätzungen der Kosten-Nutzen-Analysen. Durch diese Zahl wird der durch das Projekt generierte finanzielle Nutzen dargestellt. Die Implementierungskosten ergeben sich direkt aus dem Budget- und Ressourcenplan. Die Projektkosten ergeben sich auf Grundlage der Projektkostenabschätzung aus der Define-Phase und den genauen Informationen über die Art und Menge der eingesetzten Ressourcen im Projekt.

Für das abzuschließende Projekt inklusive der Umsetzung der Verbesserungen ergeben sich Kosten in Höhe von 82.170 Euro. Demgegenüber steht ein geschätzter direkter finanzieller Nutzen für das Jahr nach der Implementierung der Verbesserungen in Höhe von 266.800 Euro. Somit ergibt sich als Bilanz für das Six-Sigma-Projekt ein geschätztes positives Ergebnis von 184.630 Euro für das Jahr nach Projektende.

9.4.3.2 Formaler Abschluss des Projekts

Um die Übergabe des Prozesses an den Prozesseigner Herrn Robusta möglichst problemfrei zu gestalten, wird ein Treffen mit Projektleiter Christian Röko sowie Oskar und Ludwig Röko angesetzt. Während dieses Treffens werden Herrn Robusta die Unterlagen zur Dokumentation sowie das Prozessmanagementdiagramm übergeben und die

Abb. 9-8: Net Benefit Sign Off im Musterprojekt (> Toolbox 19 Net Benefit)

Bereich		Posten	Menge	Berechnungs-grundlage	Ergebnis	Bem.
Kosten des Projekts	Ressourcen Personal	Christian Röko	73 MT	260 €/MT	18.980,00 €	
		Hr. Campus	73 MT	45 €/MT	3.285,00 €	
		Hr. Zink	46 MT	205 €/MT	9.430,00 €	
		Hr. Zoll	53 MT	205 €/MT	10.865,00 €	
		Fr. Schöngeist	32 MT	145 €/MT	4.640,00 €	
		MA Galvanotechnik	2 MT	100 €/MT	200,00 €	
		MA QS	2 MT	125 €/MT	250,00 €	
	Beratung	Hr. Miller	12 MT	1000 €/MT	12.000,00 €	
	Ressourcen (Anlage, Geräte, Material)	Galvanisieranlage	1 Tag	240 €/Tag	240,00 €	
		Rohteile	20 Stück	90 €/Stück	1.800,00 €	
	Summe				**61.690,00 €**	
Kosten der Implementierung	Ressourcen Personal	Christian Röko	5 MT	260 €/MT	1.300,00 €	
		Hr. Campus	1 MT	45 €/MT	45,00 €	
		Hr. Zink	9 MT	205 €/MT	1.845,00 €	
		Hr. Zoll	4 MT	205 €/MT	820,00 €	
		Fr. Schöngeist	2 MT	145 €/MT	290,00 €	
		MA Galvanotechnik	3 MT	100 €/MT	300,00 €	
		MA QS	4 MT	125 €/MT	500,00 €	
		MA Werkstatt	3 MT	200 €/MT	600,00 €	
		MA Logistik	1 MT	100 €/MT	100,00 €	
	Beratung	Hr. Miller	2 MT	1000 €/MT	2.000,00 €	
	Ressourcen (Anlage, Geräte, Material)	Galvanisieranlage	2 Tag	240 €/Tag	480,00 €	
		Rohteile	110 Stück	90 €/Stück	9.900,00 €	
		Staubschutzzelt	1 Stück	300 €/Stück	300,00 €	
		Thermoanlage	1 Stück	2000 €/Stück	2.000,00 €	
	Summe				**20.480,00 €**	
Summe der Kosten für Projekt und Implementierung					**82.170,00 €**	
Finanzieller Projektnutzen (geschätzt)		Reduzierung Ausschuss- und Nacharbeitskosten			55.000,00 €	
		Reduzierung Reklamationskosten			189.000,00 €	
		Reduzierung Lagerkosten (Reduzierung Herstellkosten)			22.800,00 €	
	Summe				**266.800,00 €**	
Net Benefit des Projekts					**184.630,00 €**	

Details erläutert. Des Weiteren werden offene Fragen geklärt und die bedarfsorientierte Unterstützung seitens Christian Röko zugesichert.

Das Projekt endet offiziell mit der Ergebnispräsentation. Dazu trifft sich das gesamte Projektteam (Christian Röko, Herr Zink, Herr Zoll, Herr Campus, Frau Schöngeist, der externe Black Belt, Herr Miller, der Geschäftsführer Oskar Röko, der Eigentümer Ludwig Röko, ein Vertreter der QS sowie ein Vertreter des Controllings). Inhalt der Präsentation ist der Projektreport.

Zum Abschluss der Präsentation danken der Geschäftsführer Oskar Röko und der Eigentümer Ludwig Röko allen Projektbeteiligten und beglückwünschen sie zu dem herausragenden Ergebnis. Auf Grund dessen wird dem Projektteam ein entsprechendes Abschluss-Incentive in Form einer Bonuszahlung zugesagt.

Zusammenfassung

Inhalt der Control-Phase ist die Implementierung des verbesserten Prozesses als Standardprozess. Dieser wird in einer geeigneten Weise visualisiert und über einen längeren Zeitraum kontinuierlich überwacht. Sind die Projektziele erreicht, kann das Projekt formal abgeschlossen werden. Vom abgeschlossenen Projekt können Handlungsempfehlungen und Impulse für weitere Six-Sigma-Projekte ausgehen.

In der Control-Phase stehen zahlreiche Methoden und Werkzeuge zur Verfügung, deren Auswahl stark von der Themenstellung des Projekts abhängt. Einige wichtige Werkzeuge sind in diesem Beitrag systematisch beschrieben.

Durch das Musterprojekt wird der praktische Einsatz der vorgestellten Werkzeuge im Phasenmodell der Control-Phase dargestellt. Es kann zur Veranschaulichung von Six Sigma in der Lehre und zur Orientierung bei der Durchführung von Six-Sigma-Projekten in der Praxis dienen.

Kapitel 10

Zusammenfassung

Roland Jochem, Dennis Geers, Michael Giebel

Six Sigma findet sowohl in Deutschland als auch international immer mehr Einzug in die industrielle Praxis. Ein gezielter und einfacher Einstieg in die detaillierte Systematik fällt potenziellen Anwendern jedoch oftmals schwer. »Six Sigma leicht gemacht« beschreibt und erläutert daher die Einführung und Anwendung von Six Sigma anhand eines durchgängigen praxisorientierten Musterprojekts, das auf die speziellen Anforderungen von kleinen und mittleren Unternehmen eingeht.

Das vorliegende Lehr- und Praxisbuch legt im ersten Teil kompakt und eingängig die wesentlichen Voraussetzungen und Kenntnisse zum Verständnis der Methode dar. Im zweiten Teil kommt diese Methode in einem Musterprojekt – durchgängig mit allen relevanten Instrumenten und Werkzeugen – entlang des DMAIC-Zyklus zur Anwendung. Dadurch soll die Übertragung in den Handlungskontext des Lesers unterstützt werden.

Der erste Abschnitt des Buches zeigt die wesentlichen Grundlagen und Hintergründe zu Six Sigma auf und gibt einen kurzen Abriss der historischen Entwicklung. Dabei wird deutlich, dass Six Sigma seinen begrifflichen Ursprung in der Statistik hat. Sigma (σ) bezeichnet dort die Standardabweichung von der Grundgesamtheit. Six Sigma zielt darauf, die Streuung eines beliebigen Prozesses derart zu reduzieren, dass die Prozessstreuung Sigma sechsmal in die vom Kunden geforderten Spezifikationsgrenzen passt. Das bedeutet, dass 99,99966 Prozent der Prozessausprägungen innerhalb dieser Grenzen liegen. Dies entspricht bei Normalverteilung und einer Mittelwertverschiebung von 1,5 Sigma einer Fehlerhäufigkeit von 3,4 ppm (parts per million).

Bedingungen einer erfolgreichen Implementierung von Six Sigma sind, wie anschließend dargelegt wird, die Ausbildung der beteiligten und betroffenen Personen sowie die Integration in die Unternehmensorganisation. Six Sigma verwendet dazu ein Rollenkonzept und ein Qualifikationsschema, das sich begrifflich an asiatische Kampfkünste anlehnt. Aufgaben und Ziele der Rollen *Oberste Leitung, Sponsor, Champion, Master Black Belt (MBB), Black Belt (BB), Green Belt (GB), Yellow Belt (YB)* und *White Belt (WB)* werden ebenfalls im ersten Teil des Buches beschrieben.

Zentrale Vorgehensweise und innovativer Kern von Six Sigma ist der *DMAIC-Zyklus (Define – Measure – Analyze – Improve – Control)*. Innerhalb dieser fünf Phasen werden etablierte Werkzeuge und Instrumente aus den Bereichen des Qualitäts-, Prozess- und Projektmanagements kombiniert und aufeinander abgestimmt eingesetzt. Für die Auswahl der einzelnen Werkzeuge und Instrumente steht in »Six Sigma leicht gemacht« eine Art Methodenbaukasten zur Verfügung, der nach den DMAIC-Phasen gegliedert ist. Die konkrete Entscheidung für einzelne Tools erfolgt in jedem Projekt problem- und umfeldspezifisch. Von ausschlaggebender Bedeutung ist es, dass die Methoden nicht losgelöst, sondern zusammenhängend und aufeinander abgestimmt zur Erreichung des Six-Sigma-Projektziels angewendet werden. In der *Define-Phase* wird das Verbesserungsprojektes klar definiert. Die anschließende *Measure-Phase* ermittelt den Ist-Zustand. Die *Analyse-Phase* zielt auf die Ermittlung der wahren Ursachen ab. In der darauffolgenden *Improve-Phase* werden geeignete Lösungen entwickelt und erprobt. Die abschließende *Control-Phase* beinhaltet eine Implementierung sowie Absicherung der optimierten Lösung.

Neben einer konsequenten Anwendung der Methode stellt das Projektmanagement eine wesentliche Säule für die erfolgreiche Umsetzung von Six Sigma dar. Es beinhaltet in diesem Kontext die Organisation, Durchführung, Kontrolle und Steuerung eines in sich abgeschlossenen Six-Sigma-Projektes. Dabei stehen insbesondere eine eindeutige Zieldefinition, eine klare Aufgabenstellung, ein Ressourcenrahmen (personell und kostenmäßig) sowie eine klare Festlegung der wesentlichen Zwischen- und Endtermine im Mittelpunkt. Entsprechend ist neben einer Schulung der Mitarbeiter in den Six-Sigma-Techniken sowie der allgemeinen Six-Sigma-Vorgehensweise auch eine Ausbildung im Bereich des Projektmanagements für den erfolgreichen Einsatz der Methode sinnvoll.

Zusammenfassung

Im zweiten Teil von »Six Sigma leicht gemacht« wird ein Six-Sigma-Projekt in seinen Einzelheiten – entlang der Phasen Define, Measure, Analyse, Improve und Control – bearbeitet. Gegenstand des Musterprojekts ist ein exemplarischer Prozess aus dem Bereich des »Galvanischen Verzinkens« (Beschichtungsmethode aus der Galvanotechnik) in einem mittelgroßen Unternehmen. Ein erweitertes Phasenmodell strukturiert die einzelnen Phasen des DMAIC. Dabei werden projektspezifische Werkzeuge aus dem Methodenbaukasten ausgewählt und angewendet. Die Auswahl und Anwendung der gewählten Methoden folgt im Detail in den Kapiteln 5 bis 9.

Das fünfte Kapitel thematisiert die Problembeschreibung sowie die Projektdefinition und -autorisierung. Dazu werden im Musterprojekt der *Projektstartbrief*, der *Projektplan* und der *Projektreport* sowie das *SIPOC-Diagramm*, die *Stakeholder-Analyse-Matrix* und die *VOC-CTQ-Matrix* eingesetzt.

Die Durchführung der Measure-Phase, die im sechsten Kapitel beschrieben wird, dient der Datenerhebung in den projektrelevanten Prozessen. Ziele sind hier die Analyse der Output-Messgrößen, die Planung und Realisierung der Datenerfassung sowie die Analyse der Prozess-Performance. Dazu werden aus dem Methodenbaukasten die Werkzeuge *Messgrößenmatrix*, *Datensammlungsplan*, *Messsystemanalyse (MSA Verfahren 1 und 2)*, *Verlaufsdiagramm*, *Histogramm* und *z-Transformation* ausgewählt.

Im siebten Kapitel (Analyze-Phase) werden die zuvor erhobenen Daten und die relevanten Prozesse analysiert. Im Six-Sigma-Projekt »Galvanisches Verzinken« entschied sich die Leitung des hier vorgestellten Musterprojekts für die Tools *Multi-Vari-Darstellung*, *Funktionsübergreifendes Flussdiagramm*, *Ursache-Wirkungs-Diagramm*, *Analysis of Variance (ANOVA)* und *Fehler-Möglichkeits- und Einfluss-Analyse (FMEA)*.

Die im achten Kapitel dargestellte Improve-Phase zielt auf die Optimierung des Prozessergebnisses in den identifizierten Problemfeldern. Hierzu werden Lösungen generiert, bewertet und ausgewählt. Anschließend wird die optimale Lösungsalternative umgesetzt. Zur

Zusammenfassung

Bewältigung dieser Aufgaben kommen Kreativitätstechniken (*Platzzifferverfahren, K.O.-Analyse, Kriterienbasierte Matrix, Kosten-Nutzen-Analyse, Soll-Prozessdarstellung, Statistische Versuchsplanung* und *Poka Yoke*) zum Einsatz. Die Umsetzung wird durch einen entsprechenden Implementierungsplan unterstützt und strukturiert.

Im neunten Kapitel erfolgt die Beschreibung des Projektabschlusses. Vor dem formalen Projektabschluss wird in der Control-Phase der Grundstein für eine nachhaltige Verbesserungswirkung und Problembehebung gelegt. Der verbesserte Prozess wird zum Standard erhoben und eine Prozessüberwachung und -steuerung etabliert. Im Beispiel verwendet das Six-Sigma-Projektteam die Tools *Prozessdokumentation, Prozessmanagement- und Reaktionsplan, Regelkarten* und *Precontrol*. Die erfolgreiche Durchführung des Six-Sigma-Projekts lässt sich in der Projekterfolgsberechnung nachweisen.

Im hier vorgestellten Szenario und in den ergänzenden Vorlagen aus der digitalen Toolbox beschreibt »Six Sigma leicht gemacht« einen geeigneten Rahmen, der die Übertragung der Methode in den eigenen Unternehmenskontext ermöglicht und den Lernerfolg unterstützt. Die eingesetzten Werkzeuge und Methoden sind speziell für die Belange von KMU konzipiert. Das wirkt sich auch positiv auf die Anwendbarkeit im Rahmen von Lehrveranstaltungen und Schulungen aus. Die Vorlagen aus dem Methodenbaukasten und die Struktur der Kapitel tragen zum schnellen Einstieg ins Thema Six Sigma bei, ermöglichen aber auch erfahrenen Six-Sigma-Anwendern die Nutzung als Nachschlagewerk.

Literatur

[1] BEST, E.; WETH, M. (2009): *Geschäftsprozesse optimieren: Der Praxisleitfaden für erfolgreiche Reorganisation*. 3. Auflage, Wiesbaden.

[2] BOUTELLIER, R.; BIEDERMANN, A. (2007): *Qualitätsgerechte Produktplanung*. In: Pfeiffer, Tilo (Hrsg.); Schmitt, Robert (Hrsg.): Masing – Handbuch Qualitätsmanagement. 5. Auflage, München 2007, S. 491-516.

[3] BROECHELER, K.; SCHÖNBERGER, C. (2004): *Six Sigma für den Mittelstand. Weniger Fehler, zufriedene Kunden und mehr Profit*. Frankfurt/ Main, New York.

[4] CASSEL, M. (2007): *Messsystemanalysen zielgerichtet schulen: Tipps für den Trainer*. Band aus: Cassel, Michael: Praxis Leitfaden. Qualitätsmanagement nach ISO/TS 16949. Schulungen für Qualitätsmanagement und QM-Methoden. München, Wien: Hanser.

[5] DEUTSCHES INSTITUT FÜR NORMUNG E.V. (2008): *DIN 55 350 – 11: Begriffe zum Qualitätsmanagement – Teil 11: Ergänzungen zu DIN EN ISO 9000:2005*. Berlin: Beuth.

[6] DEUTSCHES INSTITUT FÜR NORMUNG E.V. (2009): *DIN 69901-1, Projektmanagement – Projektmanagementsysteme – Teil 1: Grundlagen*, Berlin: Beuth.

[7] DEUTSCHES INSTITUT FÜR NORMUNG E.V. (2009): *DIN 69901-5 Projektmanagement – Projektmanagementsysteme – Teil 5: Begriffe*, Berlin: Beuth.

[8] DEUTSCHES INSTITUT FÜR NORMUNG E.V. (1998): *DIN EN 1403:1998 – Korrosionsschutz von Metallen. Galvanische Überzüge. Verfahren für die Spezifizierung allgemeiner Anforderungen*. Deutsche Fassung, Berlin 1998.

[9] DEUTSCHES INSTITUT FÜR NORMUNG E.V. (2009): *DIN EN ISO 2081:2008 – Metallische und andere anorganische Überzüge – Galvanische Zinküberzüge auf Eisenwerkstoffen mit zusätzlicher Behandlung*. Deutsche Fassung, Berlin 2009.

[10] DIETRICH, E.; SCHULZE, A. (2007): *Prüfprozesseignung. Prüfmittelfähigkeit und Messunsicherheit im aktuellen Normenumfeld*. 3. Auflage, München 2007.

[11] ECKEY, H-F.; KOSFELD, R.; RENGERS, M. (2002): *Multivariate Statistik. Grundlagen, Methoden, Beispiele*. Wiesbaden: Gabler.

[12] GIEBEL, M (2010): *Wertsteigerung durch Qualitätsmanagement. Entwicklung eines Modells zur Beschreibung der Wirkmechanismen und eines Vorgehenskonzepts zu dessen Einführung*. Dissertationsschrift, Universität Kassel.

[13] GPM DEUTSCHE GESELLSCHAFT FÜR PROJEKTMANAGEMENT E.V. / GESSLER, M. (HRSG.) (2009): *Kompetenzbasiertes Projektmanagment (PM3), Handbuch für die Projektarbeit, Qualifizierung und Zertifizierung auf Basis der IPMA Competence Baseline Version 3.0.*, Nürnberg.

[14] GUNDLACH, C.; JOCHEM, R. (2008): *Six Sigma – kontinuierliche Verbesserung mit Methode.* In: Gundlach, C.; Jochem, R. (Hrsg.): *Praxishandbuch Six Sigma. Fehler vermeiden, Prozesse verbessern, Kosten senken,* Düsseldorf: Symposion S.13-38.

[15] GYGI, C.; DECARLO, N.; WILLIAMS, B. (2006) *Six Sigma für Dummies,* Wiles-VCH Verlag GmbH & Co. KGaA, Weinheim

[16] HARRINGTON, H. J: (2006) *Process Management Excellence. The five pillars of organizational excellence. Book 1 of the 5-part series,* Paton Press LLC, Chico CA

[17] JAHN, W.; BRAUN, L. (2006): *Praxisleitfaden Qualität. Prozessoptimierung mit multivariater Statistik in 150 Beispielen.* München: Hanser.

[18] JOCHEM, R.; GEERS, D. (2010): *Was versteht man unter Wirtschaftlichkeit von Qualität?* In: Jochem, R. (Hrsg.): *Was kostet Qualität? Wirtschaftlichkeit von Qualität ermitteln.* Hanser Verlag, München, S. 27-54.

[19] JOCHEM, R.; GIEBEL, M. (2008): *Six-Sigma-Werkzeuge für KMU.* In: Gundlach, C.; Jochem, R. (Hrsg.): *Praxishandbuch Six Sigma. Fehler vermeiden, Prozesse verbessern, Kosten senken.* Düsseldorf: Symposion. S. 339-365.

[20] JÜNGST, J. (1998): *Experimentalvortrag Galvanotechnik.*

[21] KAMISKE, G. F.; BRAUER, J.-P. (2008): *Qualitätsmanagement von A bis Z. Erläuterungen moderner Begriffe des Qualitätsmanagement.* 6. Auflage, München.

[22] KANANI, N. (2009): *Galvanotechnik. Grundlagen, Verfahren und Praxis einer Schlüssel-technologie.* 2. Auflage, München 2009.

[23] KLEIN, B. (2007): *Versuchsplanung – DoE. Einführung in die Taguchi/ Shainin-Methodik.* 2. Auflage, München.

[24] KLEPPMANN, W. (2006): *Taschenbuch Versuchsplanung. Produkte und Prozesse optimieren.* 4. Auflage, München.

[25] LINK, J.; WEISER, C. (2006): *Marketing-Controlling. Systeme und Methoden für mehr Markt- und Unternehmenserfolg.* 2. Auflage, München.

[26] LUNAU, S. (HRSG.); ROENPAGE, O.; STAUDTER, C.; MERAN, R.; JOHN, A.; BEERNAERT, C. (2007): *Six Sigma + Lean Toolset. Verbesserungsprojekte erfolgreich durchführen.* 2. Auflage, Berlin, Heidelberg, New York 2007.

[27] MORGENSTERN (2005): MORGENSTERN, CLAUS: *Praxishandbuch Six Sigma.* CD-Rom, Kissing 2005.

[28] NAGEL, M.; BENNER, A.; OSTERMANN, R.; HENSCHKE, K. (1996): *Grafische Datenanalyse.* Stuttgart, Jena, New York: Fischer.

[29] Opper, M.; Preikschat, P.; Jansen, R. (2002): *Teil II: Verzinken. In: Metalloberfläche Beschichten von Kunststoff und Metall. Prozesssicherheit in der Galvanotechnik, 56. Jg. 2002, Sonderdruck, S. 6-10.*

[30] Prabhushankar, G. V.; Devadasan, S. R.; Shalij, P. R.; Thirunavukkarasu, V. (2008): *The origin, history and definition of Six Sigma: a literature review. In: International Journal of Six Sigma and Competitive Advantage, Jg. 4, H. 2, S. 133–150.*

[31] Pyzdek, T. (2003): *The Six Sigma Handbook. A Complete Guide for Green Belts, Black Belts, and Managers at All Levels. Rev. and expanded ed. New York: McGraw-Hill.*

[32] Rath & Strong Management Consultants (Hrsg.); Strösser, Eva (Übersetzung); Below, Fritz V. (Übersetzung) (2008): *Rath & Strong's Six Sigma Pocket Guide. Werkzeuge zur Prozessverbesserung. Dt. Lizenzausgabe, Köln 2008.*

[33] Rehbehn, R.; Yurdakul, Z. (2005): *Mit Six Sigma zu Business Excellence. Strategien, Methoden, Praxisbeispiele. 2., überarb. und erw. Aufl. Erlangen: Publicis Corp. Publ.*

[34] Reissiger, W.; Voigt, T.; Schmitt, R. (2007): *Six Sigma. In: Pfeiffer, Tilo (Hrsg.); Schmitt, Robert (Hrsg.): Masing – Handbuch Qualitätsmanagement. 5. Auflage, München 2007, S. 251-283.*

[35] Schipp, B.; Töpfer, A. (2007): *Statistische Anforderungen des Six Sigma Konzepts. In: Töpfer, A. (2007): Six Sigma. Konzeption und Erfolgsbeispiele für praktizierte Null-Fehler-Qualität. 4. Auflage, Berlin, Heidelberg 2007, S. 196-204.*

[36] Schmieder, M.; Aksel, M. (2006): *Passt Six Sigma zu uns? Fragebogen für den Selbst-Check. In: QZ Qualität und Zuverlässigkeit 5/2006. Seite 34-37*

[37] Schmutte, A. M. (2008): *Six Sigma im Business-Excellence-Prozess. In: Gundlach, C.; Jochem, R. (Hrsg.): Praxishandbuch Six Sigma. Fehler vermeiden, Prozesse verbessern, Kosten senken, S. 65–93, Düsseldorf: symposion.*

[38] Schulze, A.; Dietrich, E. (2007): *Prüfprozesseignung. Prüfmittelfähigkeit und Messunsicherheit im aktuellen Normenumfeld. 3. Auflage, München: Hanser.*

[39] Tavasli, S. (2008): *Six sigma performance measurement system. Prozesscontrolling als Instrumentarium der modernen Unternehmensführung. Wiesbaden: Dt. Univ.-Verl.*

[40] Tietjen, T.; Müller, D. H. (2003): *FMEA-Praxis. Das Komplettpaket für Training und Anwendung. 2. Auflage, München 2003.*

[41] Toutenburg, H. (Hrsg.); Knöfel, P. (Hrsg.); Kreuzmair, I.; Schomaker, M.; Williams-Böker, D. (2008): *Six Sigma. Methoden und Statistik für die Praxis. 2. Auflage, Berlin, Heidelberg 2008*

[42] Toutenburg, H.; Knöfel, P. (2007): *Six Sigma. Methoden und Statistik für die Praxis. Berlin, Heidelberg, New York: Springer.*

[43]   TÖPFER, A. (2007A): *Six Sigma als Projektmanagement für höhere Kundenzufriedenheit und bessere Unternehmensergebnisse.* In: Töpfer, A.: Six Sigma. Konzeption und Erfolgsbeispiele für praktizierte Null-Fehler-Qualität. 4. Auflage, Berlin, Heidelberg 2007, S. 45-99.

[44]   TÖPFER, A. (2007B): *Six Sigma in Banken und Versicherungen.* In: Töpfer, A.: Six Sigma. Konzeption und Erfolgsbeispiele für praktizierte Null-Fehler-Qualität. 4. Auflage, Berlin, Heidelberg 2007, S. 440-474.

[45]   VESPERMANN, S. (2009), *Tandem-Coaching. Kooperative lösungsorientierte Kurzberatung zwischen Führungskräften*

[46]   WAGNER, K. W.; KÄFER, R. (2008): *PQM – Prozessorientiertes Qualitätsmanagement. Leitfaden zur Umsetzung der neuen ISO 9001.* 4. Auflage, München: Hanser.

[47]   WAPPIS, J.; JUNG, B. (2008): *Taschenbuch Null-Fehler-Management. Umsetzung von Six Sigma.* 2., überarbeitete Aufl. München, Wien: Hanser.

[48]   WEBBER, L.; WALLACE, M. (2008): *Qualitätssicherung für Dummies.* Weinheim Wiley-VCH.

[49]   ZELL, H. (2007): *Projektmanagement – Lernen, Lehren und für die Praxis.* 2. Auflage, Norderstedt.